大都會文化
METROPOLITAN CULTURE

大都會文化
METROPOLITAN CULTURE

摩根家族

The MORGANS

一個金融帝國的百年傳奇

縱橫全球商場百年，
稱霸世界現代金融。

陳潤 著

目錄

前言 008

Chapter 1 1780
家族的崛起 一七八〇年——一八三五年
起之於野 013
左右逢源的咖啡館主 017
一把火燒出大生意 021
皮博迪是個好教父 025

Chapter 2 1835
進軍歐洲 一八三五年——一八五七年
「富二代」也得自力更生 031
遺產在手闖天下 036
波士頓城新家族 039

Chapter 4 1863
浴血奮戰 一八六三年——一八七六年
大戰「華爾街之鬼」 082
拉了卡內基一把 088
普法戰爭，誰才是大贏家？ 091
進軍華爾街 095
推倒「白鬍帝王」的寶座 097
金融風暴中的磐石 101

Chapter 5 1876
黃金時代 一八七六年——一八九五年
為美國軍隊付薪水 105
資本點亮了電燈 108
中央鐵路易主 113

敢查皮博迪的帳本 045
1857
金融新星，冉冉升起 051

Chapter 3
父子聯手
一八五七年——一八六三年

1857
少年心事當拏雲 056
遊學歐羅巴（歐洲大陸） 060
從公司新人做起 063
身陷步槍醜聞 067
公司草創 071
高拋低吸，黃金操盤手 075
1863
再見醜聞，你好新家族 078

以摩根之名仲裁 116
1895
鐵路行業的新霸主 122

Chapter 6
王者摩根
一八九五年——一九一三年

1895
蔓延，操縱資本之手 126
打響了「金本位」保衛戰 130
史上最大托拉斯 135
北方證券，突襲和反突襲 138
與羅斯福總統較量 142
拯救者摩根，最後的資本光輝 145
1913
世間再無J．P．摩根 148

Chapter 7

王位傳承

一九一四年——一九二九年

1914

入主家族的新摩根 155

紐約聯邦準備銀行，陰謀還是陽謀？ 158

紐黑文，剛上位就受困？ 161

「一戰」炮火帶來轉機 165

槍口下的金融家 169

將通用納入囊中 173

1929

鼎盛時代，選擇急流勇退 177

Chapter 8

跌入低谷

一九二九年——一九三三年

1929

大蕭條，逆水行舟不進則退 183

烏雲密佈，調查或侮辱？ 187

1973

蛇吞象，吃掉紐約擔保信託公司 222

重圓夢碎，百慕達會議無疾而終 225

Chapter 11

變革年代

一九七三年——一九八九年

1973

兼併之王摩根士丹利 229

垃圾債券，利潤新大陸 233

摩根建富煙消雲散 237

1989

拯救大陸銀行 240

Chapter 12

逃出生天

一九九〇年——二〇〇六年

1990

「網際網路女王」，誕生在泡沫中 244

改名摩根添惠，真的「添惠」？ 247

《格拉斯－史蒂格爾法》 191
摩根士丹利「出走」 194

1933

Chapter 9
新希望
一九三四年——一九四三年

1934
大摩根與小摩根 198
「二戰」歲月 202
合夥人制度終結，摩根公司也上市了 207
財團的餘暉 210

1943

Chapter 10
家族隱退
一九五一年——一九七三年

1951
年輕的繼子神話 215
摩根公司重整旗鼓 219

2006
摩根與大通，互補出優勢 252

Chapter 13
新世紀
二〇〇六年——二〇一五年

2006
躲過次貸危機 257
誰解救摩根士丹利？ 260
私人投資銀行落幕 264
投資中國，就是投資希望 270
摩根的新國王 275
擁抱移動網際網路時代 279

2015
參考文獻 284

前言

摩根家族，曾經掌控著全球赫赫有名的財團，今日的摩根士丹利和摩根大通兩大公司，與其有著不可分割的淵源。

摩根財團在美國和全球的金融市場上引領風潮二百多年，在不同的領域構建起自己強大的帝國。摩根財團的歷史，幾乎就是一部美國乃至全世界的金融發展史，而摩根家族中最著名的J．P．摩根，更是開創了由金融寡頭（Financial Oligarchy）來支配企業加盟的時代。他對自身責任和權利的來源如此描述：「用以推動歷史的並非法律，而是金錢，也只是金錢！」

回顧歷史，摩根家族的理念對金融業的影響有以下幾點：

厭惡風險

摩根家族文化中不鼓勵冒險，皮爾龐特甚至不願意去華爾街二十三號辦公樓隔壁的證券交易所。作為證券承銷商企業的領導者，他對股市開盤和收盤的時間點都不願瞭解。

這聽起來或許匪夷所思，但任何不可控的風險，都會讓這個傳統的、不喜歡賭博、不喜歡危機的家族感到厭煩。他們雖然強調拼搏精神，但也追求穩定收益，從不將所有雞蛋放在同一個籃子中，因此，不會有任何項目的失敗對這個家族企業造成難以挽回的結局。

正如一句投資者的格言所說：「在市場中，賺多賺少並不重要。重要的是，你要確保能活下來。」對比同時代曾經在華爾街風生水起而最終落得人死財盡的傑西・利弗莫爾，摩根家族的風險防範意識不能不令人肅然起敬。

菁英意識

想要加入摩根家族的圈子，有著種種嚴苛的條件，但陳述起來又很簡單——菁英。皮爾龐特不拘一格選取人才，他不看重個人背景，前南軍騎兵能夠被他打造成為企業高階主管，而鐵路線上的小職員也能被他任命為高級投資顧問，原因只有一個，那就是他們各自的才華。

在合夥人時代，摩根人從不看一個人能帶來多少投資，是否認識什麼政府高官，而是首先觀察和判斷他的行事風格和思維特徵，是否符合真正的菁英標準。這是因為吉諾斯、皮爾龐特和傑克無疑都是主宰時代的菁英，他們相信，只有讓菁英凝聚成為人才隊伍，並團結在家族周圍，企業才能有超越百年的傳承和發展。

尊重強權

以皮爾龐特的財富和身份，根本無須在七十高齡去華盛頓面對近乎侮辱的調查聽證，而以傑克身為第四代家族領袖的地位，居然任由記者將「侏儒」放在自己腿上拍照，並且沒有阻止報紙發行……。

這些摩根家族歷史中的真實案例，無疑會令某些「財富即強權」邏輯的信奉者瞠目結舌。但摩根人有自己的邏輯——金錢之外，還有更多責任。

皮爾龐特信奉法律，或許為了商業利益，他敢於遊走在規則邊緣，但他絕不會挑戰國家意志和市場邏輯的底線。同樣，也沒有任何一代摩根家族的成員會對公共輿論公然說「不」，因為他們的發展軌跡證明，只有用私密而高超的手法維繫同任何一方面強權的關係，才能帶來最強大的企業核心競爭力。

順應趨勢

趨勢是無法違抗的，即便強大如摩根家族，當趨勢來臨時，他們也需要順應命運的改變，而並非盲目對抗。

因此，才會有摩根家族順應時代變化，將資金從英國引流美國，又在「一戰」之後，將美國資金注入歐洲復興，才會有他們對「金本位＊」的態度變化和預計美國金融業發生大變革時的及時應對。

摩根人從不妄自尊大，他們相信市場才是經濟活動的最高主宰，而只有看準趨勢，對資訊進行廣泛深入的搜集，才能獲得轉圜的空間。

保持獨立

每一代摩根家族的領袖，都有機會和資本過上香車寶馬的生活，要知道，在摩根家族鼎盛的同時代，家產只有其數十分之一的富豪之家，經常上演以百元美鈔點燃雪茄的炫富情景劇。但摩根人始終懂得克制地使用金錢，不為欲望所奴役。

今天，豪門主宰行業的歷史，已是陳年舊事，當年美國輿論對摩根家族層出不窮的聲討，如同行刺者朝向傑克．摩根扣動的扳機，難以穿越時空而震撼今日。摩根家族不是金融海洋中欲壑難填的海盜，也不是傳播福音的正義化身，因為歷史的運行規律從不會無跡可尋，而是將每個面具分發給其中的參與者。摩根家族是美國經濟發展和世界金融交流的創造者、見證者和參與者，他們曾經支配過這個世界的運行規律，但當大幕降下、掌聲響起，即使再偉大的豪門也有退場的

＊金本位：以黃金為本位幣的貨幣制度。在金本位制度下，每單位的貨幣價值等同於若干重量的黃金（即貨幣含金量）。

一刻。

對今天的我們而言，摩根家族展現出華爾街豪門的最後輝煌，在摩根家族之前，沒有豪門能和他們的成就相比，在摩根家族之後，也很可能沒有家族可以重現其巔峰。但摩根家族留給世人的精神財富，將會永遠存在。

Chapter 1 家族的崛起 一七八〇年——一八三五年

起之於野

一六三六年，邁爾斯・摩根帶領族人越過大西洋，從遙遠的英格蘭來到麻薩諸塞州。即使踏上了大洋彼岸的陌生土地，摩根家族始終恪守著莊稼人的本分，靠著在土地上的點滴辛勞延續血脈。他們對地方政治和軍事有點興趣，但總體依然是個傳統的農耕家族。

小約瑟夫・摩根繼承了家族產業，在農業上做得很出色，還不斷增加畜牧業的投資。這位頭腦靈活的上尉還嘗試用新的方式去賺錢，比如，將每頭羊按照每年繳納零點七五磅羊毛的價格租賃給其他農戶。

隨著小約瑟夫的努力，家族開始發生變化，並集中體現在約瑟夫．摩根身上。約瑟夫．摩根，是小約瑟夫．摩根的第三個兒子。一七八〇年，他出生於西斯普林菲爾德的摩根農莊中。此時，從最初的摩根人來到麻薩諸塞州之後，已經過了將近一五〇年，到約瑟夫成年後，美國獨立戰爭的硝煙已經隨著一紙和平協議消散殆盡。展現在約瑟夫面前的，是美好的新大陸國家，和其祖先印象中的國家迥然不同。

當時，受到農民反抗的威脅，麻薩諸塞州的立法機關不得不降低稅收與訴訟的費用，其中，布匹和日用百貨的稅收被完全減免，農莊的日子因此一天比一天好過。聯邦政府和州的憲法規定了政教分離，宗教的影響迅速減弱，城鎮裡來了教師，農村的孩子們開始接受教育。

約瑟夫和不少農村孩子一樣，被望子成龍的父母送進學校。在那裡，他學會了算術和寫作，尤其喜愛寫日記。從十二歲開始，約瑟夫一直堅持寫日記，直到去世。

約瑟夫喜歡做農活，不過對做生意更感興趣。十四歲時，他在鎮子上找了個養路工兼職，為家裡省掉了本應上繳的養路費。十六歲那年的冬天，他一邊在斯普林菲爾德的初中繼續學習，一邊到遙遠的山區小學教書，教二十多個小學生最簡單的語文和算術，每個月能賺七點五美元。教學工作在每年三月一日結束，之後他便回家準備春耕。

在他的整個青春期裡，春、夏、秋三季，約瑟夫都在自家土地上做農活，而冬天則會去教書，耶誕節放假時，他忙碌著準備春耕工具。隨著年齡增長，他開始分擔家族中更多的責任，一度忙到連日記也不得不暫停。

二十七歲那年，約瑟夫與康乃克州米德爾敦鎮的莎莉．史賓賽相識、相戀並結婚，然後正式在西斯普林菲爾德安了家。從那時開始，他成了西麻薩諸塞州有些頭面的鄉紳。

到一八〇八年，約瑟夫已經一躍成為當地的富人。和父輩們不同，約瑟夫精於農事但又不滿足於此，他雇了人手來做農活，將騰出的時間和精力用於擴大資產。他先是花了四百美元購買一座小農莊出租；第二年，又在阿薩夫米勒那裡買了套房子和十八英畝*的土地，然後租給農戶奧利弗．斯普拉格；一八一一年，他只是轉轉手，就從房產交易中賺了四百美元；又過了一年，他以低價拿到了四十多英畝的土地……。

金錢盤活之後，約瑟夫對資本升值的渴求表現得更直接。他精於計算、敏於覺察，不放過眼前浮現的任何賺錢機會。有一次，住在哈特福的岳父薩繆爾．史賓賽來家裡看望他，送岳父回去時，他還順便趕了家裡的兩頭豬去那邊的集市賣錢。

約瑟夫悄然改變的同時，西斯普林菲爾德也發生著變化，城鎮之間的道路被鋪設得寬闊平整，交通便利起來。因此，儘管道路雨季泥濘、夏日揚塵，但四輪馬車與公共馬車還是可以帶著約瑟夫遠行經商了。

隨著時間流逝，約瑟夫．摩根意識到，自己必須謹慎而勇敢地改變家族傳統，這些傳統是從父親、祖父乃至更為遙遠的祖先那裡繼承而來的，但此時此刻，小家庭內部的呼聲也促使他儘快

*英畝，面積單位。一英畝約四〇四七平方公尺。

主導改變。

約瑟夫的妻子莎莉在接連為他生了兩個女兒——瑪麗和露西後，產生了離開鄉下小鎮的想法，她希望女孩們能夠到更大的地方去開闊眼界，而不是始終聞著泥土氣息做個鄉紳家的姑娘。

約瑟夫又何嘗不想為家族開創新的希望。一八一二年春天，約瑟夫決定加入位於北安普頓的華盛頓慈善協會，這家協會是當地放債者*的同業協會。從此，他半隻腳踏入銀行金融業，私人銀行的夢想正在不遠處向摩根家族招手。

正在這一年，美國政府宣佈向英國開戰。除了頒佈貿易禁令外，總統還宣佈要從各州和屬地徵召十萬民兵，戰爭隨之爆發。但在麻薩諸塞州，沒有多少人支持戰爭，附近的康乃狄克州、羅德島州也拒絕派出民兵，更不用說在政治上屬於「窮鄉僻壤」的西斯普林菲爾德。

約瑟夫得以繼續安穩地做生意，他的投資主要是在當地，遠離發生戰事的前線，因此無須擔心。不過，消息還是一點點跟隨著西北風飄到了約瑟夫的耳畔。他聽說英國人攻佔了華盛頓，燒毀了白宮等建築，所以感到些許痛心。在時局影響下，他買了本記述拿破崙生平的書籍，藉此瞭解遙遠歐洲大陸的偉人事蹟。此外，他還買了本奧利弗・戈德史密斯的《英國歷史》，書店老闆用奇怪的神色打量著他，畢竟當英國軍隊在祖國土地上肆虐時，買這種書的人還真是少見。

一八一三年七月十八日，吉諾斯・史賓賽・摩根誕生於西斯普林菲爾德家中，這是約瑟夫的第三個孩子，也是他唯一的兒子。

兒子吉諾斯出生五個月之後，約瑟夫的父親小約瑟夫上尉去世了。他留給了約瑟夫約一一二英畝的農莊和價值一萬一千美元的資產。約瑟夫在悲痛之餘，用資本的繼續運轉來紀念父親。他很快用其中二千美元又購買了一座小農莊，然後租了出去，獲得了一筆新的盈利。

一八一五年，英美戰爭結束，兩國簽訂了《根特條約》。約瑟夫聽到之後，帶著妻子兒女前往米德爾敦鎮，同岳父岳母一起慶祝。當天，在日記中，約瑟夫用「喜訊」一詞來描述自己對這一消息的感受。

戰爭結束後，時局穩定，約瑟夫得以繼續擴大產業。一月份開始，他出手進行了一樁重要投資，這是摩根家族歷史上的第一筆「大生意」。

左右逢源的咖啡館主

約瑟夫早就在醞釀做一個大項目，他不滿足於之前小打小鬧的資本運作，而是想放手大幹一場。不久後，約瑟夫就正式將農莊交給妻子和兄弟，自己進入新的領域——旅館業。

約瑟夫帶著繼承的一萬多美元遺產，來到韋斯特菲爾德的公路邊，在那裡，他早就看中了一家不錯的小旅館。這家旅館原本附屬於當地驛站，向來往的旅人提供食宿，隨著名氣上升，後來便開始向附近居民提供生活服務，從作為酒吧、雜貨店，再到組織舞會，成了當地的「商業中

＊放債者：指借款予他人並收取利息之人。

心」。

約瑟夫之所以想要投資旅館業，和他多年來四處談生意的經歷有關。生意途中，顛簸的公路旁總會有這樣的小旅館，住宿之後，約瑟夫深感其舒適與方便。當知道小旅館打算出售之時，他第一時間連同旅館與驛站都買下了，還花費二千美元，買下了馬、傢俱、食物和酒水，並把整個旅館翻修一新。

一個月之後，約瑟夫發現驛站沒有什麼利潤，於是果斷選擇將驛站折價，以九百美元的價格賣出，雖然這筆生意沒什麼賺頭，但他得以開始專注於旅館生意。

長袖善舞的約瑟夫的確適合做旅館老闆，比起當守著田地的鄉紳，這裡的事業更加精彩，很快能把本錢賺回來。約瑟夫還發現了另一條生財之道——貸款。住店的客人大多是生意人。他們時常急需現金，而約瑟夫總能在緊迫關頭從櫃檯下面抽出一疊鈔票，即使客人們需要因此付出較高的利息，他們依然感到幸運。或許，這就是摩根家族最早的金融事業了。

約瑟夫的眼界開闊起來，做生意之餘，旅館客人們的酒後閒談，始終撩撥著他的心弦，讓這個年富力強的男人渴望著去東海岸的那些大城市，一睹繁華世界，這才不枉此生。

一八一六年十一月，約瑟夫將走出去的第一站選在哈特福鎮中心，他買下了政府街北面那家明亮大氣的咖啡屋。當然，一萬六千美元的購買價格實在不菲，為此約瑟夫將原來的小旅館賣給了堂兄。

喜好交際的性格，讓約瑟夫在經營咖啡館時受益匪淺。哈特福的城鎮規模更大，行走商旅的主顧更多，許多人長期泡在咖啡館裡，因為彼此的利益和感情，他們都非常親密，也和老闆約瑟夫成了好友。

為此，咖啡館裡頻繁地舉辦私人宴會，商人們週末聚在一起，鶯歌燕舞，好不熱鬧。為了讓環境更加怡人，約瑟夫添設了音樂室、書房和餐廳等，將原本格調不高的咖啡館變成了整個哈特福最上等的社交會所。

兩個月後，約瑟夫將自己的家正式搬到哈特福的俄賽勒姆街，那一天是一八一七年一月十二日。不過，精明的約瑟夫並沒有賣掉在西斯普林菲爾德的地產，他希望妻子和孩子們可以不時回去休養、度假、親近大自然。

約瑟夫成了鎮子上的知名人物，當地的頭面人物紛紛來到家中拜訪他。對摩根家族而言，這是令人激動的變化，說明摩根家族的人終於依靠自己的努力，步入了上層社會。

不久之後，摩根咖啡館迎來了一件大事。

在一八一二年的戰事裡，出身哈特福的麥克唐納海軍準將立下了不小的戰功，市長決定要舉行授劍儀式來加以表彰，儀式地點定在咖啡館的會議大廳中。聽到消息之後，約瑟夫相當激動。他認真地準備著，將牆上一排排愛國先賢的相片擦拭得鋥亮，又用常青藤裝飾了略顯古舊的大廳，二十八種酒被陳列在長條桌上……。當晚，簡短而熱烈的儀式之後，來自哈特福和周邊城鎮的名流和賢達人士，在這裡度過了快樂的難忘時光。

約瑟夫的確天生是個好老闆。這次儀式的成功讓他更加全心全意投入在店裡，為了讓每個顧客滿意，他幾乎不願離開咖啡館一步，他不斷地解決著問題，甚至為了顧客提出的一項建議而忙碌上幾個月。

在這種近乎偏執的努力下，摩根咖啡館煥然一新：在這裡，紳士們在客廳悠然自得地飲酒聊天，或者在閱覽室裡讀書看報紙消磨時光；女士們翩翩起舞，或者喝著加了糖塊和牛奶的進口咖啡；聯邦共和黨人士在這裡召開會議、生產促進協會在這裡舉行聯誼、消防部門在這裡商量事務，而哈特福市市長的就職舞會，也首次選擇在這裡進行。更不用說，當外地來了新的劇團或者有什麼重要演出，也一定會選擇摩根家的咖啡館會議廳來舉行首演。

總而言之，約瑟夫的咖啡館變成了俱樂部、變成了劇場、變成了新聞發布會現場，變成了各種小道消息和流言蜚語的集散地，咖啡館幾乎就是哈特福的縮影。

新的投資項目也隨之逐一進入約瑟夫的視野。康乃狄克輪船公司為了建造長達一千英尺＊的康乃狄克橋而發行了總價十萬美元的股票，約瑟夫大筆購入，成為公司的股東。與此同時，他對附近的伊利運河也很感興趣，並購買了運河的股票，此外，他還認購股票支持修建巴爾的摩到俄亥俄州的鐵路……。總之，和交通有關的一切事項，他都很關心，因為他認為，伴隨著城市的擴大與經濟繁榮，交通事業必然是最先受益的。

到了一八一九年，憑藉積極的投資，約瑟夫成為地方航運業和鐵路的大股東，更是康乃狄克輪船公司的董事。

幸運女神的翅膀悄然覆蓋著摩根家族，由於祂的垂青，約瑟夫一家從鄉村走進城市後，沒有碰到任何阻礙，生意一帆風順，社交面也不斷擴大，知名度迅速提升。未來，更大的商業成功，正迫不及待地向約瑟夫招手。

一把火燒出大生意

一八二九年，約瑟夫將咖啡館以二萬二千美元賣出，然後以相當實惠的價格，買下了位於城鎮主幹道上的一家城市旅館。

旅館有五十多套房間，因經營不善而停業。買下旅館之後，約瑟夫照例進行裝修，他將傢俱和床墊全部換掉，新地毯、裝飾品和牆壁上的油畫，全都是約瑟夫親自去紐約採購的高檔貨。

這筆開支的成效立竿見影。旅館重新開張後，整潔乾淨、高檔貴氣，入住率大增。這次的成功投資，讓當地輿論為之矚目，報社記者紛紛叫好，說約瑟夫一定會取得更大的成功。

對這樣的報導，約瑟夫沒有在意，他也不喜歡被媒體以這樣的方式關注。摩根家族固然和當地名門沒什麼不同，但「低調」就是他們最大的特徵。平日裡，這個五口之家連自家專用的馬車都沒有，約瑟夫出門談生意只會選擇小馬車、公共馬車或者船，直到這一年，他才給家裡買了輛四輪四座的馬車，用於全家旅行。

＊英尺：長度單位。一英尺約為零點三公尺。

但很快，約瑟夫就發現，新馬車買晚了，大女兒瑪麗在一八三二年嫁給了一位年輕教士，二女兒露西也在同一年嫁入了哈特福當地名門。約瑟夫知道女孩們遲早要走出家門，也尊重她們對感情歸宿的選擇，不過他所期待的家人一起坐馬車旅行的計畫則難以實現了。此時，家中只剩下小兒子吉諾斯還在讀書。

家庭負擔減輕，約瑟夫有了更多時間參與政治，他得到了莫大的政治榮耀作為回報：一八三三年，美國第七任總統安德魯．傑克森，在巡訪新英格蘭地區時途經哈特福，他專門來到約瑟夫的城市旅館，和約瑟夫以及當地其他市政官員共進晚餐。

約瑟夫知道急流勇退的道理，一八三五年，約瑟夫決定不再從事旅館業，而是專門從事投資業。他宣佈出售旅館，由於一時沒有買主，就改為先租賃出去，以八年為期，獲得了八千美元。同時他坦率地保證，如果租賃期未滿而房產有了買主，那麼就會按照比例予以退款。

料理好生意，十一月十九日，約瑟夫和妻子莎莉回到了在哈特福俄塞勒姆大街上的家中。大宅子裡，有他多年來從不同城市購買的傢俱、地毯和飾品，卻沒有了以往的一對嬌女承歡膝下，兒子也去了寄宿學校，偌大的屋子只有夫妻兩人居住，清冷而寂寞。

十二月，紐約傳來的大火消息讓約瑟夫不再感到無聊。這是一場突如其來的災難，但對摩根家族來說卻是新的契機。

那時的紐約，已經是全美國發展最迅速的城市之一，越來越多心懷夢想的人遷移到紐約去。在短短十餘年間，紐約人口迅速上升到二十萬，如此密集的人口和貧瘠的城市基礎設施，再加上不斷擴大的貧民區，為災難的發生埋下了隱患。

一八三五年十二月十六日，華爾街上的一棟房子著火，火勢原本不大。但天氣嚴寒，凍住了自來水閥門，大火因無法及時撲滅而迅速蔓延，整條街都陷入了火海，僅建成八年的股票交易所燒得只剩殘垣斷壁，其他許多建築也被燒毀。

十二月十七日，約瑟夫接到消息，大火的損失估計在一千五百萬美元以上。這個數字在當時簡直是天文數字，不少遭遇了資產損失的商人心痛之餘翻出了當初的投保合約，以為能從保險公司拿到賠償。但幾乎每家保險公司都把矛頭指向紐約市政府，指責他們沒有制定安全規章，沒有控制建築品質，導致工程和消防全都是問題。總之，投保無效，賠償無門！

早在一八一九年，約瑟夫進行一系列對外投資時，就成了伊特納保險公司的股東之一。現在，他很想知道伊特納保險公司會怎麼做。

其他投資者早就坐不住了，他們已經聚集到公司裡，議論紛紛、驚慌失措，眼尖的人看到大股東約瑟夫的身影，立刻高聲喊道：「摩根先生，我自願放棄股份，請你把我的股份買去吧！」似乎是連鎖反應一樣，十幾個聲音此起彼伏，內容幾乎一模一樣，都希望儘早從這樣的災難中脫身。

約瑟夫．摩根反倒淡定下來，他望著這群慌亂的投資人，一個大膽的計畫在心中成形。

「諸位股東，我可以買下你們的股份。」等聲音稍微小了點，約瑟夫緊皺眉頭，擺出無奈的樣子說道。

人們幾乎能聽到彼此心裡石頭落地的聲音，表情也輕鬆了許多，他們把約瑟夫當成救命稻草，希望他此刻變成「有錢的傻瓜」。

約瑟夫環顧四周，繼續「無奈」地說道：「保險公司重組，我一個人財力恐怕不夠，有沒有其他人能和我一起冒這個險？」

話音落下許久，周圍沒有一個人搭腔。又過了幾分鐘，有個中年人站了起來，他也是伊特納保險公司的股東，看到約瑟夫毫不推託的態度，心中不由得被觸動，願意一起冒這個險。

最終，兩個人湊了十萬美元，買下了其他董事自願放棄的股份。就這樣，伊特納保險公司成了摩根家族控股的第一家保險企業。

接手伊始，約瑟夫面對的就是令人頭疼的賠付問題。他擺出一不做二不休的姿態，利用一切管道放出消息，說自己就算把所有家族產業賣掉也要完成賠償。同時，約瑟夫在幾天內派出十幾個代理人，專門趕往紐約開始處理賠償事項。這些代理人讓蜂擁而來的商人們回去準備好資料，然後上交過來等待公司審核，再按照程序進行理賠。

消息不脛而走，在一幫賴帳保險公司的反襯下，「伊特納」三個字成了信用保障的代名詞。紐約的商人們認定，原本精心挑選的保險公司都不可靠，只有經得住考驗的伊特納保險公司才足以信賴。於是，許多人選擇從其他保險公司退保，然後找到約瑟夫派出的代理人，要求填寫保險單申請表，許多人根本不在乎價格的變化——約瑟夫接手公司時規定，投保費用升高到過去的兩倍。

就這樣，賠償行為變為廣告行銷。約瑟夫雖然支付了許多錢，但同時卻又在源源不斷地收穫更多的信任和金錢。結算下來，那些退出公司的股東後悔不已——約瑟夫不僅全身而退，還在紐約淨賺了十五萬美元。

藉由這次華爾街火災的理賠事件，摩根家族收穫了第一桶金，並掌控了具有良好信譽的保險公司。因為約瑟夫個人的誠實信用和冒險精神，整個家族事業實現了巨大的飛升。

僅僅是幾年以前，這個家族還只是偏僻小鎮裡的富農，但約瑟夫卻把摩根的名字帶進了紐約。作為出生於農場的一代，伴隨著年齡的增長，約瑟夫會經常懷念農場靜謐的早晨和美好的夕陽，但在家族歷史的長河中，他註定是家族最後的農場主。

皮博迪是個好教父

在約瑟夫．摩根肩負起華爾街大火賠償重任的同時，另一個商人也正面臨著時代交付的重任。這個人叫喬治．皮博迪。未來，他將成為摩根家族事業的「教父」。

皮博迪個子高大而強壯，有著清澈的藍眼睛，臉上佈滿皺紋，連鬢鬍子、泡泡眼，黑頭髮整齊齊地梳理著，看起來宛如一個知識淵博的學者。事實上，這個商人過著幾乎和學者一樣規律的生活，這與他童年的經歷有關。兒時，皮博迪家境貧困，十幾歲就輟學工作，和哥哥到雜貨店工作，維持寡母和六個弟妹的生計。等成年之後，他連戀愛和婚姻也無暇顧及，每天有十個小時忙於工作，即使是晚上和週末也很少休息。

就這樣，皮博迪逐漸成為馬里蘭州受人尊敬的海外貿易商，他在倫敦有很多客戶，於是開始利用個人影響力向倫敦市場宣傳「美國是最好的投資對象」，藉此幫助州政府賣出更多債券。

但一八三五年，皮博迪碰上了些小麻煩，他不得不踏上跨越大西洋的輪船前往倫敦。此前，美國各州政府陷入空前的債務危機，由於項目建設的熱潮湧動，從鐵路建設到運河開鑿，再到公路的修建，都要借助各州發行的大量上市債券來獲取資金。但資金投入後卻暫時看不到收益，一些州開始拖欠利息，馬里蘭州的議員們很快也按照「民意」吵嚷起來，說必須要拖欠利息，不能讓外國銀行家掐住政府的脖子……。

由於債券大都在倫敦上市，馬里蘭州政府派出三位特派員去談判，喬治·皮博迪就是其中一位。

倫敦是當時的世界金融中心。英鎊，是國際貿易通用的貨幣。倫敦銀行家們沐浴在拿破崙戰爭最終獲勝的光環中，自命為世上強者。巴林、羅斯柴爾德這些家族金融企業所能調動的金錢，比全世界任何一國政府都要多，他們的地位高高在上，難以企及。但在倫敦，人們找不到「巴林」或「羅斯柴爾德」銀行的牌子，公司使用的信箋也沒有箋頭和標誌，既不開設分部，也不招攬業務，只和特定的客戶建立單線的業務關係……。即使如此，各國政府的代表還是排起長隊，接近銀行家們，試圖獲得財力支持。

來到倫敦之後，其他兩個特派員很快敗陣，失望返程。皮博迪卻憑藉手腕和關係，邀請了十幾個銀行家參加宴會，他為馬里蘭州擔保說：「現在只是暫時拖欠利息。」並進一步巧妙地解釋說：「應該向馬里蘭州繼續提供新貸款，才能保障他們繼續償還。」最終，這些銀行家們不僅沒有中斷貸款，反而又加撥了八百萬美元。

英國政治家喬治．歐文評論說：「皮博迪簡直就是靠自己的面子借到了這筆錢。」馬里蘭州政府想為這份面子給出傭金六萬美元，但皮博迪表示自己分文不取。

這次的成功，讓皮博迪意識到自己在倫敦的影響力。

一八三七年，沒有家室的他遷居到了倫敦，在莫爾門街三十一號開了自己的商號。這間辦公室看起來相當簡陋，除了幾張書桌、一個紅木櫃檯和一只保險櫃之外，了無他物。但皮博迪走進了新的圈子，這個圈子裡全都是卓越的商人，成員們各自做生意，同時又為其他不同生意提供資助，他們是無形的銀行，沒有存摺、出納和帳戶，卻做金融業務，包括融資、發行股票和債券，再向各國政府、各大公司和豪門貴族發放貸款。

雖然搬到了倫敦，但皮博迪依然保持著愛國者形象。他宣稱自己的公司是「美國商號」，並理所當然地成為「美國人駐倫敦」的代言人，他曾經一週內宴請了八十位來訪的美國人，然後帶著其中三十五人去觀賞歌劇，絲毫不在意老式貴族們對這些美國暴發戶們的鄙視和不滿。

可惜，美國卻沒有給予這位愛國者應有的回報。儘管皮博迪四處演說、宣揚美國經濟的大好前景，但未來的十幾年中，美國進入了「饑餓的四〇年代」，各州政府的債券價值一路狂跌，每美元債券跌到五十美分，不少州政府始終拖欠債務不願歸還。這導致美國形象在整個歐洲的投資界大為受損，被痛罵成流氓、騙子和忘恩負義之徒。

當馬里蘭州此後又一次開始拖欠利息時，《泰晤士報》毫不客氣地評論說：「雖然皮博迪是『最清白的美國紳士』，但是改革俱樂部還是曾經投票拒絕他加入，畢竟他是一個『拒付債務的國家的公民』。」皮博迪很沮喪，他在給朋友的書信中寫道，自己希望有一天在歐洲承認自己是美國人時，能夠不必為國家的品行感到臉紅。

為了挽回信譽，皮博迪自行設立基金，用於擴大在馬里蘭州的還債宣傳，從議員到政府官員，他都一一付錢加以拉攏，饋贈名單中還有那些知名牧師，請他們在佈道時宣講尊重合約是神的意志。

努力終見成效，贊成償還債務的輝格黨入主州政府，馬里蘭州和賓夕法尼亞州開始重新還款，皮博迪心中的巨石終於落地。

到十九世紀四〇年代末期，美國終於走出了蕭條，相比之下，革命火焰席捲整個歐洲大陸，動盪的時局讓人們更看重美國債券和股票。皮博迪終於為祖國而自豪，他在倫敦社交界變得更加活躍。

皮博迪的生意也越做越大，他為不同的交易提供融資貸款，他和中國進行絲綢貿易，又把鐵軌出口到美國去，到十九世紀五〇年代時，皮博迪已經積攢了將近二千萬美元的個人財富。

令人難以想像的是，這樣的金融巨頭，個人每年的花費只有三千美元，吝嗇到不願意給自己買一輛馬車，曾經有人見過他在寒冷冬雨中站在街頭等一便士的公共馬車，足足等了二十分鐘。

還有人傳說，皮博迪每天中午在辦公桌旁吃過午餐後，派勤雜工去買蘋果，他給勤雜工兩便士，找回的零錢是半便士，但他每次還都要將零錢「殘忍」地要回去，從不會慷慨地作為小費付給望眼欲穿的勤雜工。

皮博迪並不掩飾他的吝嗇，和朋友的書信中，他承認自己「經歷了太多的金融恐慌，雖然沒有遭受損失，但並非沒有見過巨額財產被席捲一空的景象，即使是我自己的錢，我也必須要小心謹慎」。

與這種「近在眼前」的吝嗇截然不同，皮博迪對「遠在天邊」的公共事務樂善好施。一八五七年，他出資建造巴爾的摩的皮博迪學院，一八六二年，他又捐獻十五萬英鎊給信託基金，改造倫敦的貧民住宅區。

後來，嚴重的痛風與風濕病開始侵擾皮博迪，他自知老之將至，因此對慈善事業變得更加慷慨，他將一座歷史博物館、一座考古學和人類文化學的博物館捐獻給耶魯大學，然後又為美國南部被解放的黑奴設立教育基金。

對生意上的事情，皮博迪更有長遠的打算，他知道，自己必須要選擇菁英來繼承公司。此前，他從未讓任何人真正分擔過商號的管理權力，辦公室經理查爾斯．古奇對商號有很小的管理權力，在皮博迪面前，他永遠都只能像低等辦事員那樣順從，根本沒辦法成為對等的合夥人。按照當時通行的做法，皮博迪可以挑選直系親屬接手，但皮博迪終身沒有結婚，只有一位情婦，兩人育有私生女，根本不能繼承產業。

皮博迪對繼承人選設定了嚴格要求：對方必須是美國人，而且要有家庭，有著豐富的國際貿易經驗，同時像他一樣喜愛並擅長交際。這些條件缺一不可，所以短時間內很難找到繼承者。

皇天不負有心人，到了一八五三年，「教父」皮博迪終於發現目標，此人符合所有條件，足可承擔重任。

他就是約瑟夫．摩根的獨子——吉諾斯．史賓賽．摩根。

Chapter 2

進軍歐洲

一八三五年——一八五七年

「富二代」也得自力更生

能被富豪皮博迪看中，吉諾斯・史賓賽・摩根並非僅憑幸運。

一八一三年七月十八日，吉諾斯出生在西斯普林菲爾德，這個獨子的出生為整個家族帶來了歡喜。但不久後，祖父小約瑟夫卻去世了。接踵而來的兩件事預示著家族未來的發展，父親約瑟夫帶著遺產從農場走向城市，吉諾斯的降生則開啟了之後兩代人為家族打造的輝煌時代。

吉諾斯從十三歲開始，就被望子成龍的父親送進私立學校。他先是在米德爾敦鎮讀書，後來又轉學到東溫莎，寄宿在學校中。

求學辛苦，除了感恩節等重要宗教節日之外，吉諾斯很少回家。對宗教節日的重視，早在邁爾斯・摩根時期就形成家族傳統，此外即便是新年，都不能算家族的節日，比如約瑟夫在結婚之後不久的元旦，就撇下新娘出去談生意了。

約瑟夫並沒有對獨子吉諾斯嬌生慣養。作為父親，他是嚴格的，因為家族財產來之不易，不可能交給紈絝子弟。因此，他經常有意安排回家度假的吉諾斯去農莊工作。吉諾斯的母親則設法時而帶吉諾斯去長島上的吉爾夫特避暑，那裡的天氣要比內陸涼快許多，也不用做農活。

時光荏苒，一八二九年，吉諾斯畢業。在家庭環境的耳濡目染下，吉諾斯立志成為優秀的銀行家和商人，而且要超越父親。

那時，約瑟夫的生意已經做得順風順水，他完全可以讓吉諾斯跟隨自己學習，但他想要讓吉諾斯這隻小鷹掙脫手臂、展翅高飛。一八二九年四月四日，是吉諾斯難忘的一天，十六歲生日的當天，他被父親送到波士頓的一家商行。這家商行在當地頗受尊敬，老闆叫阿爾弗雷德・威爾斯。吉諾斯從在這裡當學徒，開始了他的從商生涯。

約瑟夫很牽掛獨子，有空時他會到波士頓探望吉諾斯。有時候，為保險公司出差的途中，他也會順便來查看兒子的工作情況。那年秋天，約瑟夫還帶上了女兒瑪麗一塊來到波士頓，一家人在波士頓開心遊覽，度過了美好的時光。

在商行中，吉諾斯逐漸褪去了身上的書生氣息。平時，他看起來很嚴肅，受過正規教育的他，舉止行為都有著良好的修養，再加上家傳的聰明幹練，使得老闆威爾斯很賞識他。從第二年開始，吉諾斯開始全面協助商行的管理，出差去紐約或者紐黑文，順道也會經過哈特福探望父母。

除了生意圈之外，吉諾斯在波士頓慢慢也有了自己的朋友圈。每週的禮拜日，他會去位於霍利斯街的公理會教堂。這家教堂的牧師叫約翰·皮爾龐特，這位中年牧師很喜歡「研究」流行的骨相學。認識吉諾斯沒多久，他就頗為神秘而贊許地說，吉諾斯那「頭蓋骨隆起的部分」，就是他才華出眾的象徵。

吉諾斯很喜歡皮爾龐特牧師，因為他性格熱情，不看重金錢，他強調社會責任，非常理想主義，這和摩根家族之前信奉勤勞致富、嚴謹保守、尊重現實的傳統性格形成對比，開闊了吉諾斯的視野。不僅如此，和皮爾龐特牧師的交往還豐富了吉諾斯的社會經歷，這幫助他學會如何接觸和自己性格迥異的人，並與他們成為真正的朋友。

皮爾龐特家族不可小覷，其遠祖是英國有名的貴族，約翰的父親詹姆斯則是耶魯大學的創辦人之一。約翰從耶魯畢業以後，還短暫地擔任過耶魯大學的校長。後來他改行當過律師，做過生意，缺乏經商才能的他經營公司破產，這讓他對追逐金錢徹底失去興趣，轉而投身於宗教事業。他上了劍橋神學院，一八一九年成為霍利斯街教堂的牧師。

比家族歷史更能觸動吉諾斯的，是牧師的女兒茱麗葉·皮爾龐特，她性格恬靜敏感，繼承了母親的美貌。年輕的吉諾斯墜入了愛河。恰好此時，商行老闆威爾斯提出，當五年學徒期滿之後，吉諾斯就可以考慮投資商行，成為初級合夥人。面對著愛情和事業的新希望，吉諾斯盤算起來：「只要向朱麗葉求婚成功，他就能夠從父親那裡獲得婚禮資助，然後將之投入商行，一切就水到渠成了。」

吉諾斯特地選擇在一八三三年二十歲生日前一天回到家，誠懇地請求父親幫助他加入商行。老謀深算的約瑟夫平靜地聽完，沉吟一會兒後說道：「孩子，我想那只是因為威爾斯的生意需要現金，而不是你真的夠資格做合夥人了。」父親寥寥數語猶如一盆冷水，澆熄了吉諾斯的滿腔熱情。

事實證明，約瑟夫的判斷沒有錯。沒過多久，威爾斯就因為沒有能力還債，而不得不採用地產契約形式和康乃狄克銀行合夥了。吉諾斯經過此事，真正見識了父親的睿智、老練。

幸好，愛情之花很快綻放，一八三四年茱麗葉答應了他的求婚。皮爾龐特一家和摩根家都對這樁婚姻深表滿意。

訂婚之後，吉諾斯按照約瑟夫的建議，入職紐約的莫里斯・克查姆銀行。銀行老闆克查姆是摩根家哈特福咖啡館的老主顧，他在金融業上獲利頗豐，紐約市中心有他的大廈，康乃狄克有他的夏季別墅，工作時，小職員圍著他的辦公桌奔忙……這些都讓約瑟夫印象深刻。同時，克查姆相當欣賞約瑟夫的傳統、嚴謹和守信，因此同意吉諾斯加入銀行。

此後兩年裡，美國銀行業發展迅速，許多銀行都賺得盆滿缽滿。他們採用黃金投機的方法，將白銀運到歐洲換購黃金，把黃金運到鑄幣廠鑄幣，然後再去美國購買更多白銀。由於美國和歐洲金銀價格的不同，這種生意大獲暴利。直到一八三六年夏天開始，政府出手壓制這樣的投機行為，情況才有所改變。

身處紐約狂熱的銀行界，吉諾斯並沒有為大賺而歡欣鼓舞，相反，紐約讓吉諾斯心煩意亂。

在他眼裡，紐約有貧民窟、炎熱的夏天、有軌車轟隆隆的聲音和嚴重不足的排水系統，這裡簡直糟透了。他更喜歡舒適而優美的哈特福、傳統而規矩的波士頓。一有假期，他就會回到波士頓探望妻子，或到哈特福向父親傾吐煩憂。

一八三六年二月，約瑟夫到紐約解決火災索賠問題時，吉諾斯又一次提出要求回鄉。約瑟夫思考良久，覺得兒子可以獨立，便同意了。隨後，他透過細緻調查，選中了哈特福的豪．馬瑟織物貿易公司（以下簡稱豪．馬瑟公司），然後向其投資十萬美元，使兒子成為該公司的合夥人。這樣，吉諾斯終於有了真正屬於自己的事業。

對這樣的起點，吉諾斯感到很高興。在寫給岳父的信中，他說：「儘管我不能很快地發財致富，但這樣比華爾街看起來更安全一點。」不久後他又寫信說：「只要我們感覺有一些實力了，並且資本有所增加，我們就會搬到紐約去。」

一個月後，吉諾斯喜上加喜，在波士頓老霍利斯街的教堂同茱麗葉．皮爾龐特結婚。到普羅維登斯度完蜜月之後，他們回到哈特福，搬入市區以西的洛德山俄賽勒姆街二十六號房子中，和父母生活在一起。這年夏天，茱麗葉的姐姐、母親和外祖母都來到這裡小住，到八月份，茱麗葉向所有人宣佈自己懷孕了。

一八三七年四月十七日淩晨三點，吉諾斯的第一個孩子誕生了，這就是未來大名鼎鼎主宰時代的約翰．皮爾龐特．摩根。他長著烏黑而凹陷的雙眼，體格強壯，一如摩根家的其他男性。而最有特點的莫過於遺傳自皮爾龐特家的大鼻子，一旦發怒，這鼻子就會膨脹起來，成為約翰．皮爾龐特・摩根一生的顯著特徵。

如果相信星相學家後來的「論證」，那麼小約翰的出生是帶有所謂「異象」的。在他出生三週之後，由於英格蘭銀行推行信貸限制、國內農業大範圍歉收、棉花價格下跌和貿易逆差等，經濟恐慌從紐約開始向全國蔓延，美國遭遇了有史以來最嚴重的經濟衰退。全國銀行業陷入絕境，沒有一家銀行接受用金銀兌換貨幣或者期票的業務，全紐約的銀行已經基本癱瘓……。

星相學家們說，伴隨著J・P・摩根的出生而開始的銀行衰退，預兆著後來的趨勢——全美國未來的多次金融危機，將會在這位摩根家族史上最偉大者的手中，得到傳奇般的拯救。

遺產在手闖天下

孩子一天天長大，吉諾斯卻無法在家陪伴。經濟危機的影響開始波及哈特福，吉諾斯不得不出遠門打理生意，豪・馬瑟公司正面臨著客戶拖欠債款的危機。

整個夏天，妻子茱麗葉帶著小J・P・摩根在波士頓的娘家度過。晉升為爺爺後，約瑟夫經常出差到波士頓，每次都要來看望親家、兒媳和可愛的小孫子。在這裡，他會虔誠地聆聽皮爾龐特牧師熱情洋溢的演講，包括最新的宗教理念、對國內時事的看法和在國外旅行療養時的見聞。

到六月底，大部分債務問題終於解決了。吉諾斯回到了哈特福，交接完公務，他匆忙地趕往波士頓看望茱麗葉和愛子。七月份，遵循嚴格的公理會禮儀，繈褓中的約翰・皮爾龐特・摩根正式在霍利斯大街教堂接受了外公的洗禮和命名。

這位家族最新成員的名字，在成年前很少被使用，因為名字太長。家人們的信函和日記裡總是用其他名稱稱呼他，例如「吉諾斯的孩子」、「吉諾斯的寶貝」、「小摩根先生」和「J・P・閣下」，等等。吉諾斯夫婦對他的暱稱是「巴布」，後來他的同學們則叫他「皮皮」。直到成年後寫信時，他的名字才隨著「約翰・皮爾龐特・摩根」的簽名固定下來。

一八三八年，吉諾斯搬出父母家，開始在勞德山的法明頓大街修建大房子和穀倉。年近六十歲的約瑟夫對此也很有興致，他將新房子看作是給兒子和孫子的禮物。在一八三九年四月到八月的日記裡，他不斷地提到房子的進展情況：在吉諾斯住所周圍移栽桃樹、為新房子樹立標樁、建造畜舍、開挖地窖、建造地窖圍牆、建房屋等。

但此時家族生意並不順利，洪水沖走了康乃狄克河上的大橋，約瑟夫在建橋時有不少投資；再加上風雪、火災等災害不斷，讓保險公司在下半年虧損了將近十三萬美元……。即使如此，約瑟夫還是發給建築工們豐厚的薪水，希望能儘快建成兒子的新房。

這個麻煩的冬天終於過去了。一八四〇年三月，吉諾斯夫婦終於搬進位於法明頓路一〇八號的新房。這是一座木質結構的兩層樓房，在複斜式的屋頂上有著明亮的天窗，二樓是寬闊的開間，在那裡，哈特福的城區和周圍的農田都能夠一覽無餘。為了照料好這個家，吉諾斯雇了個園丁來打理花園，還有個黑人婦女料理家務。約瑟夫則在整個春季都為孩子的新家忙碌，修建籬笆圍牆、翻鬆土壤，然後種上草莓和各種樹木。

有了穩定的家庭，吉諾斯．摩根在事業上一帆風順，不久之後，家族又誕生了新成員，第三個孩子是女兒，取名瑪麗；第四個孩子是男孩，取名吉諾斯。這些孩子們的到來給家裡帶來更多生機，約瑟夫也喜歡帶著孫子孫女們坐車去農莊玩耍，從和大自然的接觸中積累更多生活的經驗。

一八四五年，經濟蕭條結束，豪．馬瑟公司果然挺了過來。在父親的資助下，吉諾斯又在公司中追加了二點五萬美元的投資，此外，他也購買了多家銀行、保險公司以及鐵路公司的股份，順利進入紐黑文和哈特福鐵路局擔任董事。這個鐵路局在五年前就開通了首次行駛在紐黑文和哈特福之間的火車，時年三歲的皮爾龐特．摩根第一次開心地坐了火車，他大概想不到，自己和鐵路事業的故事遠未開始。另外，這年秋天，吉諾斯還成為哈特福火災保險公司的董事，這源於他個人名聲不斷上升，當然，投資其中也是重要因素。

一八四六年秋天，吉諾斯把皮爾龐特．摩根送到了位於哈特福和紐黑文之間的切希爾聖公會教會學校。但三個月之後，他就被接回了家，因為祖父約瑟夫病倒了。

約瑟夫籠統而真實的日記是長達數百頁的生活記錄，其中很少提到自己的健康狀況。這一年開始後，他卻不斷抱怨自己的身體，在六十七歲生日之前不久，他寫道：如果他的背疼和慢性消化不良得不到緩解的話，恐怕他這副老骨頭就要完蛋了。

小皮爾龐特回家看望了祖父，然後度過耶誕節，被送到哈特福郊外的帕維林家庭寄宿學校讀書。四月十七日，他的十歲生日到來，爺爺約瑟夫邀請所有的孫子們一起喝茶，但家人們並不知道，約瑟夫此時在日記中寫下了這樣的話：「人生就像是一場賽跑，而我的比賽快要結束了。」

一八四七年七月二十三日，約瑟夫・摩根去世，享年六十七歲。

約瑟夫一生勤勉，去世前不久，他還在農場耕種馬鈴薯，並將乾草運到市場出售。他年輕時幾乎只是扛著鋤頭的農夫，依靠勤勞和智慧為家族開闢了事業大道。這條大道起初狹窄而日漸開闊，回首望去，那兒有他乘坐馬車、火車和輪船的奔忙背影，有波士頓、華盛頓、紐約的城市景象，還有遙遠的肯塔基州的茂密森林……。

最後的時光中，約瑟夫預感自己不久於人世，著手交代財產的分配和繼承，他給子孫遺留下大概一百萬美元的財產。其中，大約有九點二萬美元的房地產，其他的是在各個銀行、輪船公司、運河公司、橋樑公司和兩家鐵路局裡的股份，更重要的是他在伊特納保險公司裡的大量資產——這些幾乎是他後半生所有的心血。

這一年，吉諾斯・摩根三十四歲，兒子皮爾龐特・摩根才十一歲，兩人承擔著失去至親的痛楚。但未來可期，他們接手的除了一筆開創家業必不可少的財富，更有屬於摩根家族特有的勇氣、智慧和經驗。

手握巨額遺產，作為新的家族領導者，吉諾斯必須做出抉擇：未來何去何從？

波士頓城新家族

約瑟夫去世，全家人都沉浸在悲痛之中。但生活還要繼續，吉諾斯最先肩負使命，他開始思考未來出路。

客觀地說，摩根家的地位並沒有因為老爺子撒手人寰而有所下降，無論從哪個方面看，吉諾斯夫婦相比其上輩人都青出於藍，吉諾斯那優雅而威風的氣度與眾不同，茱麗葉也同樣保持著家傳的貴族氣質。除此之外，吉諾斯還想做出更大改變，他注意到，在家族產業中，農莊的象徵意義大於實際意義，其利潤不多，孩子們今後也不會務農，因此，即使農莊是勤勞的約瑟夫三十多年苦心經營的積累，也要儘早賣掉，否則將會不斷荒蕪，失去價值。隨後，吉諾斯總共出售了一百英畝農莊的土地，包括土地上的住房、穀倉和宅基地。為了儘快出售，他還允許買方用長期抵押貸款的方式來支付。

同時，吉諾斯將遺產中的大部分投入銀行和證券業，這些投資確保他在不少公司的董事會中佔有一席之地。一八五〇年，他在豪·馬瑟公司中不斷積累的投資，讓公司改名為馬瑟·摩根公司。

但是，這些都不夠。一八五〇年夏天，吉諾斯在冥思苦想之後，展開尋根之旅，他要到歐洲去一趟，從祖先生活的故土山水中尋找思路。

這次尋根之旅，是從一六三六年摩根家族來到美洲之後，第一次有家庭成員返回歐陸。五月，吉諾斯從波士頓搭乘「美國」號輪船前往英國。隨後，他在英國遊歷了三個多月，每到一個地方，他都把詳細情形透過書信告訴兒子皮爾龐特。

他首先去了湖泊地區，參觀了當地名人阿諾德牧師的故居，然後到安布賽德，尋訪女作家海莉耶・馬蒂諾的鄉間小屋。著名詩人華茲華斯去世剛不久，吉諾斯特意來到格拉斯米爾，參觀了他的墓地。在書信中，他告訴皮爾龐特：「如果你仔細閱讀華茲華斯和騷塞這兩位詩人的著作，你就會知道我描述的這些地方，是他們經常提到的。」

遊覽一番後，吉諾斯按照事先計畫去往倫敦，耳聞目睹這裡悠久的歷史、傳統和穩定的制度，然後將之同草創之初的美洲大陸加以比較，不由得被深深觸動。在倫敦，他目睹了英國歷代君主加冕的寶座，又旁觀了議會上院舉行的《穀物法》辯論，並寫信告訴皮爾龐特說：「……我見到他們，並聽到他們的辯論，這非常有趣。」他還透過書信向皮爾龐特一一描述景色，包括倫敦市區的金融中心、巴林兄弟公司、英格蘭銀行和皇家股票交易所，還有美國駐倫敦公使亞伯特・勞倫斯那「漂亮的房子，距離威靈頓公爵的住處不遠，生活得自在極了」。

最讓約瑟夫激動的，是親眼見到在滑鐵盧戰勝了拿破崙的「鐵公爵」亞瑟・韋爾斯利・威靈頓公爵，他是吉諾斯最希望在英國見到的人。偶遇時，威靈頓公爵騎在馬背上和別人談話，讓吉諾斯有機會一睹其風采。吉諾斯把這段經歷高興地寫入信中和兒子分享，並稱讚說：「家中那幅威靈頓公爵的畫像真是太棒了。」

在書信中，吉諾斯還不忘教導皮爾龐特，希望他能夠懂得管理好自己的事務，因為他已經長大了，懂事的皮爾龐特則回信告訴父親家中的所有情況。

三個月之後，吉諾斯從倫敦啟程返美。這次訪英之旅，讓他平添信心和勇氣，更開闊了眼界、增添了人脈，在倫敦，他打開了社交局面，認識了不少銀行家和企業家，也聽聞了大名鼎鼎的皮博迪和那些說不完的逸聞趣事。在重新踏上美國土地之時，他已經決定，要建立比約瑟夫投資的公司更大的企業，要繼續父親的腳步，從哈特福再走出去，走向更加廣闊的未來。

接下來的四個月內，吉諾斯忙碌了一番，他退出馬瑟・摩根公司，開始籌畫去往大城市發展。紐約是不在他的考慮範圍內的，當初對紐約的惡劣印象始終未能消除，於是他將目標定在波士頓，在那裡摩根家有不少老商業關係，其中還包括詹姆斯・畢比這樣的生意上的熟人。畢比的生意做得很大，一八四九年，他的公司僅在乾貨國際貿易上的營業額就達到二百萬美元，而且非常希望將貿易向倫敦方面擴大。

吉諾斯接觸了畢比，隨著交往日益頻繁，合作意向越來越明確。吉諾斯最終得以在畢比的進口批發公司參股，隨著他的加入，公司改名為畢比・摩根公司，地點位於波士頓凱貝街四十三號，在一八五一年新年那一天正式開張。

吉諾斯的家庭和工作陷入短期矛盾的旋渦中。每週一清晨，他就必須離開哈特福，然後一直在波士頓忙生意，直到週末才能回家。妻子茱麗葉帶著孩子們守在偌大的家中，顯得孤單冷清，於是她不再住在新房子裡，而是帶上孩子，一起搬到了俄賽勒姆街的老摩根家，讓孩子們和奶奶住在一起。

吉諾斯之所以暫時不讓家人搬到波士頓，是希望考察一段時間新的商業合作關係。他很快發現，自己能夠融入新環境，因為他喜歡新的同事和客戶。到三月份，他決定讓全家都搬到波士頓，為此，他在距離公司幾個門面的潘伯頓廣場十五號租了房子，除了大孩子們要上寄宿學校之外，小孩子們都跟著茱麗葉一起搬了過去。相比好奇的孩子們而言，茱麗葉更加高興，因為波士頓是她的娘家。

吉諾斯給哈特福人的印象逐漸淡去，他放棄了家族從一八三九年就在教堂內保有的靠背長凳專屬座位，在波士頓的保爾教堂定購了一張專屬座位，他還辭去了哈特福火災保險公司董事的職務，因為他無法同時兼顧。白天，他在公司辦公室裡認真工作，下班之後步行回家享受天倫之樂。日子忙碌而平靜，隨著美國經濟復甦和對外貿易擴大，吉諾斯主管的業務發展迅速，他不再是坐馬車出差，而是經常乘船出遠門，去開展棉花或其他商品的進出口生意。就這樣，吉諾斯·摩根的名字終於傳進了在倫敦的「美國人代表」皮博迪的耳中。

四月的一天，吉諾斯上班不久，有人走來，遞上一張不起眼的名片，說是有客人來訪。吉諾斯一眼瞥去，看到了「喬治·皮博迪」，不由心中一動。吉諾斯早就聽說過這位紳士的大名，三年前，他去倫敦訪問，見了很多大人物，對皮博迪卻苦於無緣拜會，沒想到，這次對方居然主動來訪，這讓吉諾斯有點受寵若驚。他知道，雖然自己在波士頓算個生意名人，但和這種能與羅斯柴爾德、巴林家族打交道的國際金融家相比，顯然只能算作小輩。於是他連忙起身，親自迎接皮博迪。

皮博迪來訪，為的是一件大事——在英國舉辦美國工業展覽會。這一年，令英國工商界矚目的是在海德公園的大水晶宮內舉辦工業革命成果展覽會，這次展覽會受到王室的重視，意在炫耀工業革命的成就，改善公眾對傳統形式的無節制追求和模仿，博覽會組織委員的主席是由維多利亞女王的丈夫阿爾伯特親王擔任的。熱愛宣傳美國的皮博迪聽說此事後，堅決主張美國也應該參加博覽會，但美國國會對此不願一試，他們不想花一分錢在所謂的展覽上，負氣的皮博迪決定自己掏錢，為美國人的展品租下展廳。

但問題是，只有空蕩蕩的展廳可不行，必須要說服美國工商業代表帶著產品來參加。為此，皮博迪頻繁地奔波於英美兩國，他說服了美國的塞盧斯．麥考密克去展覽收割機，還有薩繆爾．柯特去展覽他發明的左輪手槍，理查德．馬奇．霍去展覽他發明的印刷機，等等。除此以外，他還希望有棉花、紡織品、穀物這些農產品，而波士頓作為對外貿易最集中的港口，自然是他的考察重點。

皮博迪開口，吉諾斯馬上全力以赴。在他的支持配合下，一八五一年五月，璀璨奪目的水晶宮中拉開展覽會大幕時，美國成功參展。儘管沒有產生轟動效應，但其中一些產品還是給人們留下深刻印象，連維多利亞女王在參觀之後都特地指出，美國人的產品雖然「不那麼有趣，卻很富有創造力」。

事後，皮博迪大張旗鼓地設宴邀請兩國政商人士，雖然美國參展的影響不如歐洲其他國家，但起碼皮博迪的宴會讓報紙好好地報導了一番。

在這次展覽會的籌備過程中，皮博迪第一次和吉諾斯．摩根有了真正的接觸，時年五十二歲的他發現，這位吉諾斯倒是非常符合他的繼承人的各項條件。於是一八五三年年初，皮博迪透過書信透露邀請之意，但吉諾斯卻拒絕了，他說，自己在波士頓還有不少生意未能了結，即使想要加入皮博迪的公司，恐怕也無法抽身。

皮博迪帶著遺憾讀完了吉諾斯的回信，之後，皮博迪在信中又一次提出邀請。這一次，吉諾斯決定帶著妻子茱麗葉一起去倫敦探訪。

敢查皮博迪的帳本

皮博迪看中吉諾斯，不是一時的心血來潮。外表上，吉諾斯給眼光老練的皮博迪留下了深刻的印象：他雖然四十一歲了，但依然看起來很年輕，超過六英尺的高大身材，英俊的四方臉，下巴勻稱而前額寬闊，眼睛有著不一樣的神采。頭髮有時雖然些許淩亂，但表現出的卻是灑脫氣質。談吐上，由於吉諾斯接受過學校的良好教育，讀過古典作品，顯得相當有修養和自信。

總之，吉諾斯在每個人眼中都是可以信賴的形象，皮博迪覺得，他既腳踏實地，又具有非凡魅力。

當然，皮博迪不會只是「看臉」。早在寫信邀請之前，皮博迪就對吉諾斯·摩根開展了細緻而全面的調查，首先就詢問了吉諾斯的合夥人畢比，畢比對其大加讚賞，稱他是波士頓最優秀的商業人才。調查範圍擴大，從英國的蘭開夏到美國的新英格蘭，幾乎所有和吉諾斯有商業關係的人都對他給出了很高評價，這讓皮博迪非常放心。

皮博迪還注意到，吉諾斯家庭美滿，賢內助茱麗葉同樣出身貴族世家，有著很好的修養和舉止，能夠在高層社交界構建良好的人脈資源，協助丈夫完成繼承重任。

當一切確定下來之後，一八五三年五月，在皮博迪邀請下，吉諾斯夫婦來到倫敦。為了這次旅行訪問，孩子們都被送回哈特福，由奶奶照看，皮爾龐特當時則因為身體不佳在阿佐斯療養，後來，他也來到了倫敦和父母團聚。

夫婦兩人在倫敦的生活迥然不同，白天，茱麗葉好奇而興奮地遊覽著陌生的城市，吉諾斯則把時間花在皮博迪組織的商務會見上。終於，在五月初的一天下午，吉諾斯坐在皮博迪那簡單樸素的辦公室裡，把話題轉到了事業合夥與繼承之事。

皮博迪誠懇地說道：「吉諾斯，這些天你也看到了，倫敦有很多好機會，我希望你來當合夥人。我覺得自己老了，打算在十年後退休，但那時生意需要有力的人來管理。如果到那時你沒有積累起充分的資本，我可以把名字和一部分資金留給你，作為你個人事業的開端。另外，我很高興地看到，你的夫人和家人都很喜歡這裡，所以我真誠地希望，朋友，你能來我的公司合夥。」

吉諾斯謙遜而平靜地聆聽著皮博迪的話，然後不慌不忙地說道：「皮博迪先生，我非常榮幸能受到您這樣的正式邀請，這些天來我對您的事業有了很多瞭解。不過在開展合作之前，我還是想詳細地瞭解下您公司目前的帳務，包括債權和債務、業務和運作方式，否則我不能給您答覆。」

皮博迪的眼神停滯了一秒，他原本期待著吉諾斯的欣然接受，也做好了被拒絕的心理準備，但他怎麼也沒想到，這位來自波士頓的商人在面對歐洲頂級銀行家合夥的邀請時，居然還能從容地提出審核帳務的要求。而且，他提出得如此自然、合理，讓人難以拒絕。隨後，他搖了搖桌上的鈴，叫了公司的助理進來說：「請把公司的帳簿拿來，交給摩根先生過目。對，是全部的帳目。」說完，皮博迪滿意地靠在了辦公椅背上，打量著面前的吉諾斯，心裡不由想道：「這樣的繼承人，不正是自己所需要的嗎？」

對帳目檢查與核對之後，吉諾斯表面上不動聲色，但內心暗自慶幸，公司的資本總額在四十五萬英鎊左右，業務層級在全歐洲僅低於羅斯柴爾德家族和巴林兄弟銀行，他還有什麼拒絕的理由呢？

吉諾斯同意合夥，皮博迪高興地站起來，他伸出手，罕見地擁抱了一下吉諾斯：「你做出的決定非常正確，摩根先生，你和你的家族將會因此受益匪淺。」

合作協定很快完成，吉諾斯・摩根將會負責管理公司中的進出口業務，具體而言，他負責將英國的貨物出口到美國，同時還負責美國客戶向英國發來的信貸和外匯業務。吉諾斯愉快地接受了皮博迪給出的建議，他覺得這和他在波士頓的生意非常接近。為了表示誠意，他答應皮博迪，會將整個家搬到倫敦，搬家的時限是在一八五四年十月一日之前。

摩根夫婦返回波士頓後，聞訊而來的親友紛紛勸說吉諾斯不要到英國生活，但吉諾斯的決心從不因阻力動搖。他早早地把皮爾龐特和其他孩子送到奶奶那裡，同時，將自己在公司的股份出售，把聖保爾教堂的那個專屬座位也賣掉。經過半年多的準備，九月中旬，摩根一家人坐上了開往倫敦的輪船。

皮博迪早就翹首以待。此前，他熱心地為摩根家找住處，並寫信告訴吉諾斯，他已經透過朋友在格羅夫納廣場找到一所豪華的「宮殿」，位置非常好，一年的租金是一千美元。吉諾斯禮貌地說，希望能等全家到倫敦再看看。但看了豪宅後，吉諾斯委婉地拒絕了，摩根家的人並不在意房子是否足夠豪華，而是更重視事業和家庭能否得以兼顧。

吉諾斯很快租下了兩套房子，一套在海德公園對面的高級住宅區，位於王子門街十三號，是一幢五層小樓。這幢樓房在街道背後，入口的門廊通道有著古希臘愛奧尼亞式樣的立柱，樓房第一層是新古典式的山牆，而底部則是科林斯風格的半露壁柱，在房檐簷口上，裝飾著由果實和花朵組成的雕刻。樓房的背後，從法國式的樓門穿過，可以看到緩緩的斜坡下有石砌臺階，通向不遠處的大草坪，那裡有著整個街區住戶共同擁有的花園。而另一套房子是鄉間別墅，位於羅漢普頓，適合孩子們休閒度假。

但吉諾斯自己很少真正度假，除了必要的社交活動，他全身心投入到生意中。作為從美國來的「新人」，他知道自己必須要比英國同事們更加刻苦才行，下面是他一天的工作日程。

每天早上十點，吉諾斯會來到位於百老匯街的辦公室，和皮博迪辦公到中午。在簡單的午飯之後，下午一點左右，吉諾斯會接待客戶或來訪者，或者處理具體的業務工作。有時候，他還會去倫敦交易所觀察瞭解各種行情，一直到三點交易所關門，才會繼續回到辦公室工作。到下午四點，一天的工作才算基本結束。如果有什麼臨時的緊急生意，吉諾斯還要在回家之後繼續忙碌到深夜。

皮博迪欣喜地意識到自己沒有選錯人，吉諾斯適應得很快。頭幾年中，他們的生意業績也相當不錯，現在的大環境和皮博迪初來這裡推銷馬里蘭州債券時相比，已經好轉許多，美國的商業形象日漸提高。同時，受克里米亞戰爭影響，美國糧食價格在歐洲不斷上漲，運輸糧食的西部鐵路迅速發展，鐵路投資股票價格猛漲。作為美國股票在歐洲的主要經銷商，皮博迪的公司從中大賺了一筆。

但是，經濟上的豐厚回報並沒有拉近吉諾斯和皮博迪之間的交情。吉諾斯慢慢發現，離皮博迪越近的人，和他越是難以相處。從今天人們可以看到的資料來看，情況的確如此，這些資料大都是摩根全家回美國度假時，兩個人之間的商務信函。和其他認識了幾年的朋友們不同，書信顯得官方、正式、一板一眼，連一句玩笑話都沒有。在每封信的開頭，吉諾斯按照慣例象徵性地問問皮博迪的身體健康狀況，他稱呼對方為「尊敬的先生」，並在信件末尾整整齊齊地簽署全名「J．S．摩根」，流露出刻意而冰冷的尊敬。

最初的合作蜜月期結束後，生意也開始遇到了麻煩。一八五七年，克里米亞戰爭宣告結束，歐洲經濟開始復甦，幾乎同時，美國又一次發生嚴重的經濟恐慌，而這次的危機影響到了皮博迪的公司。

尋根溯源，這次危機的發生原因遠在安德魯．傑克森總統執政期間。當時，他廢除了聯邦銀行，僅僅保留各州銀行，每家銀行又都有權發行貨幣，結果這些州銀行為了自家利益，大量發行缺乏信用擔保的銀行債券，直接促成了金融危機。另外，在克里米亞戰爭爆發初期，美國的小麥、棉花價格一路上漲，在加州發現金礦的消息也讓淘金熱席捲全美，導致全美國許多懷揣發財夢想的人都向西而去，整個西部迅速掀起開發熱潮，成千上萬英畝的土地都得到了開墾與耕種，在那些原本是不毛之地的邊疆地區，許多新的城鎮拔地而起，商人們大量貸款投入新的開發建設，為了適應膨脹的運輸需要，鐵路網則蔓延向四面八方。

當時，幾乎每個前往西部的美國公民都帶著賭徒即將得手般的興奮感，原本在東部年收入不到五百美元的農戶，到了西部也買得起大片的土地，並迅速從農產品交易中賺得豐厚收入。而在東部的證券交易所中，國債、州債和運河、鐵路的股票被交易者們炒得火熱……。

但是，當克里米亞戰爭結束之後，繁榮泡沫開始破裂，小麥價格一路下滑，有的農民因而破產，銀行也因為借款人無法償還貸款而受到影響。從一八五七年八月開始，一連串的倒閉風潮開始了。到年底，將近九百多家銀行與公司倒閉，許多工廠無力支付票據或貸款，鐵路上空空蕩蕩，沒有貨物能夠運輸，導致鐵路公司隨之破產。

消息傳到英國，投資者們開始拋售美國債券，皮博迪不得不出手收購，因為如果任由這些看空投資者拋售下去，損失將會越來越大，而更加嚴重的是，美國投資項目將會在英國再一次失去信用。

為了買進被拋售的債券，皮博迪公司不得不調動大量現金收購，然後到大西洋彼岸的美國盡力拋出。當時，美國在英國所銷售的債券價值總計三千二百萬英鎊，皮博迪和吉諾斯每天需要拿出八十萬英鎊來購買市場上的債券，紐約那些原本支持他們的銀行，已經開始用資金短缺的理由向他們表示「愛莫能助」。

如此堅持到十一月，倫敦開始流傳起謠言，說皮博迪公司倒閉在即，事實上，情況的確越來越壞，在吉諾斯的辦公室裡，到處堆著的都是收購來的債券，這些債券隨時都有可能因為公司財力告罄而變成廢紙。

皮博迪很焦躁，他偷偷向倫敦的幾家私人銀行請求援助，希望能夠借到貸款，幫助自己可以繼續購入市場拋售的美國債券。但不難想像，倫敦銀行家們是多麼幸災樂禍。他們提出嚴苛的要求，說他們可以提供幫助，但前提是，皮博迪必須要在一年內結束在倫敦的所有銀行業務，迅速返回美國。

皮博迪斷然拒絕，「他表現得像頭受傷的獅子」，事已至此，吉諾斯也只能秉持同樣的態度，他們兩人面臨著連私人財產也要拿出來抵押的窘境。

在吉諾斯・摩根看來，除非發生奇跡，否則自己乃至整個家族一直以來的努力，即將付諸東流。幸好，奇跡最終發生了。

金融新星，冉冉升起

一八三四年，在一艘輪船上，喬治・皮博迪和英國人小湯普森・漢基認識了，他們聊得很投機。後來，漢基娶了美國姑娘為妻，兩人的友誼也愈加親密。

時過境遷，當皮博迪的事業遇到最大危機時，他想到了老友。小湯普森・漢基此時已經成了英格蘭銀行行長，完全有能力出手相助。由此，皮博迪還取得了巴林銀行家族的鼎力相助。有了這樣的力量，皮博迪得以在英國政府中組織人四處遊說，說服議員們同意修改《銀行法》。最終，英格蘭銀行同意借給皮博迪公司一百萬英鎊，以幫助他渡過難關。

英格蘭銀行出手的消息一傳到美國，那些原本宣稱支付困難的紐約銀行家突然改變態度。他們立即表示：「要貸款，沒問題。」馬上就發出匯票，還紛紛表示打算收購皮博迪和吉諾斯手中的債券。這些援手的背後雖然是赤裸裸的利益考慮，但無疑使皮博迪的公司快速走出了困境。

當皮博迪的公司走出危機之後，美國的海外債券問題也同時得到了解決，一場可能引起華爾街大恐慌的危機終於被化解。

在這次危機後，吉諾斯開始變得更加謹慎。以前，他出於尊重、信任，不查看美國代理商的對帳單，但現在，即使美國商人會反感，他也要堅持直接檢查帳目。

同時，吉諾斯的家庭生活也碰到些問題：妻子茱麗葉好不容易習慣了倫敦生活，卻無法忍受這種枯燥。波士頓到處都有她的親朋故友，倫敦雖然滿眼繁華，她卻無法和保守的英國女性們成為朋友，因為英國人本來就不太歡迎「另類的美國人」來做鄰居。再加上這裡出名的潮濕霧霾天氣，嚴重影響了茱麗葉的健康。她身體本就不算健康，不僅有慢性病，還有發作後就會疼痛的皮膚玫瑰疹，在倫敦熬過兩個冬天後，她的病情變得更加糟糕了。

一八五六年秋天，茱麗葉忍無可忍，決定獨自返回美國，九月，在兒子皮爾龐特·摩根的陪伴下，她在利物浦港口登上「波羅的海」輪船。早在茱麗葉動身之前，喬治·皮博迪也回到了美國。這一次，是他在告別故土二十多年之後的重返。十月九日，丹佛市市政廳為他舉行了盛大宴會，社會各界名流包括麻薩諸塞州的州長、波士頓市長、哈佛大學的校長、慈善家和銀行家們都在場，剛回國不久的茱麗葉也在父親陪伴下出席。

合夥人和妻子都回國了，留在倫敦的吉諾斯承擔起了事業和家庭的重擔。就這樣，夫妻兩人在遠隔萬里的倫敦和哈特福各自度過了一八五七年。

金融危機後，吉諾斯迎來了事業的新生。雖然英國人依然將他們的公司稱為喬治・皮博迪公司，但政商圈子裡的人都知道，吉諾斯也是這家公司的主宰者之一。隨著吉諾斯影響力的提升，摩根家在羅漢普頓的別墅，也幾乎成了英國金融界最著名的鄉間聚會場所。這是一棟有著喬治亞風格的大別墅：房前有塊平整開闊的草坪，在草坪上能夠眺望到遠方的泰晤士山谷和河對面的哈羅小學。在別墅不遠處，吉諾斯建立了一座小農莊，農莊裡有馬廄、穀倉、種植蔬菜的玻璃暖房，另外還有一座牛乳場。似乎是懷念哈特福的幸福日子，吉諾斯不斷購進土地，直到這塊土地面積達九十二英畝。

除了日常度假之外，吉諾斯經常受皮博迪委託，在別墅中設宴或舉辦娛樂晚會，款待來自英美兩國的朋友。別墅經常鶯歌燕舞，熱鬧非凡。

快樂令人如此沉醉，誰也沒料到不幸會突然降臨。一八五八年春天，吉諾斯最小的兒子小吉諾斯・摩根在倫敦得了急症。茱麗葉接到消息趕回倫敦時，可憐的孩子已經夭折。喪子之痛讓茱麗葉開始了深居簡出的生活，她不再參加商業或社交活動，春天和夏天她隱居在鄉間別墅，冬天則把自己關在王子門街的五層小樓裡。

吉諾斯同樣為幼子離世而悲傷，可是身為男人和一家之主，他沒有辦法像妻子一樣隱居傷懷。事業不能離人，吉諾斯只好把悲傷變成動力，全身心投入工作中。

轉眼到了一八六一年，美國南北戰爭爆發了。

在南北戰爭初期，生意面臨的壓力迅速增大，皮博迪只好延遲原定的退休計畫，儘管生意實際上已經交給了吉諾斯掌管。

當時，英國人對這場戰爭的觀點是微妙的，表面上，許多英國人反對奴隸制，但內心中，他們更傾向於南方那些為了保留原有生活方式的「紳士們」所進行的戰鬥，更不用說英國和南方諸州還有著棉花貿易。

作為美國人，皮博迪和吉諾斯都對北方的政府軍全力支援，不光是因為政治信念，也是為了他們的生意。在財政上，他們全力支持北方政府，公司在倫敦銷售美國政府的債券，但是前線戰事的膠著，加上英國銀行家們對南方或明或暗的同情，使皮博迪手中的債券銷售遇阻，他們不得不低價賣出，或者用自己掌握的戶頭去買回那些滯銷的債券。

這樣的努力堅持終於帶來巨大的回報。在戰爭持續的幾年中，北方政府發行的債券在英國市場上的價格起起伏伏，整個戰爭期間，美國政府債券的價格從來沒有超過其原有面值，反而經常跌得一塌糊塗。最終，初期不被看好的北方人獲得了戰爭的勝利，那些在最低點買進美國債券的投資者欣喜地看到，自己手中的債券價格漲了一倍以上。

皮博迪和吉諾斯在戰爭一開始就堅決支持聯邦政府，同時還不斷購買北方各州的戰爭債券，他們從中賺到了巨額的利潤。

一八六四年，已經到了皮博迪和吉諾斯當初立下十年合作協定的日子。這時候，皮博迪已經年近七十歲，按照他當初的諾言，吉諾斯將能夠使用他的名字繼續經營公司，並且還可能得到其贊助的資金。但問題是，皮博迪並沒有履行諾言，他提出希望將自己的名字從金融業中抹去，然後放入慈善事業的榮譽史冊中。

按照摩根家人後來的記述，對吉諾斯．摩根來說，一生中最失望的事情，就是當時皮博迪拒絕讓他繼續使用原公司的名字。不過，吉諾斯在這次合作中總體上是受益匪淺的，十年中雖然經歷過多次風波，但他足足賺到了將近四十五萬英鎊的分紅，另外還繼承了這家在倫敦首屈一指的美國銀行。這些足以彌補皮博迪對他的刻薄、小氣和冷淡。

一八六九年，喬治．皮博迪壽終正寢，享年七十四歲。英國政府遵照他的遺願，將遺體送回了美國安葬。在他的故鄉，皮爾龐特．摩根安排了葬禮，他建議英美兩國的士兵在這位金融巨頭的棺材後攜手前進，象徵他一生為兩國做出的貢獻。

此時，皮博迪留在倫敦的遺產，已經完全被吉諾斯所獲取，這就是J．S．摩根公司。

Chapter 3

父子聯手

一八五七年——一八六三年

少年心事當拏雲

摩根家族的家族哲學代代相傳。正如一位記者所寫：「摩根家族的人一向信奉並遵循著絕對的專制，吉諾斯·摩根在世的時候始終控制著家庭和事業——包括他的兒子和合夥人。」父親宛如一顆巨大的「恆星」，為兒子預設了生活和事業發展的軌跡。

約翰·皮爾龐特·摩根出生於一八三七年，他融合了父母家族各自的性格基因，表現出激情和理性的矛盾統一：終身和金錢打交道，卻有如學者般孤高狷介；為家族利益奮鬥終生，但從未忘記祖國和社會；和暴發金融家們高談暢飲，但個人財產卻遠遠不及這些金融家；為債券和貸款而奮鬥，看似俗不可耐，但以其品位支撐的私人藝術收藏令人驚嘆……。

皮爾龐特是幸運的，他從未被貧困陰影所籠罩，自然無須處心積慮地獲得尊重，也不用忙於粉飾「第一桶金」的來源。恰恰相反，摩根家族始終富裕而傳統，尤其重視對下一代的教導，確保子女生活舒適的同時，更重視文化傳承，皮爾龐特因此成為家族傳統的最大受益者。

父親的影響最為重要，雖然吉諾斯一心想要開創事業，但總是將子女教育看得極為重要，在日記裡他寫道：「教育孩子是非常重要的，孩子們將來會成為父母的幸福還是禍害，都取決於教育。」為此，吉諾斯把皮爾龐特轉到外地的寄宿學校上學，希望他能獨立。但由於身體時好時壞，皮爾龐特養病時只能回到哈特福的學校上學，包括巴韋林私立學校、霍普金斯語法學校，等等。就這樣，皮爾龐特斷斷續續地念完了小學課程。

吉諾斯的家庭教育更不會放鬆。這一點從一八四八年四月十一日吉諾斯寫給岳父的信中可以看出。在信的開頭他就寫道：「……他需要有些約束，希望您能給他每天安排一定時間，讀讀書，別忘了學習……。」雖然搬到了倫敦，一週之後是皮爾龐特十一歲的生日，吉諾斯又寫了一封信給兒子，可是隻字未提生日，只是叮囑兒子繼續認真學習，並說道：「在你的上封信中，我看到一些拼寫錯誤，我希望下次不要再犯這樣的錯誤了。」

和許多新教徒家庭一樣，吉諾斯認為男孩子童年不能只顧著玩耍，而是要為成年履行責任奠定基礎，他們應該學會吃苦耐勞、謹慎誠實，等等。這些都是構築「美國夢」的基礎。

除此之外，學業與社會實踐也被吉諾斯看重。有機會時，他就帶上兒子一起商務旅行，讓他到公司實習，或者親自教授他有關名人、政治、歷史、商業和數學方面的知識。好幾次，父子倆花費幾個小時研究一道數學題目，吉諾斯發現兒子的答案和書本上不同，結果證明兒子是對的。

為了教育兒子，摩根家還買了許多書籍，在皮爾龐特七歲時，吉諾斯就送給他一本名為《馬克·保羅知識海洋歷險記》的兒童讀物，講述的是主人公在伊利運河上探求知識並獲得獎賞的故事，這本書激發了小皮爾龐特的求知欲望；一八四五年，茱麗葉則送給他一本喬治·華盛頓的傳記，作者是位牧師，雖然他對華盛頓的看法不可避免地帶有時代局限，但其中描寫這位美國首任總統工作的勤勉、做人的自律和對世事的通透，都深深影響了皮爾龐特。

一八四八年秋，皮爾龐特按照父親的意願轉學到哈特福公立中學，雖然家教嚴格，但根據同學們的回憶，那時候的他總是隨心所欲，沒有什麼規矩，也不汲取教訓，而且喜歡扮演領袖人物。皮爾龐特將來之所以能夠動輒進行大手筆的金融操作，這種性格此時也隱約顯現。

此時，和他共同擔任「領袖」角色的是他的表兄詹姆斯·吉諾斯·古德溫。兄弟兩人關係很好，總是一起行動，有時會設法爬到附近的德瑞柏女子學校外的大樹上，和教學樓三樓的女孩聊天。

不過，愉快的日子很快結束。一八五一年新年之後，皮爾龐特跟隨父母轉學到波士頓切希爾聖公會學校，十四歲的皮爾龐特不再調皮搗蛋，開始關注嚴肅的公共話題。例如，他參加禁酒的演講會，關心聖公會教會會議的議程，搜集大主教和總統們的親筆簽名……。這年春假時，他還旁觀哈特福市政廳的輝格黨會議。州政府選舉日那天，他一整天都泡在報社，希望最早獲得選舉結果的消息。

從一八五〇年開始，皮爾龐特就堅持寫日記。他記錄下每天發生的各種事件，其中對生活秩序的關注，表現出他良好的自我控制能力。在日記的每一頁上，他會寫下當年已經過去多少天、剩餘多少天。一八五一年年底，他將自己從一月到七月所居住過的地方加以整理列表，共列出了十七個。後來，他還把每年的收入、支出和喜歡過的女孩子姓名全都記錄下來，收信寄信花費的郵資也一點不漏地記下來。這樣做也有客觀原因，雖然家境富裕，但父親每週只給他二十五美分的零用錢，皮爾龐特必須精打細算。

除了寫日記，在公司裡的實習對他也有很大幫助。他學習整理帳務和抄寫信件，把美元按照利率折算成英鎊，估算公司利潤，再分配合夥商的分紅。

皮爾龐特遠離了無憂無慮的玩耍時光，但他和表兄詹姆斯的友誼依然牢固，兩個男孩透過信件來往成立了「古德溫和摩根貿易公司」，公司「業務」很簡單：由摩根在波士頓訂購鞋子、版畫、書籍之類的商品，然後不加價轉手給表兄古德溫，作為交換，表兄需要提供哈特福的一切詳細資訊給摩根，當然，德瑞柏女子學校的情況尤其重要。

一八五二年，皮爾龐特再次生病了，這次他患了風濕熱，大腿和膝蓋因為炎症而疼痛異常。十月底，父母決定讓他好好休養一番，吉諾斯和查爾斯·W·達布尼船長約定，由他帶著皮爾龐特出海，去溫暖的亞速爾群島療養。

在亞熱帶的小島上，皮爾龐特寂寞地生活了四個月，直到身體恢復健康。經過商量，父母決定讓他直接去英國，在那裡他將開始一段新的學習生涯。

一八五三年四月，皮爾龐特從法亞爾島出發，八天後到達倫敦。他參觀了白金漢宮、西敏寺大教堂、阿普斯利大廈、國會上議院和海德公園，四月底，他去曼徹斯特和父母會合了。一家人重新團圓，格外溫馨，他們遊覽了附近的著名景點，後來還去了比利時、德國和法國旅行。皮爾龐特見到了普魯士國王威廉四世、見到了拿破崙三世和他的皇后，回到倫敦後，他還見到了維多利亞女王和她的丈夫阿爾伯特親王。這些遊歷拓展了皮爾龐特的眼界，豐富了他的知識，讓他日後在和大人物打交道時底氣十足。

在離家九個月之後，摩根一家終於回到了美國。一八五四年七月二十四日，皮爾龐特．摩根因為成績位列全班第三名，被評為「優秀男生」，並得以在畢業典禮上宣讀論文。這篇論文是圍繞拿破崙而作的，和同時代許多年輕人一樣，皮爾龐特崇拜拿破崙，盛讚他是傳奇式的歷史人物。「在前進的道路上，似乎沒有什麼不可逾越的障礙。」皮爾龐特．摩根如是寫道：「他也許可以被打敗，但是，他絕不會因為失去耐心，而在困難面前退縮，絕不會因為膽怯，而逃避任何危險。」

帶著這樣的英雄情結，皮爾龐特正式走上成年生涯。

遊學歐羅巴（歐洲大陸）

離開美國之前，皮爾龐特和表兄一塊出門旅遊，他們從紐約出發，順著新伊利鐵路抵達水牛城，然後一路經過尼亞加拉、奧爾巴尼、薩拉托加、喬治湖。隨後他們還想到緬因州去，但在佛蒙特的時候，旅費已經所剩無幾，兩個年輕人節約著每一分錢，好不容易到了波特蘭和緬因州，然後乘坐汽船回到波士頓。在這最後的旅途中，他們沒錢購買臥鋪票，只好通宵在船上坐著等待天明。

到波士頓之後，皮爾龐特身無分文，只好到父親公司的辦事處去拿回哈特福的路費。這是皮爾龐特出生以來第一次感受到缺錢的壓力。

這次旅行猶如對美國的告別，等全家人搬到英國後，皮爾龐特被安排到瑞士的辛利吉學院讀書，父親認為歐洲大陸能給他帶來更多有益影響。

辛利吉學院位於日內瓦湖濱的沃韋，為外國學生提供留學預備課程。處於青春期的皮爾龐特在這裡可不是什麼乖學生，他偷偷吸菸、愛開玩笑、在課堂上喜歡頂嘴、在寢室熄燈後說話……。但在寫往倫敦的信件中，他卻叫苦不迭，說這裡是沒有開化的鄉村。

一八五六年四月，吉諾斯決定讓兒子正式進入德國哥廷根大學奧古斯都皇家學院。這所學校由英國國王喬治二世創建，尤其是數學和自然科學在歷史上很有名，學校被羅斯柴爾德、巴林等銀行集團控制，所以也很看重國際金融和商務能力教學。

到學校之後，皮爾龐特很快發現，哥廷根大學和辛利吉學院完全不同。在這裡，他成了一名普通學生，這可是不折不扣的貴族學院，每年都有來自歐美數以百計的豪門子弟進入學校。不過，雖然地位並不突出，但皮爾龐特衣著講究、自信十足、相貌英俊，受到廣泛好評。他很快加入了學生社團，經常和各國同學在萊茵河畔散步，暢談看法，頻繁的社交讓他得以維持對菸酒的嗜好。

在這裡，皮爾龐特非常用功，他選了哲學課，到夏天又選了幾何學和化學課，每天他都會耗費幾個小時待在學院的圖書館裡，在知識的海洋中暢游。讓他感到有挑戰性的是德語，儘管感到很難，他還是發誓要在六個月之內掌握這門語言，對此，皮爾龐特在給朋友的信中寫道：「……要麼沉下去，要麼就要向前游，就像生存或者死亡，我必須要做出選擇。」

這一年十一月，當父親來學校時，父子兩人已經能夠就美國政治和國際貿易進行相當深刻的討論了，他們意見一致地支援共和黨，反對奴隸制。從信仰和生意來看，這都是必需的。

時光如梭，在六個月的艱苦學習之後，皮爾龐特果然掌握了德語。到一八五六年八月，他從威斯巴登港出發，搭乘輪船回到倫敦。

眼見孩子的學業即將結束，吉諾斯卻還沒有完全規劃好未來，不免讓他向朋友們訴苦說：「我簡直不知道怎麼對付皮爾龐特。」吉諾斯還認定，這個孩子需要建立強烈的責任感。

當皮爾龐特回到倫敦後不久，吉諾斯找他認真地談了一次。父親語重心長地告訴血氣方剛的年輕人：「如果我不中用了，你是家裡那個唯一能夠想辦法拿主意的人，我希望你能夠牢記自己必須準備承擔責任，不論什麼時候，當責任落到你的肩膀上，你就要準備好承擔並履行責任。」

對皮爾龐特來說，其肩負的責任是與生俱來的。得以傳承的大金融企業都在以家族方式代代延續，羅斯柴爾德、巴林這些企業之所以強大，就在於對繼承人的教導和挑選上。

九月，皮爾龐特將母親送上返回美國的輪船後，他每天都到皮博迪的公司，幫忙整理商務資料。十月，他重新回到學校，在那裡繼續學習了三個月。

一八五七年上半年，皮爾龐特即將走出大學，此時他已經能夠流利地使用法語和德語。在校期間，他滿滿一箱子私人物品遭竊，皮爾龐特用純正的德語向法庭提供了證據。另外，他數學成績尤其突出，教授烏爾里奇先生建議他留校，最多再過一年，他就能被聘為助教，而且今後很有可能在數學研究領域取得一定成就。

可是皮爾龐特決定走經商的道路。如果他真的聽從教授建議，那麼很可能世界上會多一位數學研究者，金融歷史上則會少一位劃時代的傑出人物。但無論如何，皮爾龐特對此感到自豪，後來常提起這件事情。

畢業前，皮爾龐特開始在歐洲南部旅行，在羅馬，他玩了一個月時間，然後打算去更遙遠的中國旅遊，只是因為生病才放棄。

七月，吉諾斯寫信召回兒子，為他安排了第一份正式工作。

從公司新人做起

此時，美國經濟已經從十九世紀四〇年代所發生的經濟蕭條中漸漸恢復，商業和交通業正在迅速猛烈地發展。

吉諾斯高興地評論說：「沒有人能想到美國的資本能夠有如此令人驚喜的增長，總會有那麼一天，美國人不再需要關注英格蘭銀行的匯率了。」

的確，這次高速增長的發起點是華爾街，而不再是以貿易為主的費城或者波士頓。從十九世紀五〇年代開始，紐約股票交易所的交易投機潛力開始釋放，一週之內的股票交易數量高達上百萬股，而在二十年前，交易量只能達到一千股。美國平民的賺錢野心以前隱藏在勤懇勞動的外表下，現在卻慢慢崛起於股市中。

皮爾龐特進入的正是華爾街上一家叫作「鄧肯・謝爾曼」的投資公司，其中高級合夥人名叫威廉・瓦特・謝爾曼。他早就認識吉諾斯，還曾寫信給皮博迪說：「尊敬的閣下，您可真是幸運，或者就是您的老謀深算，否則又是什麼能讓您找到這樣一位人物作為合夥人？」公司的另一名合夥人名叫舍柯特曼・亞歷山大・鄧肯，傳聞他的家產總計在四百萬美元左右。

皮博迪欣賞這兩個人，不僅給予他們無限信貸的特權，還看好這家公司的未來發展。為此，吉諾斯才安排皮爾龐特到「鄧肯・謝爾曼」的公司，去做普通的辦事員，而且不拿薪水。

謝爾曼先生在給皮博迪的信件中這樣評論：「這是為了讓他在美國的銀行業務中得到訓練。我覺得，他是很有希望的年輕人。」

七月底，皮爾龐特和謝爾曼夫婦一起乘船去美國，起航前，吉諾斯讓人送來緊急便條，叮囑他仔細檢查身邊攜帶的各種文件是否安全。說到未來，他語重心長：「我希望你能認知到，你現在邁出的這一步是何等重要，它將對你以後的生活產生多麼巨大的影響。你自己要保重，要好自為之，請向謝爾曼夫婦問好。後會有期，上帝祝福你，關愛你的父親會一直為你祈禱。」紐約，是北美最大而文化種類最為複雜的城市，富有與眾不同的吸引力，它和波士頓、費城以及南方的種植園完全不同，居民是來自各國的後裔，充滿活力，有多種多樣的語言、優良的商業傳統、廣泛的開放習慣，人口流動性也首屈一指。一到紐約，皮爾龐特就愛上了這裡，他決定將這裡當成自己未來的精神家園。從哈特福看望母親和奶奶回來之後，他就開始了自己的工作，每天早上，皮爾龐特會選擇乘坐公共馬車或者步行，從第十七大街穿過百老匯大街，到「鄧肯・謝爾曼」公司的寫字樓去，那棟大樓位於拉索路口松樹大街十一號，東面是紐約股票交易所，西面則是高大的聖三一大教堂。

皮爾龐特工作認真，他在查爾斯・達布尼的指導下工作。達布尼先生是公司合夥人，會計業務能力出眾，他教導皮爾龐特記錄帳務、核算成本，皮爾龐特數學很好，進步神速，讓達布尼先生很滿意。原本皮爾龐特能就此更進一步發展，但金融恐慌的發生讓吉諾斯在倫敦的生意受到很大的影響。出於對父親的體諒，皮爾龐特沒有提起擔任新的職務，只是提出自己解決日用開支。

一八五八年春天，英格蘭銀行出手，皮博迪公司終於闖過了最艱難的時刻。吉諾斯得以騰出手來，寫信給鄧肯，建議他讓皮爾龐特參與一些棉花貿易業務，於是這年冬天，公司委派皮爾龐特去古巴哈瓦那採購棉花。

在古巴，皮爾龐特第一次感受到亞熱帶的溫暖氣候，他不斷拜訪代理商，聽取貿易報告。除此之外，他時常一個人來到碼頭，觀看船隻裝卸貨物，瞭解菸草、魚蝦、貝類和砂糖的行情。

從古巴回到美國之後，皮爾龐特做了一件「出格」的事情。他先是向公司提出去紐奧良，打算學習如何做棉花生意。這個主動請求獲得了公司的同意。紐奧良有著名的港口，大包棉花從南方種植園運輸而來，再順著密西西比河和支流運向海港，出口各國。皮爾龐特喜歡這種忙碌的景象，也找機會和不同的船長們打交道，聊生意。

有一天午後，皮爾龐特從法國大街走過，剛在碼頭站定一會兒，就有人從背後說道：「想買咖啡嗎？」皮爾龐特回頭一看，對方是位飽經世故的船長。兩人攀談起來。原來，船長受人委託，從巴西咖啡商那裡運來一船咖啡，說好在紐奧良交接，可是萬萬沒想到，買主出了問題，船長只好自己推銷。

船長坦率地說，他不希望久困此處，只要將咖啡賣出去，不虧本就行。皮爾龐特頓時大感興趣，他馬上提出去看貨，果然，來到船上之後，展現在他眼前的是一袋袋精品咖啡，皮爾龐特決定購買。但他提出要求，船長必須先給他一點樣品去做推銷，船長欣然同意。

紐奧良的客戶們看過樣品，紛紛稱讚東西不錯並願意購買，也有人勸他說：「江湖險惡，雖然樣品很好，但誰也不能保證艙內咖啡和樣品都相同，類似的騙局早就屢見不鮮。」但皮爾龐特相信自己的觀察和判斷，他大膽地以「鄧肯·謝爾曼」公司的名義，調動資金買下了這船咖啡，並透過電報將簡要情況彙報給紐約。

這種擅自做主的行動讓公司上層很不高興，不僅加以指責，還要求他盡快償還貨款。皮爾龐特只好發電報給父親，由父親調動資金填補。果然，船上的咖啡品質很好，短短二十四小時全部脫手，他賺到了幾千美元。

這次生意成功後，在船長的介紹下，皮爾龐特自己又做了幾次咖啡生意。當時，由於巴西氣候發生變化，咖啡因此減產，價格猛漲了兩、三倍，皮爾龐特賺了不小的一筆。

身陷步槍醜聞

皮爾龐特的擅自做主雖然賺到不少錢，卻影響了他在公司的發展。不久之後，當吉諾斯提出由自己出資讓兒子成為合夥人時，鄧肯毫不猶豫地拒絕了，他表示可以給皮爾龐特一份薪水，讓他繼續在公司工作，但不能合夥。

鄧肯這樣決定也無可厚非，畢竟每家公司都有自己的傳統與文化，皮爾龐特此時的冒險投機氣質決定了他無緣合夥。皮爾龐特堅持說，就算沒辦法合夥，他也不願再去當學徒了。

一八六〇年，皮爾龐特離開「鄧肯．謝爾曼」公司的時候，還不足二十四歲，他身體健康、精力旺盛。他開了個辦事處，擔任父親和皮博迪在紐約的金融業務代理人。那年冬天，南部諸州一個接一個地宣佈退出聯邦，到了第二年春天，美國南北戰爭正式打響。雖然許多人希望雙方能夠坐下來談判，但戰爭越打越大，軍隊人數不斷增加。戰前的美國正規陸軍只有一點六萬人，而現在布林戰役中的參戰總人數就達到了三萬多。

兵員增加，武器供不應求，軍火商坐地起價，喜歡投機的皮爾龐特也很快捲入這樣的交易中。

交易起源於為聯邦政府購買軍火的亞瑟·伊士曼。他瞭解到華盛頓陸軍總部的槍械倉庫中有五千支老式霍爾步槍，這些槍性能落後，全都閒置在幾乎發霉的木箱子裡，但此時，聯邦軍隊非常缺乏武器，伊士曼覺得就算是這些槍也一樣能賣得出去，他建議政府說：「這些槍雖然老舊，其實性能不錯，只要稍加改造，一定能夠派上用場。」

負責軍火採購的官員沒有同意，但授予伊士曼個人購買這批槍支的權力。抓住機會的伊士曼很快和陸軍總部簽訂了協定，以每支槍三點五美元的價格收購，在九十天之後付款提貨。

訂單簽好之後，伊士曼就到處兜售這批槍支，直到快要提貨時也沒能找到買家，心灰意冷的他沒錢購買槍支，只好將這張合約轉給紐約一位叫作西蒙·史蒂文斯的投機商＊。

史蒂文斯也苦於無錢付款，於是他同樣玩起了「投機的商業手段」，答應用每支槍十一點五美元的價格買下。至於尋找買家的事也沒有難倒史蒂文斯，他寫信給約翰·福瑞蒙特少將——剛被任命的聯邦西部軍司令，很快，合約簽訂，五千支槍以二十二點五美元的單價賣出。但福瑞蒙特說，這批老式步槍必須要加上來福線（膛線），否則無法使用，改裝費可以由軍隊來出，但史蒂文斯需要負責改裝到位，不然他一分錢也不付。

這意味著，史蒂文斯還是需要先付出二萬美元把槍從陸軍總部提出來改裝，這二萬美元要到哪裡去找呢？想來想去，史蒂文斯想到了小時候就認識的皮爾龐特·摩根。

史蒂文斯找到皮爾龐特時，故意省略了部分事實，他說：「貸款是為了購買政府淘汰的步槍。」皮爾龐特沒有仔細詢問交易的詳細情況，加上他的婚期越來越近，事務繁多，皮爾龐特恐怕也失去了冷靜的觀察和判斷力。但就算他知道步槍還是要賣回給軍隊，恐怕也不會有多少顧慮，當時大發戰爭財的並不在少數，所有商人都在盼望利用時局賺上一筆，皮爾龐特只是其中的一員。他最終貸款給對方二萬美元，收取的利息是百分之七，加上四千五百美元的代理費。

天有不測風雲，六週以後，槍械的改裝出了問題，只有一半的槍支被改裝完成，加上福瑞蒙特將軍聽說，國會要調查帶有欺騙性質的軍火採購合約，越發催促交易儘快完成。為此，史蒂文斯又跑來找皮爾龐特，借剩下的三點七五萬美元去付給亞瑟·伊士曼，以繼續提供槍支，對此，皮爾龐特斷然拒絕了，而且不耐煩地提出要對方償還貸款。

九月十六日，皮爾龐特從福瑞蒙特少將那裡拿回了二六三四三點五美元，其中包括本金二萬美元加上利息和一些利潤。這筆生意雖然是賺了，卻讓皮爾龐特在不遠的未來陷入麻煩之中。

由於沒辦法拿到貸款，史蒂文斯只好透過別人輾轉被介紹給莫里斯·克查姆，他是商業銀行的高級合夥人，在史蒂文斯再一次花言巧語下，克查姆公司毫不猶豫地貸款給他五萬美元，同樣是百分之七的利息再加傭金。

史蒂文斯終於得以順利地完成倒買倒賣，可惜在最後一步搞砸了，在克查姆的貸款尚未完全到位的情況下，這筆生意就被政府調查人員插手了。當時，普遍存在的非法牟利行為，在媒體的報導下被迅速披露，事情讓公眾大為不滿，負責作戰事宜的美國戰爭部長西蒙·卡梅倫因此而離

＊投機商：「投機」泛指願意花較少資金賺取利潤的商業模式，狹義上與「投資」不同，也有人將兩者通用。

職。國會和政府都成立了調查委員會，對詐騙和不當交易進行調查，總價值高達一千六百萬美元，而霍爾步槍採購項目名列其中。

委員會迅速調查了亞瑟·伊士曼、約翰·福瑞蒙特少將、西蒙·史蒂文斯等人，事情真相大白，報紙上開始連篇累牘地批判福瑞蒙特少將，說他是採購詐騙的同夥，居然買來如此落後的武器。為了平息輿論，林肯總統和幕僚們反覆商量，不得不宣佈罷免福瑞蒙特，而接下來，特別調查委員會做出如下報告：

> 以J·P·摩根的名義所支付出的槍支訂金，並沒有真實有力的證據能夠說明其合法性。在聽證會上，皮爾龐特拒絕說明他是如何根據西蒙·史蒂文斯和福瑞蒙特少將所訂立的合約來支付訂金，因此，對皮爾龐特·摩根所強調的所謂霍爾步槍事件屬於完全合法交易的看法，本委員會難以表示贊同。
>
> 當下，整個國家面臨前所未有的嚴重考驗，我們每個人都應以國家整體利益為重。皮爾龐特在給財政當局的要求中提出自己是良好的市民，對這一點，我們很不贊同。

客觀地說，這一次，皮爾龐特的確捲入了不恰當的交易，但他終究及時退出，新聞媒體將他渲染成醜聞主角並不公平。但這樣的事情，難道不是成長過程中必須付出的代價嗎？回顧歷史就能發現，偉大的人，無不是經受挫折、誤解和非議而日漸成熟。

公司草創

這段人生旅途中，對皮爾龐特最大的打擊還並非步槍事件，而是愛妻去世。一八五九年，這位二十二歲的小夥子墜入了愛河，他熱情而真誠地愛上了艾蜜莉亞．斯特奇斯，人們又叫這位姑娘為咪咪。咪咪身體不佳但面容清秀，她留著中分頭髮，一張鵝蛋形的臉，父親擔任哈德遜河藝術學校的贊助人，母親則是很優秀的鋼琴家。

咪咪家的每個人都讓皮爾龐特感到愉快，尤其是一心想成為歌唱家的咪咪，雖然身體孱弱，長相也不是最漂亮的，但她溫文爾雅的氣質吸引了皮爾龐特。在他看來，咪咪有著自己心目中妻子的一切優點。

隨著他的愛情攻勢加強，咪咪很快同意了與他交往。週末，他們會在一個安靜的地方坐下來玩玩象棋或者聊聊天，又或者一起去親戚家玩，這樣的戀愛平淡文雅，安撫了皮爾龐特的心，讓他能夠從繁忙工作中掙脫出來，體會到前所未有的愉快和輕鬆。

不久，咪咪的身體狀況變糟了，她的肺結核一直很嚴重，已然到了晚期。皮爾龐特明明知道她病得厲害，卻依然每天晚上去看望她，暢想婚後的美好生活。此時，有位醫生診斷後說，如果想要恢復健康，必須要讓她離開濕熱的美國東海岸，去地中海海岸，在乾燥溫暖的地方療養。

皮爾龐特決定放下手中的工作，立刻結婚，因為結婚就能度假，讓咪咪到國外去。在咪咪的病榻前，皮爾龐特誠懇地向她求婚，一開始，咪咪啜泣著拒絕了，她不願意拖累皮爾龐特，而她的父母也勸皮爾龐特再好好考慮。但富有騎士精神的皮爾龐特拒絕了所有人的好心建議，要盡自己所有去挽救心愛的人，咪咪最後也只好答應了他。

一八六一年十月七日，婚禮在紐約東十四街五號新娘家的後庭舉行，聖喬治大教堂的牧師為新人主持了婚禮。遺憾的是，只有新娘父母參加了婚禮，皮爾龐特的父母並沒有來，一是由於婚禮舉行得很倉促，二是因為他們並不贊同兒子娶一個病入膏肓的女子為妻。

婚禮開始時，咪咪是被皮爾龐特從樓上揹下來的，儀式總共不到十分鐘，她就因為貧血而支撐不住，皮爾龐特只好全程攙扶著她，在婚禮之後又揹著她上了車。

為了趕時間，新人只是到倫敦王子門街道的家宅中做了短暫停留，然後馬上就去溫暖如春的阿爾及爾度假。那裡氣候溫和，風景秀麗，適合病人休養，皮爾龐特還花錢訂了最好的旅館房間，配置了最好的醫生和護士。但縱然如此，咪咪的身體還是沒有好轉，她不斷地咳出血來，整個臥室裡因為治療而充滿了消毒劑和藥物的氣味。

一八六二年初，皮爾龐特帶著妻子趕往法國巴黎治療，但所有的努力都無濟於事。二月十七日，在經受了長時間的病痛折磨後，咪咪年輕的生命走到了終點。

當咪咪在醫院撒手人寰時，皮爾龐特悲痛地跪在她的床前，僅僅維持了四個月的婚姻以如此悲傷的結局收場，這是皮爾龐特所遭遇過的最大打擊。這個年輕的鰥夫，生平第一次無暇顧及外表，當他護送著妻子的靈柩返回美國時，黑色的喪服令他看起來尤其憔悴，滿臉的鬍渣，幾乎讓朋友們認不出他來。

後來，他買了自己收藏的第一幅藏畫掛在壁爐邊最顯眼的位置上，畫上是一位瀕死的年輕女郎。而在五十年之後，皮爾龐特還在自己的遺囑中捐款十萬美元修建一所肺結核病人療養醫院，名字叫艾蜜莉亞・斯特奇斯・摩根紀念館。

在接下來差不多一年的時間裡，皮爾龐特沉默冷淡，似乎沒有什麼事情能夠引起他的注意。吉諾斯・摩根決定出資為兒子創建新公司，幫助他走出陰影。

這一年九月，《紐約時報》上出現了一則簡短廣告：「J・P・摩根商行於日前正式成立。」如果當時有人按照廣告去尋訪這家公司就會發現，它毫不起眼地位於曼哈頓紐約證券交易所對面五十三街那座老舊木質建築中，在二樓上有一塊不太顯眼的招牌，上書「摩根商行」字樣，皮爾龐特・摩根是這家商行的老板，誰又能想到，在未來這裡將走出摩根大通、摩根士丹利等如雷貫耳的跨國金融企業？

這家小公司的業務主要是代理買賣政府債券或外匯，並隨時將美國經濟和政治中的變化向倫敦彙報。內戰導致了美國棉花出口的中斷，鐵礦石原料進口也大大縮減，鐵路建設工程也中斷了，外國投資者紛紛拋售美國債券，這一切都讓吉諾斯對倫敦的生意要比之前任何時候都更加謹慎，也讓他更需要隨時獲得美國的信息。

公司成立後不久，皮爾龐特專程陪同紐約共和黨領袖賽諾・韋德去華盛頓，拜會財政部長雀斯先生，就如何發放政府債券的事情進行討論，希望拿到代理銷售權。但最終，談判並沒有獲得一致意見，聯邦政府選擇了費城的庫克公司來代理銷售，其債券定價極低，哪怕是普通百姓也能夠購買。吉諾斯便決定退而求其次，吃進第一手的債券，然後在二級市場大量出售，僅僅在紐約，皮爾龐特就出售了總價值高達一百多萬美元的債券，獲利八點三萬美元。

一八六三年七月，在咪咪去世整整一年半後，皮爾龐特才算重新回歸正常的生活。為了擺脫悲痛，他和朋友們組成遠征隊伍，從西部開始旅程，乘坐馬車和火車，到達位於阿第倫達克的喬治湖，然後又乘坐帆船到達尚普蘭湖，接著從柏林頓橫跨佛蒙特州，來到新罕布什爾州的懷特峰。

漸漸地，皮爾龐特的心情開始平靜，在徵得父親的同意和承諾之後，他獲得了代理更多業務的權力。很快，他將吉諾斯在波士頓、費城主要的客戶吸收過去，引入到J．P．摩根公司中。對此，鄧肯．謝爾曼公司感到很意外，他們沒有想到的是，這些原本屬於自己代理的客戶會流失得如此之快，並都成為皮爾龐特的囊中之物。

雖然起步離不開父親，但誰也不能否定皮爾龐特自己的努力。他有著端莊的舉止和出色的儀表，參加商業談判時冷靜而自信，在金融交易上表現的操作能力也令人激賞，這才是吸引客戶的真正原因。

從此開始，皮爾龐特大振雄風，他管理著和父親共同擁有的帳戶，全力參與到短期貸款發放、買賣外匯和代理證券交易與投資等業務中。從一八六二年到一八六三年，在J．P．摩根公司中，皮爾龐特所持有的股份淨利潤從三萬美元上升到五點八萬美元。

高拋低吸，黃金操盤手

南北戰爭中，新的賺錢機會層出不窮。為了支付越來越多的戰爭開支，美國國會在一八六二年通過《法定貨幣法案》，法案規定，被稱為「綠背美元」的紙幣作為法定貨幣流通，這實際上是美國政府發行的第一種官方紙幣。

由於美元的推出，北方有效地構建起紙幣和黃金的雙重貨幣本位制度。那時的黃金在價值上遠遠超過美元，因為它相對稀有，是整個國際市場貿易的媒介，價值由國際市場決定。但美元並沒有這種內在價值，它只是普通紙幣，數量由政府決定。因此，黃金和美元之間的匯率，取決於北方政府的信用度，當戰爭中聯邦軍遭受挫敗時，投資者就會搶購黃金並推動金價上升，反之，若傳來捷報或者和談的消息，黃金就會被拋售，金價就會下跌。

皮爾龐特很熟悉這種上升下降的遊戲，他懂得如何巧妙地利用時間差和空間差來獲取利潤。一八六三年秋天，他從悲痛中清醒過來後，向身在倫敦的父親表示：「統治著外匯市場的黃金，目前已經成為證券交易所中的投機價值所在，就像行情表中那些最具投機性的股票一樣變化多端。」

很快，一位不速之客來到了皮爾龐特的辦公室，他叫愛德華·克查姆，他和皮爾龐特在登山旅行中認識，兩人當時不過是點頭之交。克查姆提出的建議迅速吸引了皮爾龐特，他說，雙方可以聯合起來買賣黃金，從中獲利。

此前，皮爾龐特主要是利用華盛頓的「線人」，隨時傳遞資訊，比市場更早捕捉到信號。比如一八六二年十月二十八日，北軍波多馬克部隊向維吉尼亞州的威靈頓猛攻，而南軍在李將軍的指揮下回撤，這種戰情會壓制黃金價格向下，而皮爾龐特僅僅在聯邦政府得到報告後五分鐘就透過電報瞭解到該消息。但這種方法比較被動，當戰況總是保持平穩時，金價就起伏不大，很難找到盈利的空間。克查姆的建議是要想辦法擾亂市場，才能大賺一筆。

兩個人計畫透過關係，與其他公司聯手，採取共同付款方式，以百分之十的預付款來買下價值四、五百萬的黃金。然後，將這批黃金一半運往倫敦，另一半則留在自己手中，等市場價格因為黃金外運而上漲，就將這一半迅速拋出去來獲利。

十月初，兩人準備完畢，開始利用公司名義，總共購買了價值高達五百萬美元的黃金，紐約金價因此從每盎司一三〇美元漲到一四三美元，由於戰事沒什麼變化，漲幅顯得莫名其妙，可以說，他們欺騙了整個紐約黃金市場。

接下來，就輪到「秘密武器」的登場了。皮爾龐特用暗語拍送了一份電報給倫敦皮博迪公司，而在公司話務員的有意「失誤」之下，這份電報內容走漏了。很快，市場到處都言之鑿鑿，說倫敦巨商皮博迪開始出手收購黃金，黃金價格也隨之迅速上升。

為了給上升的勢頭加把火，一八六三年十月十日，J．P．摩根公司真的將價值一一五萬美元的黃金運往英國，這筆黃金的總額相當於以往摩根公司外匯交易量的十倍之多。

新聞記者最先嗅到了市場波動的氣息，《紐約時報》的另一篇報導這樣寫：「近日，價值百萬餘美元之黃金，已被華爾街一家與倫敦聯繫甚密的新公司運往英國，據悉，紐約青年投機家約翰．皮爾龐特．摩根乃此事之操作者，此事似乎已經超出正常交易範圍。」這篇報導猶如在本不平靜的湖中扔下巨石，紐約黃金市場開始恐慌起來，因為將黃金運出國這一招，比起囤積居奇要更厲害，運走的那些黃金可是回不來的啊！

這樣，黃金價格很快就猛躥起來。

事有湊巧，皮爾龐特在同時間獲得另一則消息，說是美國因為英國造船廠為南軍建造炮艦的事情而不斷抗議，林肯總統和國務卿西華德透過駐英國大使亞當斯提出最後通牒，要求英國立刻停止類似行為。隨後，英國方面迫於壓力同意停止製造炮艦，但他們要求聯邦政府必須在五天內準備一百萬英鎊的賠償費用來支付給各個造船廠，美國政府已經委託皮博迪公司在二十四小時內準備好價值一百萬英鎊的黃金。

拿到這樣的絕密消息，皮爾龐特越發激動，他連忙和愛德華再次買下大量市場上出售的黃金。就這樣，金價在十月中旬上漲到一七一美元的高點。此時，兩位投機家才開始拋售黃金，他們獲利了結後，金價隨之下降到一四五美元。

這是一次完美的投機操作，兩個年輕人大膽地利用資訊、時間差和市場的投機心理，大賺了一筆，據說，兩個人總共賺了將近十四萬美元。

真相最終還是呈現給大眾了，許多人都在對金價的狂漲表示不滿。十月二十一日，又是《紐約時報》在社論中用嚴厲的措辭寫道：「本次金價暴漲，將國家生命看作兒戲，這些不義者居然以林肯總統的武器輸入計畫作為代價而換取非法利益，議會應該建造起斷頭臺，把他們斬首示眾。」

議會當然無法建造斷頭臺，何況皮爾龐特他們的投機行為也沒有違背當時的法律，他和愛德華根本沒有理會這樣的道德指責，而是陶醉在這次重大勝利中。

再見醜聞，你好新家族

皮爾龐特並沒有覺得自己在危害國家，從商界的反應來看，大多數商人也很佩服和欣賞這樣的手法，因為這種投機沒有讓市場陷入嚴重的混亂，遭受損失的是其他投機者。有人甚至說，這表明皮爾龐特和他的夥伴是優秀的商人，因為他們能做成一流的投機生意。

然而，吉諾斯在知道皮爾龐特的投機炒作行為以後相當生氣，他威脅兒子說，如果再這樣搞投機活動，就會和他斷絕商業聯繫。

吉諾斯有他反對的理由，投機帶來的勝利，會「啟動」皮爾龐特的性格缺點——行動魯莽、隨性而為，同時過於貪婪。

在一八六四年一月三十一日，吉諾斯寫信給詹姆斯．古德溫抱怨說：「皮爾龐特不聽從我的反覆告誡，繼續大肆投機，我對此深感失望和憤怒，他只關注眼前的利益而為此一意孤行，卻聽不進任何意見。」吉諾斯擔心兒子會因此越來越狂妄，一旦失手會導致整個家族名譽受到損害。

他決定，派出信得過的人，去約束膽大妄為、桀驁不馴的兒子，這個人就是銀行家查爾斯．

達布尼。當皮爾龐特剛剛進入商界，在「鄧肯・謝爾曼」公司實習時，就是他教授皮爾龐特如何工作，皮爾龐特尊重而且信任達布尼先生，也願意接受他的建議。

在一八六四年十一月十五日，原來的J・P・摩根公司解散，同一天，新的達布尼・摩根公司開張。

在新公司總共三十五萬美元的資本中，摩根父子各自投入十萬美元，表兄詹姆斯・古德溫和他的父親投入了十二點五萬美元，達布尼則投入了二點五萬美元。皮爾龐特和達布尼各自享有公司百分之四十的利潤，詹姆斯享有百分之二十的利潤，由此看來，達布尼並不需要投入什麼現金，他對新公司的貢獻幾乎完全是其經驗、名聲與威望。

吉諾斯對自己這樣的安排很滿意。一八六四年十二月，他告訴老古德溫說：「如果他們賺不到錢，問題就在其自身了，他們需要準確判斷和耐心等待，而不是對生意或者利潤過於熱衷……對皮爾龐特和詹姆斯來說，我再也找不到比達布尼先生更加合適的人選，沒有人能比他更加值得我們信賴了。」名義上，達布尼成為這家新公司的最大合夥人，而皮爾龐特只是第二大合夥人。不過，儘管他的名字因此而排在達布尼之後，實際上卻掌握著公司的大權，達布尼所做的是幫助他處理日常那些枯燥乏味的工作，同時給他合理的建議。有了達布尼的支持和監督，新的公司不再從事投機，轉而操作公債和其他債券生意，這些生意在第一年就讓皮爾龐特賺到了五萬多美元。

皮爾龐特是幸運的，他有吉諾斯・摩根這樣慧眼如炬的父親引導他，之後黃金市場的走向，完全驗證了老摩根的擔憂絕不是多餘的。

一八六五年，南部邦聯敗局已定，北軍步步進逼，金價開始猛跌，謹慎的莫里斯・克查姆建議兒子，立刻拋出黃金減少損失，但愛德華並不相信，他決定繼續和市場對賭，不斷採用保證金買入黃金囤積，為此，他花費了自己所有的資金，還盜用了公司將近三百萬美元的現金和債券，並偽造了一五〇萬美元的支票進行貸款。

最終，愛德華輸得一敗塗地，賠得血本無歸。當他眾叛親離之時，皮爾龐特站了出來，他雖然不喜歡愛德華，但畢竟兩人合作過，因此，皮爾龐特拿出了八點五萬美元，為愛德華的十七張偽造支票兌付，這比皮爾龐特在兩人合作中分得的利潤都要多。

對此，不管是合夥人達布尼，還是倫敦的吉諾斯，都感覺是不必要的損失。皮爾龐特並不後悔，他認為自己有必要伸出援手。後來，皮爾龐特還派出職員去法庭上為愛德華提供有利的證詞，從而為他減去了四年的刑期。

隨著愛德華的鋃鐺入獄，皮爾龐特走出了黃金投機案的陰影，也擺脫了醜聞的影響。

同時，他的感情又迎來了新的春天。一八六三年開始，他認識了查爾斯・雀斯一家，查爾斯是著名的律師，皮爾龐特和這家人相處得很好，有時候，他還會在週日應邀去他家聚餐。

皮爾龐特慢慢喜歡上了法蘭西斯・路易莎・雀斯，家人們對她的暱稱是「芬妮」。和咪咪不同，芬妮是個活潑而時髦的女孩子，她衣著講究，喜歡打扮，但並不喜歡賣弄風情。星期天晚上的時候，她寧願坐在皮爾龐特身邊聽他唱讚美詩，也不願意去加入社交場合中無聊的打情罵俏。

皮爾龐特覺得，芬妮大方得體、明白事理，將來一定是個賢妻良母。就這樣，他向她求婚了。

一八六五年五月三十一日，南北戰爭正式結束後不久，皮爾龐特和法蘭西斯．路易莎．雀斯結婚。六月，他們去歐洲拜訪了父母，還去了巴黎，並訪問了瑞士沃韋辛利吉學院，直到八月，他們才乘船回家。

或許這次婚姻沒有第一次婚姻那樣浪漫多情，但對皮爾龐特來說，和芬妮結婚，才讓他真正享受到婚姻和家庭，並因此變得成熟。隨後，他們搬進了紐約麥迪遜大街的二二七號新房。夏天的時候，他們會住到鄉下去，先是在哈德遜河邊的村鎮中，後來又住到其他村落。

一年後，他們的第一個孩子出生了，這是個女孩，取名為路易莎．皮爾龐特。一八六七年九月，皮爾龐特一家又在夏季別墅中迎來了第二個孩子，他叫小約翰．皮爾龐特．摩根，他是這個家庭中唯一的兒子，暱稱叫傑克，日後他會成為家族事業的繼承者和發揚光大者。隨後，一八七〇年和一八七三年，這個家庭又添了兩個女兒。

此時的皮爾龐特，已經兒女雙全、家庭美滿。無論是生活還是事業，他都從青春的熱血衝動轉向成年的穩定與發展。在步入三十歲的人生新階段時，皮爾龐特．摩根已擁有良好的基礎，他將要正式步入華爾街，挑戰所有敢於阻攔他的對手。

Chapter

4 浴血奮戰

一八六三年——一八七六年

大戰「華爾街之鬼」

戰後的美國，鐵路行業變化最大。在這段號稱「鍍金時代」的歲月中，美國擁有了世界上最龐大的鐵路網，數千英里*的鐵路將整個北美洲大陸的西半部連接起來，豐富的自然資源得以輸出，巨大的國內市場得以開發，整個國家的生產力得到極大提高。

一八六九年五月十日，中央太平洋鐵路公司、聯合太平洋鐵路公司分別修建的鐵路，從東西兩個方向跨越整個大平原，在猶他州的奧格登市附近順利接軌。這是第一條橫穿北美大陸的鐵路，其偉大意義自然毋庸多言，正如一八六五年被刺殺的林肯總統所說：「這樣的鐵路勢必將全美國真正聯合成同一個國家。」

全世界都在目睹「新美國」的誕生，並為之讚嘆不已，資本的力量躍躍欲試。國外有大批投資者想要購買鐵路股票獲利，卻弄不清投資方向，由於曾經的傲慢和疏遠，他們缺乏對美國的瞭解，必須依靠代理商來引導他們認識這個領域。

此時，皮爾龐特開始了橫穿全國的鐵路長途旅行，表面上這是一次家庭旅行，但其根源卻離不開華爾街。

整個旅行充滿了冒險意味，同行的還有芬妮的妹妹瑪麗，以及皮爾龐特的表兄詹姆斯・古德溫。他們乘坐火車去了芝加哥，然後到了猶他州，乘馬車到了鹽湖城，在那裡拜訪了摩門教的首領。此後，他們再坐馬車到了加利福尼亞，並重新登上火車，到達舊金山海港邊的奧克蘭。奧克蘭這座城市剛開始接待東部旅行者，條件顯然很差。但這些出身富豪之家的人並沒有抱怨，而是樂在其中。

接下來，他們從西海岸的舊金山出發，坐著聯合太平洋鐵路公司的火車到達奧馬哈市，然後改乘普爾曼公司的火車到了芝加哥，在那裡，小鎮上的所有人都走出家門，來到月臺圍觀火車。從這裡開始，他們順著安大略湖岸邊向東回到了紐約。

這次鐵路旅行路程長達六千英里，讓皮爾龐特看到了鐵路行業的未來，也看到了鐵路行業現

＊英里：長度單位。一英里約一點六公里。

有的問題。鐵路建設有巨大的經濟利益，任何人只要能從政府那裡買到土地並能兜售證券，就意味著他可以加入到鋪設鐵路的大軍中。皮爾龐特聽說，由於政府會根據鋪設鐵路的長度發放貸款，一些人故意迂迴曲折地修築鐵路，另一些人則趁機發行假冒的股票……。

在金融行業與鐵路行業的結合上也有不少問題。例如，鐵路行業需要大量的前期投入，即使在運行期間，其成本比例也相當高，只有那些獨佔龐大運輸量的鐵路才能保證成本被平攤，並獲得利潤；一旦出現平行路線加入競爭，就會導致雙方的惡性降價，競爭會異常殘酷。

金融業對這種競爭相當痛恨，投資者面臨手中證券因為企業破產而變成廢紙的風險。當摩根在九月回到紐約之後，遇到的紐約州北部「奧爾巴尼——薩斯奎哈納」鐵路事務就屬此種情況。

這條鐵路原本並不顯眼，它全長只有一四二英里，其重要性在於其向南連接的幹線，這條幹線直通賓夕法尼亞煤田，其經營者是伊利鐵路公司。伊利鐵路公司老闆傑伊・古爾德，綽號「華爾街之鬼」，他身材矮小，陰沉少言，卻注重儀表，天性聰敏。當一八六八年十二月奧薩鐵路（奧爾巴尼——薩斯奎哈納）剛剛竣工時，古爾德就發現了其重要性——連接著東部諸多工業城市和煤炭產地，他準備不惜一切代價拿下這條鐵路。

奧薩鐵路之戰拉開了序幕。戰爭的進攻方是古爾德，他的手下有一幫帶著黑社會性質的利益集團，另一方，則是奧薩鐵路公司現任總裁拉姆齊。

為了能夠拿到經營權，古爾德首先購買了大宗奧薩鐵路股票，順利成為董事會成員。然後，他大肆活動，和董事會中那些反對拉姆齊的成員結成聯盟，不惜把黃金送到紐約州法院院長的家中。他的要求只有一個，就是在奧薩鐵路股東大會即將召開的時候，政府對公司加以查封，然後逮捕會計人員，免去拉姆齊的職務。

當然，拉姆齊也不是好惹的。他透過在法院的關係，將古爾德聯盟中的幾個董事趕出了董事會。結果，事情迅速發展為流血衝突，兩派勢力在鐵道線的隧道中大打出手，鬥毆場面如同戰爭，死亡人數達到十幾名，州政府不得不出動當地軍隊來維持秩序。

奧薩鐵路的爭奪權雖未能分出勝負，但拉姆齊已經感到苗頭不對。他發現，對方之所以敢如此霸道，完全在於其背後的金錢以及隨之買通的權力，所以他需要的不是律師和法官，而是掌握金錢的銀行家。在盟友的指點下，他輾轉找到了皮爾龐特·摩根。

拉姆齊陳述了自己遭遇的不公，然後他說，只要摩根先生能夠幫助他將鐵路控制權爭奪過來，他就發行三千股新的股票，其中六百股股票賣給摩根公司，摩根就會成為新股東。皮爾龐特並沒有馬上答應，他向公司的律師，同時也是他的岳父查爾斯·雀斯諮詢，在得到了肯定答覆之後，才表示願意提供幫助。就這樣，摩根家族向鐵路投資業跨出了第一步。

拉姆齊喜出望外，答應了皮爾龐特提出的條件：雇用雀斯律師，還有其年輕的助手薩繆爾·杭特律師。

古爾德聽說對方搬來了摩根家族的律師，決定兵來將擋，他向法院提出訴訟，要求法院宣佈新發行的三千股無效，這樣，達布尼·摩根公司就無法進入董事會。九月三日，這條法令真的通過了。

九月六日，古爾德的律師開始起訴拉姆齊和其他管理人員，希望他們能夠在召開股東大會之前被逮捕，這樣，股東大會只能選舉古爾德上臺管理公司。對此，皮爾龐特方面早有準備，雀斯律師馬上提出了上訴，同時在利益勾兌的操作下，法院推翻了原先的法令，甚至還宣佈拉姆齊不應撤職，更不會被逮捕。

由於摩根的介入，局面終於有所平衡，關鍵就看股東大會上的爭奪戰了。為了準備這次戰役，皮爾龐特做了充分的準備，在大會召開之前兩天，他就派出杭特律師火速趕往開會地點奧爾巴尼，自己隨後和岳父雀斯也來到了那裡。整整一天，三個人都在商討，股東大會上究竟可能發生哪些極端情況，己方應該準備哪些策略應對。

他的岳父說：「古爾德這些人，經常不擇手段，他們有可能在大會上以武力威脅，我認為我們應該準備一下應對的措施。」

皮爾龐特覺得這樣的考慮很對，經過詳細討論，皮爾龐特終於準備好了應對之道，他相信自己可以利用正當合法的程式來贏得股東大會的支持。

此時，已經是黃昏時分了，他們準備好了備忘錄、文件，然後將行動計畫和綱領又檢查核對了一遍，並分別記錄在筆記本上，交給杭特律師隨身攜帶。他將會負責股東大會上的「前線指揮」。

第二天，一年一度的股東大會終於到來了。皮爾龐特·摩根、雀斯、杭特、拉姆齊一行人早早來到會場。過了一會兒，古爾德手下的費斯克也乘坐馬車，趾高氣揚地來到了會場，馬車之後，還跟著許多人，一看就知道是混黑道的。

就在費斯克前腳剛踏下馬車時，戲劇性的一幕出現了。一群身著灰色制服的員警從會場內列隊而出，為首的警長將證件一晃，然後說道：「費斯克，按照奧爾巴尼郡警察局的命令，你和你的人必須跟我們走一趟，接受調查！」

再狠的黑道分子，也不敢公然和員警對抗，很快，這些前來參加股東大會的「股東」一個個都被押走了。看到這一幕，皮爾龐特他們才滿意地點點頭，步入了會場。

接下來的選舉十分順利，雖然費斯克怒氣衝衝地帶著手下又回到了大會現場，但他們已經失去了對股東的威脅能力，沒辦法挽回敗局。根據投票結果，拉姆齊繼續留任總裁，皮爾龐特・摩根擔任副總裁。

股東大會結束後，許多人都感到意外，究竟是誰報的警？誰又能調動那麼多員警前來帶走費斯克？對這個「秘密」，皮爾龐特只是意味深長地一笑。

不過，事情並沒有就此結束，股東大會通過了摩根提出的建議，這條鐵路的經營權將會立即租給德拉瓦・休士頓隧道公司，多年來正是這家公司不斷和拉姆齊競爭，並在背地裡支持古爾德！

為什麼皮爾龐特偏偏要將鐵路經營權租給他們呢？實際上，這樣的交易是非常划算的，奧薩鐵路公司原本一年經營額只有四十五萬美元，可是這次租給對方的估價是七百萬美元，而對方需要在接下來的九十九年中每年支付百分之七的租金。這意味著董事會不需要參與經營，就能得到更多的利潤，有哪個股東會反對這樣的方案？

這就是皮爾龐特的高明之處，這種高明來自摩根家族傳統的思維模式和他個人激進投資理念的完美結合。他知道，只有最想要得到鐵路經營權的公司，才會如此不擇手段，表面上他們是對立的，但只要方案合理，他們就會變成最好的客戶。

第一次接觸鐵路投機事業的皮爾龐特大獲全勝，戰勝了「華爾街之鬼」，獲得了大家的高度評價，由此，人們也更加推崇摩根家族的手腕與資本。

拉了卡內基一把

奧薩鐵路的勝利，堪稱皮爾龐特初出茅廬的第一戰，雖然他取得了勝利，但多少也有著對手主動退縮的因素。早在召開股東大會之前，古爾德已經將注意力轉移到了華爾街的黃金市場上，一手操作出「黑色星期五」的黃金市場價格崩潰，而把奧薩鐵路的事情交給了手下費斯克。

儘管如此，老摩根還是對兒子這樣的表現讚賞不已。這一次，他不是投機，而是為了維護公司債券持有人拉姆齊的利益出擊，做得有勇有謀，又符合商業道德，不能不讓老摩根感嘆他的進步。

不過，一些負面消息也傳到老摩根耳朵裡，先是傳說皮爾龐特希望將妹夫喬治從公司股東中踢出去，接著又說他覺得年齡漸長的達布尼沒有多少貢獻，甚至他關係最好的表兄詹姆斯也在一八六九年底寫信給老摩根彙報，說自己連倫敦有什麼工作指示都不知道，因為皮爾龐特將所有商務信件都私存了起來。

對這些雜音，老摩根選擇暫時將之擱置起來，並警告外甥詹姆斯說：「不管遇到什麼金融風波，都不應輕舉妄動。」安頓好皮爾龐特這邊的事情，吉諾斯在精心策劃之後，開始了自己一系列的風險投資活動。

一八七〇年三月，老摩根會見了安德魯．卡內基。

卡內基的奮鬥歷程堪稱傳奇，他是蘇格蘭紡織工人的兒子，十二歲時移民到美國的賓夕法尼亞州，進入賓州鐵路公司工作。一八五八年他二十四歲時，已經成了公司駐匹茲堡分部的主管。又過了十年，他擁有了價值四十萬美元的證券，還包括鐵路、銀行、冶煉廠和電報線路的合夥生意，另外自己還擁有一家叫「拱頂石」的橋樑建築公司。

一八六九年，卡內基打算建造跨越密西西比河的鐵路橋，這座橋將會比其他大橋更加堅固。在賓州鐵路公司有關專家顧問的鼎力相助下，他贏得了在聖路易斯建造這座大橋的合約。按照設計師的設計要求，大橋橋墩會沉入河底九十三英尺以下，而三個金屬拱架會建在橋墩上，對這樣的巨大項目，一些人諷刺地說：「估計需要耗資七百萬美元，費時七百年才能建成。」

一八七〇年，為了獲得資金，卡內基應邀將計畫報告給吉諾斯．摩根。見到老摩根之後，卡內基並沒有張口就提出要投資，而是向他宣稱：「這座大橋將能夠在技術上體現美國人的聰明才智，促進鋼鐵產業發展，並在交通上成為橫跨大陸幹線的『收費站』。」

這些說服了原本有所擔心的吉諾斯，他最終還是同意按照八十五美元的價格，接受價值高達一百萬美元的大橋債券。結果，大橋的債券銷售業績讓吉諾斯．摩根為之驚喜。而且，建造這座大橋當然不可能費時七百年之久，一八七四年七月，伊利諾——聖路易斯大橋正式通車。

不巧的是，那時，美國又迎來一次經濟大蕭條，鐵路交通運輸量直線下降，卡內基的公司只好再次從銀行貸款來償還債券的利息。儘管如此，老摩根並沒有讓卡內基獨自面對困難，而是繼續為他出資，幫助他建造其他的橋梁和鐵路項目。

由於對鐵路經濟做了深入研究，卡內基很快意識到，在冶煉企業中也能夠產生規模企業，而鋼因為用途更廣、更持久耐用的特性，必然遲早取代鐵，大規模運用在工業化生產中。於是，他開辦了數家大型高效鋼廠，並迅速提高產量。一八七六年，他寫信給吉諾斯，不無炫耀地說：「我們已經獲得了巨大成功，我每一項樂觀的估計，都得到了更多證實，我們現在生產的鋼軌，每噸成本還不到五十美元。」

透過摩根家族，卡內基獲得了他原始積累時需要的資本，日後，他將成為美國的鋼鐵大王，只是到那時，他也不需要再尋找貸款或投資了。

卡內基和皮爾龐特．摩根後來也有接觸，當卡內基想要創辦第一家軋鋼廠的時候，他找摩根家族代理出售債券。當時，他在皮爾龐特．摩根的公司有五萬美元存款，但他說起了在一八七三年時，摩根財團還代理出售了他在一條鐵路中的股權，價格為一萬美元，因此，他可以動用的錢應該是六萬美元。

皮爾龐特．摩根總共拿出七萬美元的款項來，解釋說，公司算錯了他的帳目，他應該接受這多出來的一萬美元。但卡內基並不想拿這筆錢，他說：「您能夠看在我良好祝願的份上，拿回這一萬美元嗎？」可是小摩根卻堅持說：「不，不能。」

這件事讓卡內基決定，以後無論在什麼樣的競爭場合，都不會和摩根家族對立。不過，畢竟兩人都是各自行業中的頂級菁英，卡內基尊重遵守傳統而充滿睿智的吉諾斯，但他和皮爾龐特個人之間卻有所對立。在一八七六年的一次會面中，皮爾龐特就直言不諱地批評卡內基，說他在某次訴訟案中使用的辯詞是「最無禮的語言」。

總體而言，卡內基和摩根家族有著良好的關係，在這個家族奮戰的征途中，安德魯・卡內基既是受益者，也是見證人，商業關係將這些時代菁英緊密連接在一起，共同構築了不斷成長的美國。

普法戰爭，誰才是大贏家？

一八七〇年，當老摩根在卡內基大橋專案上興致勃勃地「冒險」時，遠在紐約的達布尼・摩根公司依然平靜。

在剛剛過去的黃金市場黑色星期五中，整個華爾街幾乎都被古爾德拖進大坑，栽了跟頭，只有皮爾龐特由於接受投機教訓而按兵不動，依舊保持著清醒和冷靜，這種和年齡不符的老成持重，也讓金融界開始用新眼光打量皮爾龐特。

事實上，皮爾龐特對金融界感到厭倦了。這一年七月，第三個孩子小朱麗葉出生之後，他開始嚮往舒適安閒的家庭生活，甚至打算退休，雖然他此時才三十三歲。

皮爾龐特的厭倦不是憑空產生的。那時的美國，越是所謂的上流社會，越是充斥著貪污受賄、舞弊作假的醜惡現象，從官員、法官到議員、記者，誰出的錢多，他們就為誰說話，新崛起的商業圈子也同樣不乾淨，金融界談不上規則，鐵路行業的競爭也是亂七八糟……。總體而言，社會道德水準的低下讓皮爾龐特苦惱而疲憊。

對皮爾龐特如此落寞的心態，父親吉諾斯並非毫不知情，但他忙著「投資」普法戰爭，忙到沒有機會好好利用信件來往激勵兒子。

一八七〇年的普法戰爭是整個歐洲所矚目的大事。從戰爭爆發開始，法國皇帝拿破崙三世直接指揮軍隊作戰，但因普魯士軍隊強大，加上俾斯麥領導能力強，九月二日，拿破崙三世在色當一敗塗地，帶著近十萬法軍投降。消息傳到巴黎後，立法院通過會議宣佈第二帝國被第三共和國所取代，由一個七人防禦委員會來領導民眾保衛巴黎。

隨後的兩週，巴黎被二十五萬普魯士大軍重重包圍起來，到十月，這座城市變成了孤城。在被包圍之前，防禦委員會派出了一名叫作萊昂·甘必大的巴黎律師，他在城內到處遊說，說巴黎無險可守，想要解救城市，只有派他出城組織軍隊。委員們被他說服了，用一個碩大的載人氣球將甘必大送出城去。

很快，甘必大來到圖盧茲。在那裡，他成了法蘭西共和國政府的戰爭部長和內政部長，他訪問了英國，尋求五千萬美元的貸款來組建軍隊。

在前往圖盧茲考察瞭解後，吉諾斯認為，甘必大還真的有可能獲得勝利。這並非癡心妄想，事實上，當時法國還有足夠對抗普魯士人的軍隊和武器，他們只是需要一筆軍費來將兵員募集起來。於是，他提出，可以用百分之六的利率，採取代為發售債券的形式，籌集五千萬美元的貸款給法國，而且，面值一百美元的債券，吉諾斯拿到手的價格只需要八十五美元。

條件看起來苛刻，可是吉諾斯也承擔了很大風險，法國臨時政府點頭同意了。接下來的歷史劇情可以用跌宕起伏、一波三折來形容：有一陣子，甘必大的反擊似乎就要見效了，他的軍隊甚至即將打破普魯士人對巴黎的包圍圈。但隨後，貝贊恩上將帶著十七萬人向普魯士不戰而降，這讓普魯士軍隊鬆了口氣，騰出更多軍隊圍攻巴黎。一八七一年一月二十七日，在四個月圍困之後，巴黎宣佈投降。

此時，吉諾斯在倫敦銷售的法蘭西共和國債券價格暴跌，他被迫買回大量債券來保護投資。同時，戰敗的巴黎政府同意向普魯士支付四千萬美元的贖金，普魯士軍隊因此撤離，但喪權辱國的巴黎政府很快被巴黎公社所推翻，首相提耶爾逃出巴黎。

結果，吉諾斯發放的債券就快要變成廢紙了，原本價值為八十五美元的債券，現在已經跌到了五十五美元。

吉諾斯在投資市場上似乎也殺紅了眼，他不相信自己會這樣輸掉，對歐洲局勢的判斷也讓他相信共和國會重建。他開始在市場上大量掃貨，只要是法國國債，不管什麼價格都全部吃進。為此，他幾乎將當時能夠動用的資金全部投入進去。

最終，提耶爾帶著凡爾賽的軍隊反撲巴黎，公社運動被殘酷鎮壓，法蘭西第三共和國變得穩固，始終堅持抗擊普魯士的甘必大，則成了舉國上下最受尊敬的人物。

一八七一年六月，新的共和國再一次提出用百分之五的利率來借款二十一億法郎，短短幾天內就被一大群歐洲銀行家認購。此時，吉諾斯早已大賺一筆，獲利數額達一五〇萬英鎊之多。

這次參與普法戰爭的投資，吉諾斯幾乎是冒著人生最大的風險進行的，他向來謹慎保守，對兒子參加任何投機意味強的生意，都抱著反對的態度，這次為什麼敢如此冒險呢？

其實，吉諾斯的冒險，並不是盲目的。最開始，甘必大來到倫敦尋求貸款時，別說吉諾斯·摩根，就是羅斯柴爾德、巴林這樣的大家族也都無法預測其成敗，他們雖然是商界巨富，但戰爭局面瞬息萬變，即使是普魯士首相俾斯麥，也不敢斷言勝利。因此，巴林家族推託說自己支持普魯士的財政，不可能借錢給法國；羅斯柴爾德家族乾脆回絕了甘必大的見面請求；而吉諾斯卻突然有了逆向思維：「如果不知道未來會如何，為什麼自己不去看看歷史？」

熟悉歐陸歷史的老摩根發現，從大革命時代開始，不管法國經歷怎樣的戰爭風雲和政壇起伏，每一屆政府都保持著同樣的優秀傳統，那就是從不會拖欠對外債務。

「這一次，法國政府會拖欠債務嗎？」經過思考和分析，老摩根認定，概率還是很小。首先，普魯士的目標是為了實現崛起和對德意志的統一，雖然其軍隊作戰能力強大，但徹底滅亡法國，既不是其戰略目標，也不在其能力範圍內。其次，法國本身的抵抗力還很強大，不說別人，光是愛國的甘必大就在短期內組織起六十萬法軍，其中還有四十多個炮兵連，畢竟，經歷過拿破崙時期的輝煌的法國人不可能因為巴黎被圍困就舉國投降。

所以，老摩根決定孤注一擲，豪賭全部身家。他的確承擔了很大風險，可是在這樣的歷史轉折關口，獲得成功，需要的不是細緻謀劃和十足把握，要的就是這種直覺、勇氣和信心。

事實證明，這次冒險為摩根家族帶來了之前無法想像的利潤，更帶來了比利潤更為重要的聲譽和地位。從此，這個家族正式邁入世界頂級金融家族行列。

進軍華爾街

一八七一年的新年，一直與皮爾龐特合作的查爾斯・達布尼宣佈要退出合夥公司，這一年，他已經六十五歲，到了退休的年齡。從私人的角度來看，他覺得皮爾龐特足夠成熟，遲早要掌管大權，自己在公司已然毫無影響力，也就沒有必要戀棧了。

以皮爾龐特的性格，肯定很想就此一個人治理公司，但老摩根並不同意，他認為，找一個有影響力和實力的合夥人，能夠更好鞏固家族在美國的影響力，對接下來擴展銀行業務也會更加有利。

在精心挑選和全面溝通之後，吉諾斯・摩根看中了費城的德雷克塞爾三兄弟。德雷克塞爾家族從事的國際貿易業務相當龐大，在紐約和巴黎都有連鎖公司，資產淨值在七百萬美元左右，但在美國，其年利潤卻只有三十五萬美元。吉諾斯敏銳地嗅到，這個家族勢必不會放過擴大美國國內生意的機會。果然，三兄弟中的安東尼・德雷克塞爾正在尋找國內商業夥伴。談判達成一致後，吉諾斯囑咐兒子，一定要拜訪德雷克塞爾。到五月，皮爾龐特主動去了費城，和德雷克塞爾共進晚餐。回到紐約之後，他的手中多了一份對方順手寫在信封上的合夥協議。根據協定規定，皮爾龐特將成為費城德雷克塞爾公司和巴黎德雷克塞爾・海耶斯公司的合夥人，德雷克塞爾・摩根公司也將在紐約成立。摩根家族派出的合夥人是皮爾龐特，而德雷克塞爾家族三兄弟中最小的約瑟夫將和他共同經營。

德雷克塞爾在公司中的資本是壓倒性的，三兄弟的家產足足有七百萬美元，皮爾龐特自己只有三十五萬美元，吉諾斯又一次性投入了不少的資本，這讓小摩根最終能以近七十三萬美元的資金投入開始新的合夥生意。

對此，皮爾龐特十分感激，他從不否認自己對父親的依賴，日後他還對人這樣說：「如果我在自己的人生旅途中取得了什麼成就，我最應該感謝的就是父親的朋友們所給予我的支持。」

有了實力強大的合作夥伴，皮爾龐特・摩根燃起了新的事業熱情。一八七二年，在度過了三十五歲生日後，精神振奮的小摩根又回來了。

德雷克塞爾・摩根公司的業務規模不斷擴大，建設公司自有的辦公大樓排在了發展日程上。一八七三年年初，位於華爾街二十三號的新樓落成了。這棟大樓位於華爾街和寬街的拐角處，未來，這裡會成為美國銀行業最負盛名的十字街。

安東尼・德雷克塞爾用每平方英尺*三四九美元的價格買下這塊土地，並建造起這棟白色大理石建築。這棟樓房共有六層，裝飾華麗，門口上方雕塑著寓言人物，而樓房內則裝有電梯，即使在紐約，此時裝上電梯的建築物還是屈指可數的。富有象徵意義的是，這棟新大樓有兩個獨特的大門，向西正對著紐約證券交易所，向北則面對古希臘建築風格的美國財政部大樓。或許，這預兆著該公司會成為華爾街和華盛頓之間的重要橋樑。

建造了新的辦公大樓，並不意味著德雷克塞爾和摩根的合夥順利。皮爾龐特原本就桀驁不馴，上學的時候就能寫出和自己年齡不符的「抗議信」發給老師，現在他更想繼續保持自己對公司的控制。為此，他不惜表現得粗魯無禮，在辦公室和德雷克塞爾爭吵。這樣的爭吵最多只是皮爾龐特在耍脾氣，對生意，他很難擅自行動，因為德雷克塞爾家族有公司的大半股權，他不得不受到約束。

這種約束從某種角度來看壓制了皮爾龐特，但其約束作用又利大於弊。很快，小摩根就會面對最好的機遇，並由此躋身美國金融界的最頂層。

推倒「白鬚帝王」的寶座

一八七三年，華盛頓傳來消息，美國政府決定，用較低的利率發行新債券，從而償還內戰遺

＊平方英尺：面積單位。一平方英尺約零點零九平方公尺。

留下來的三億美元債務。這個消息傳出後，許多人不由得想到傑伊·庫克的名字。

庫克是德雷克塞爾在費城最主要的對手，他被稱為「統治聯邦金融界的白鬚帝王」。當初，庫克只是個銀行職員，能在最快的時間內識別假鈔。但聯邦政府的戰爭債券發行讓他找到了發跡的機會，他第一個將聯邦債券向普通大眾兜售，還因此而贏得了林肯總統的稱讚。發跡之後，庫克在費城郊外為自己打造出一個「城堡」，足足有五十二個房間。一時間，他在費城風頭大勁，德雷克塞爾家族則相當不悅。德雷克賽爾家族自命為政府債券的主要承銷商，眼看這個暴發戶庫克超越了自己，三兄弟自然將他看作眼中釘。尤其是一八六五年以後，庫克贏得了聯邦貸款的專營合約，這簡直讓他成了行業中的壟斷者。

皮爾龐特和庫克打過交道。一八七一年三月，美國財政部一次性委託了數百家金融機構代理債券銷售，摩根公司同樣名列其中。當時在其他業務的經營上，摩根家族賺得更多，並沒有對政府發放債券業務有格外的重視。更何況，政府那時規定，金融機構無法購買債券，只能得到代銷債券的傭金，結果，到銷售時間結束之後，這批國債在美國只賣出去二千萬美元，英國也只認購了八千萬美元，摩根家族並沒有表現出充分的實力。

現在，已經是一八七三年，聯邦政府又要發行新債券了，吉諾斯在歐洲早已騰出手來，皮爾龐特也精神煥發，再加上德雷克塞爾家族的鼎力相助，這正是打敗庫克的最好機會。

打敗「白鬚帝王」，要從組建辛迪加開始。辛迪加出自法文，是指壟斷組織形式的一種。當不同的企業參加辛迪加之後，雖然在法律上和經營上保有自己的獨立性，但在具體商業事務上，需要由總辦事處統一辦理，而內部的企業也可以保持競爭關係。

隨著經濟發展，大規模融資成為銀行財團之間的爭奪項目，可是由於融資額巨大、風險難以承受，僅僅一個家族、一個財團是根本無法完成的。庫克就採用了組建辛迪加的方法，在債券發售競爭中取得領先優勢。一八七二年，由於第一筆債券發行狀況不佳，財政部部長喬治·鮑特韋爾專門接見了庫克。庫克應承下來，隨即將羅斯柴爾德財團、美國賽利格曼財團這兩個猶太家族組織到一起，形成跨大西洋辛迪加來共同承銷，債券的銷售業績迅速大幅提升。

皮爾龐特建議以其人之道還治其人之身。在吉諾斯的牽頭下，德雷克塞爾家族和莫頓·布利斯公司以及歐洲的巴林兄弟公司聯合起來，形成新的辛迪加，其中紐約的德雷克塞爾·摩根公司，將作為對抗的主力。時年剛剛三十五歲的皮爾龐特將站到最激烈的前線，他精力旺盛，渴望著用一場勝利回報父親，同時實現自己在金融界的回歸。為此，他仔細研究了庫克一直以來的生意手法，並迅速找到了其中的破綻。

庫克的發跡史，與許多金融家相比，十分「不乾淨」，尤其是一八六九年他在為北太平洋鐵路公司融資時更是如此。那次融資的規模在一億美元左右，庫克為了把債券推銷出去，簡直無所不用其極：他設計出了種種離奇荒謬的手段去欺騙來自歐洲的移民投資者，在廣告畫上，本應橫穿荒漠大平原的鐵路兩旁全都成了碩果累累的果樹林；鐵路明明經過的是小城鎮，卻都被描繪成了繁華的大都市，例如明尼蘇達州的杜魯斯，被說成了「無鹽之海的頂級城市」……。

民間開始傳出種種不利於庫克的言論。這些消息說，庫克之所以想要繼續壟斷政府的融資債券，是為了挽回自己在北太平鐵路債券銷售上的損失。由於安東尼·德雷克塞爾是格蘭特總統的密友，加上家族在費城的影響力，報紙上很快也出現了更多關於庫克就要破產的「幕後消息」。

進攻的下一步指向了華盛頓。一八七三年一月，皮爾龐特動身來到華盛頓，勸說財政部長鮑特韋爾不要將所有的政府債券業務都交給庫克的公司，他建議，應當將業務分配給更多的銀行家。與此同時，作為策應，德雷克塞爾也組織了費城銀行家集團，在國會眾議院進行遊說，發起對抗庫克公司的運動。

因群情洶洶，財政部最後決定，將銷售任務一分為二，庫克公司組織的辛迪加承銷一點五億的債券，而另一半相同數量的債券則交給摩根家族領頭的這一方。庫克損失了自己的半壁江山。

在華盛頓的談判過程中，皮爾龐特不斷透過電報，向倫敦彙報最新進展情況並聽取父親的建議，但是到協議成立前的最後一刻，他來不及和倫敦協商，只能擅自做主了。等到協定達成時，吉諾斯斥責兒子說：「我們知道你們的行動是出於好意，但是，在取得有關各方的一致同意之前，你們不應該採取行動。因為你們無法確認羅斯柴爾德財團是否會認可，而巴林兄弟公司也同樣可能對你們的行為不予認可。如果真是這樣，你們的處境將會非常為難。」

老摩根這次判斷錯了，兩邊的羅斯柴爾德公司和巴林兄弟公司都認可了協議。他們看到只有三十五歲的皮爾龐特，居然已經能和美國總統、財政部長以及庫克這樣的銀行家直接談判，並拿到了一半承銷權，都相當震驚。

庫克沒想到煮熟的鴨子居然飛走了一半，但他只能接受這樣的結果。傳言其實並不假，由於他對北太平洋鐵路公司的投資過大，已經在紐約清算所透支了十五萬美元，他迫切需要這筆生意來賺錢償還。這次從「白鬚帝王」的虎口中奪食的行動，巧妙地展示了德雷克塞爾・摩根公司的實力。在這種實力的反制下，傑伊・庫克的「帝王生涯」似乎也將窮途末路。

金融風暴中的磐石

一八七三年春，美國新債券開始發行，初始發行收益並不好，在債券認購登記於二月底停止的時候，庫克和摩根兩邊總共才發售了五千萬美元的債券，這距離三億美元的目標還相差很多。

這一年，國內經濟緊縮，新的建設專案開始衰退，股票市場氣氛開始改變。過去五年內的盲目投資遮掩了許多鐵路公司普遍過量抵押的事實，投資者其實被狠狠敲了一筆。鐵路公司利用作假資產評估為依據，發行大量新股票，在市場上吸納資本，但股票價格本身卻摻水無數。

其他問題也同時暴露：西部新開發的土地上種植了更多糧食，但當年夏天，歐洲對美國的農產品需求開始減少，美國的小麥因供過於求而價格下跌。另一方面，政壇上的莫比利埃信用醜聞＊

＊莫比利埃信用醜聞：該公司為了能夠從聯合太平洋鐵路建設中獲取好處，而以極低價格向包括副總統史凱勒・科法斯在內的政府官員和國會議員出售其股票。

爆發，加上之前一系列醜聞諸如伊利鐵路爭奪事件、奧薩鐵路流血事件、黃金投機黑色星期五等的積壓，讓公眾感到厭煩和悲觀。

庫克的破產成為壓垮金融界的最後一根稻草，截至這一年八月十五日，北太平洋鐵路公司共積欠庫克領頭成立的銀行辛迪加將近七百萬美元，而且，這家公司沒有能力償還。九月十八日，庫克最後一搏，召集了幾家紐約銀行的老闆，希望從他們那裡得到支援，但他們拒絕再向庫克提供幫助。於是，當天上午快結束時，庫克的紐約分公司宣佈倒閉。

這個消息令人震驚，隨後費城的庫克總公司宣佈破產，向他提供了過量貸款的華盛頓第一國民銀行也陷入困境。一連串的蝴蝶效應讓整個美國金融界陷入恐慌，銀行事前不作通知就宣佈收回貸款，而儲戶則開始擠兌存款，幾乎所有銀行業務都面臨癱瘓。

九月二十九日，紐約股票交易所有史以來第一次關閉市場，全國性金融危機開始，整個美國共有五千一百八十三家企業損失超過兩億美元。比起其他公司，德雷克塞爾·摩根公司受到的衝擊要小得多，幾乎是有驚無險地度過了危機。

之所以能順利過關，是因為皮爾龐特早就有所預測，在金融危機爆發之前，他就開始積極回收貸款，並建立現金儲備，以備將來之需。四月時，他就告訴父親，自己打算只接受「受到歡迎而萬無一失，毫無後顧之憂且能夠償付利息的」債券。合夥人約瑟夫·德雷克塞爾曾打算進行高利率債券投資，皮爾龐特卻斷然反對。

由於事先防範得當，生意幾乎毫無損失。幾天後，在金融恐慌上升到最可怕的時候，皮爾龐特還向德雷克塞爾財團報告說，不管費城和紐約在發生什麼，他的公司都不需要擔心，因為銀行的帳目上已經有將近一五〇萬美元的現金，只需要等待著災難停止蔓延就可以了。

金融危機的影響不斷持續，摩根家族的事業和生活卻沒有受到什麼影響。七月時，摩根的第四個孩子誕生，他的心情相當舒暢，向父親報告時也用「進展順利」來形容。九月十九日，庫克公司宣佈破產的第二天，皮爾龐特還透過電報向老摩根彙報說：「費城和紐約遭到了嚴重打擊，史無前例的打擊。」在談話中，他向同事描述，相比一八三七年和一八五七年的經濟恐慌，這次金融危機相當厲害，簡直是一場「颶風，而且在襲來之前一個小時連警報都沒有」。

一八七三年，皮爾龐特又投入了二十多萬美元到公司的資本中。同年初春，全家人住進了新的鄉間別墅，皮爾龐特還買了遊艇，用女兒的名字命名為路易莎號。第二年情況也差不多，公司大多數投資和貸款都只和政府債券有關，不需要參加什麼風險性的活動。

金融危機的第三年，也就是一八七五年，商業事務依然平靜，皮爾龐特只參與商人和銀行家的普通日常活動。他還專門去了緬因州度假，天氣好的時候他會和妻子與朋友們去野餐和郊遊，下雨天則一起玩牌。

此時，皮爾龐特三十八歲了，他年富力強、興趣廣泛，成了美國自然歷史博物館的財務主管，熱心於博物館公益事業。也正是這一年，約瑟夫．德雷克塞爾退出了公司，整個合夥公司的掌控大權終於落在了皮爾龐特．摩根的手中。

一八七六年，金融危機依然在延續，皮爾龐特一家人卻在歐洲和埃及旅遊。他們在巴黎度過了一八七七年的春天，到五月，這個富豪之家才回到倫敦。晚上，他們出去聽歌劇、到高檔餐廳吃飯，或者在王子門十三號摩根宅邸中舉辦晚會，成為倫敦社交界的新一代名人。

皮爾龐特已經四十歲了，雖然美國金融業一片低迷，但早有準備的他卻能盡情享受事業與家庭的雙豐收。

Chapter

5

黃金時代

一八七六年——一八九五年

為美國軍隊付薪水

一八七七年，金融危機逐漸終結，庫克早就破產，摩根辛迪加大獲全勝，他們在英美共銷售二點三五億美元的債券，根據當時《紐約論壇報》的計算，摩根家族從中獲利將近五百萬美元。

如此高額利潤在當時如同天文數字，但他們付出的並不少，不僅有家族幾代人積累的金融知識、商業經驗和社會信譽，更承擔著重大風險：一旦承銷商無法銷售完他們手中分配到的債券份額，就意味著必然的損失，甚至會因此破產。

同時，美國政府的「金本位」政策也幫了摩根家族的大忙。一八七七年五月，新總統海斯任命參議院約翰・謝爾曼擔任財政部長，他上任的第一件大事就是要求國會通過了《金元恢復法案》，按照該法案，財政部將會從一八七九年開始用黃金償還其所有的債務。

皮爾龐特非常支持該法案。和大多數美國東部銀行家、國際貿易商一樣，摩根家族希望政府能夠擴大國內資本市場、逐步減少內戰債務。在這樣的過程中，採取「金本位」制可以避免外國資本的逃離，反之，將美元和黃金的關係脫鉤，政府大肆增印紙幣，就會導致資產的貶值，將外國資本逼出美國，同時增加未來的借款成本。這會嚴重影響美國的國際信譽，並破壞國內經濟。這個法案還表明，美國最終會以黃金來償還債務，因此，摩根、羅斯柴爾德和塞利格曼三家公司發行的新公債，歐洲投資者自然樂於購買，大多數債券都以比票面價值高的價格賣出，讓公司大賺了一筆。

即使如此，摩根家族很快就用行動表示，他們賺取如此多的利潤，但也承擔起了足夠的公眾責任。

事情要從一八七七年美國國會的一次否決案說起。一八七六年，共和黨人陸斯佛得・比察・海斯成為新一任總統，美國南部代表此時重返國會，南方社會從上而下終於承認了華盛頓作為國家政治權力中心的地位，但他們還是對美國軍隊有著很大的不滿。對南方人而言，美國軍隊依然是其眼中的「北軍」。

國會會議從一八七六年十二月開始召開，一直到第二年三月，海斯總統就職才結束，而在會議上爭論最為激烈的議題就是關於軍隊規模的問題。南方的議員們團結一致，成功地阻止了向軍隊士兵發放薪水的提案。這樣，到一八七七年財政年度結束時，財政部沒有預算和撥款去支付士兵們的薪水，除非總統要求國會召開特別會議，否則軍隊欠薪將成為定局。

皮爾龐特・摩根不願意看到這種情況，無論是為了商業利益，還是出於對國家的熱愛，都讓他下定決心提筆寫信給國防部長麥克雷利，聲稱公司願意向美國軍隊提供這筆資金。他建議，由他來兌換士兵的付薪券，然後當下一屆國會開會的時候，希望議員們能夠同意撥付款項來償還費用，並按照法定利率歸還利息。這個建議，幾乎是麥克雷利當下的唯一選擇，他只能同意。

在接下來的五個月中，德雷克塞爾・摩根公司調動了二五〇萬美元現金，還自費向十餘個城市派出人員，具體管理發薪工作。當然，他們為此向軍隊收取了百分之四的酬金。

皮爾龐特冒了很大風險，國會是否同意對這筆軍費加以償還尚且不得而知，即使償還，按照法定利率拿到的利息，再扣除運作費用，公司也賺不到什麼。但在他看來這並不重要，自己應該為美國的軍隊履行應盡的義務。

這種想法果然明智，雖然沒有賺到什麼錢，但他賺到的卻是難得的社會名望和有力的軍隊支持。日後成為美國軍隊將領的胡戈・史考特，當時還只是普通士兵，正在和印第安人作戰，聽說發薪在即，他從蒙大拿騎馬專程趕到海倫娜，那裡有摩根公司的付薪點，主管人在驗證了他的身份之後，將他帶到了一家銀行，在那裡，他的薪水券被摩根家族的信用擔保並被兌換成現金。後來，史考特深有感觸地說：「當軍隊需要朋友時，摩根就是我們的朋友。」

從這次發薪開始，金錢在皮爾龐特眼中更多地成為實現理想的工具，而不是目標。透過這次付薪行動，摩根家族在美國的政治和社會地位進一步提高。

一八七七年十一月八日，吉諾斯・摩根回到紐約，一場盛大的宴會正等待著他，出席者包括美國政商兩界共九十四人。這次宴會在著名的德爾尼莫克飯店舉行，出席者既有為人所尊敬的商界元老、政壇前輩，也有像皮爾龐特一樣事業有為的年輕人，包括後來將和摩根家族打交道的西奧多・羅斯福，那時他四十六歲，剛剛被任命為紐約海關關長……。第二天，《紐約時報》將這場聚會稱讚為「對一位沒有公職的平民的最為非凡的表彰之一」。

宴會上，最讓來賓們感動的一刻，是老摩根鄭重地拿出國父喬治・華盛頓的一封信，這封信是華盛頓在一七八八年寫給一個英國朋友的，那時，美國已經在醞釀獨立了。老摩根朗誦著信件：「如果這些人，能夠被同樣的愛國主義情感所激勵，如果他們忠實於自己，世界上便沒有任何力量能夠阻止他們建立一個偉大而富強的國家。」

此時，也沒有任何力量阻止摩根家族建立一個偉大的公司了。

資本點亮了電燈

一八七九年初，歐洲遭受自然災害，進口糧食的價格開始上漲，美國農業因此復甦，華爾街則更早地預期到了經濟復甦的景象。二月初，皮爾龐特在寫給商業合作夥伴的信件中說道，自從年初以來，華爾街大筆生意洽談一個接一個，顯得特別興隆，實屬近年來罕見。

相比這些大生意，皮爾龐特・摩根更關心一樁貌似不大的生意。一八七八年，他寫信給沃爾特・伯恩斯說：「過去幾天，我一直在盡力促成一筆生意，這很可能是最重要的一筆生意……它不僅對世界具有如此重大的意義，從某個角度來看，此事對我們更是意義重大。」

這樁生意的主角是愛迪生和白熾燈。此時的湯瑪斯・愛迪生在電報、電話和留聲機等方面做出了巨大的貢獻。一八七八年四月，他剛剛將留聲機帶到華盛頓，向總統和夫人、國會議員和科學院進行了展示。當年秋天，他又將注意力轉向了燈具，當時，室內大多使用煤氣燈或者蠟燭，而城市街道和大型公共廣場則使用弧光燈。為了讓電流能夠變得「更小」，從而打造出適合家用的電燈，愛迪生的努力持續到當年九月十六日，最終試驗獲得了成功。他對外宣布，將用唯一的五百馬力發電機來照亮整個曼哈頓，還要在幾週之內拿出開發系統，讓電力比煤氣更加便宜。

這套方案最大的瓶頸在於資金。愛迪生先是成立了愛迪生電燈公司，發行了三十萬美元的股票，這顯然不夠推廣產品所用，於是他又通知其律師格羅夫納・勞里進行融資。

那時候的愛迪生才三十一歲，他沒接受過正規教育，完全靠自學成才。他不拘小節，頭髮不梳理、衣服也不更換，甚至根本不回家睡覺，而是在實驗室夜以繼日地工作，這樣的情況，讓嚴謹的銀行家們覺得他很不合適作為投資對象。此外，更大的分歧還在於理念上，愛迪生白手起家，習慣了自行安排工作，即使在成立公司獲得投資之後，還是習慣於自行規劃和使用經費，這讓他的律師勞里感到融資任務相當棘手。

一個月後，勞里透過關係，將此專案向皮爾龐特介紹。皮爾龐特很快看到了愛迪生的電燈的價值，但他也有所擔心地在信中寫道：「我擔心父親會覺得這是異想天開，但是我相信，他會改變看法的。」

很快，皮爾龐特和愛迪生有了實質性的接觸。到十一月十九日，皮爾龐特以電報通告倫敦說，生意大有希望，而且希望能夠和倫敦方面在英國開展聯營。他強調，這次投資幾乎沒有風險，只需要一筆很小的資金，而如果成功則收獲難以估量。

吉諾斯並不為愛迪生的計畫所動，他甚至心存疑慮。皮爾龐特最終決定，就算得不到父親的支持，他也要為愛迪生的項目提供資金。

此時，愛迪生電燈公司的資金即將告罄。愛迪生忙於解決技術問題，建造中型發電站、建立生產必要設備的工廠等，但董事們卻失去了耐心。一八七九年，董事會不願意再追加投資，愛迪生為了增加資金只好賣掉了自己的大部分股份，剩下的股權也進行了抵押借貸，甚至開始找朋友們借錢來繼續他的發明。

在這個關鍵時刻，一八八〇年年底，德雷克塞爾·摩根公司終於出手了，皮爾龐特決定提供一百萬美元的股份，組建起新的公司——愛迪生電力照明公司，該公司的第一個專案就是在曼哈頓商業區的珍珠大街上建立起第一座中央發電站。摩根掌控了這個新公司的運營，並且獲得了國內外白熾燈泡的經營銷售權利。

一八八一年，在巴黎舉辦的電力產品展覽會上，愛迪生的電燈獲得了廣泛的關注，巴黎歌劇院將之引入休息室進行照明，德國的工程師與實業家埃米爾·納森羅和維爾納·馮·西門子也很感興趣。一八八二年，愛迪生的發明又在英國水晶宮展覽會上大放異彩，其公司獲得了在倫敦建造發電站的工程項目。吉諾斯的想法也改變了，一八八二年，摩根家族在倫敦也成立了愛迪生電燈公司，並在一八八三年與主要的商業對手進行合併，重組成愛迪萬聯合電燈公司（Edison and Swan Electric Light Company）。

面對摩根家族的支持，愛迪生承認，德雷克塞爾．摩根公司是自己最好的合作夥伴，儘管摩根家族會在某些事情上表現得比較強勢，但他們從不作空頭承諾，而是會鼎力支持他的發明。

一八八二年九月四日，愛迪生在華爾街二十三號德雷克塞爾．摩根公司的總部按下開關，隨後，外牆上的一〇六顆電燈泡泛起了穩定、柔和而溫暖的燈光，從夜幕中看過去，這些亮點就像燃燒著的小火球。愛迪生得意地告訴媒體記者：「我已經兌現了我所承諾的一切。」

皮爾龐特的新家成為全世界第一個使用電燈的家庭，愛迪生本人前來裝好了所有燈泡，但點亮它們則相當麻煩——整個系統需要以地下室的蒸汽發電機來啟動，發出巨大噪音、冒出滾滾濃煙，以至於隔壁鄰居前來抗議。一個月後，愛迪生電力照明公司才得以派出技術人員，對發電機和地下室進行改裝，算是解決了問題。

為了慶祝使用電燈，摩根舉行了歡聚活動，邀請了四百名朋友前來參觀。但沒過多久，當全家出門觀看歌劇時，圖書室的電燈線路燒了，整個書桌、地毯都被燒毀。前來負責勘查現場的是愛迪生的助手愛德華．強森，他尷尬地注視著地板上那堆分辨不出形狀的焦炭類物體時，皮爾龐特出現在門口。

強森清清嗓子，打算說那些準備好的解釋和道歉。但此時，夫人芬妮出現在摩根身後，她做了個將手指放在嘴唇上的手勢，然後離開了，強森連忙閉上了嘴。

摩根的雙眼從眼鏡上方看著強森，過了一會兒後平靜地問道：「那麼，現在你們打算怎麼做？」

強森老實地承認：「我們要對系統進行安全處理。」

摩根接著問：「那得多久？」

強森回答：「我馬上開始工作了。」

摩根點點頭：「好，那就看你的了。」

皮爾龐特在愛迪生的電燈推廣專案中堅持不懈，花費了大量金錢，也遇到了種種麻煩，但他清楚地知道，一項好發明在轉化成為成功的商業成果之前，需要投入的還遠遠不止如此。這種想法被其子女接受，一八八三年，摩根的兒子傑克從聖保羅中學寫信給妹妹路易莎：「當然，這是一個電力的時代……如果一個人不懂電力知識，那可是非常羞恥的。」

一九三一年十月十八日，當愛迪生去世時，美國無數家庭紛紛選擇關閉電燈來紀念這位偉大發明家。但不應忽視的是，愛迪生並非「發明」了白熾燈，他尋找到的是最適合做白熾燈燈絲的材料，真正將白熾燈帶入千家萬戶的，正是人們眼中為了獲取利潤而四處投資的「資本家」——皮爾龐特．摩根。

中央鐵路易主

一八七九年，吉諾斯・摩根處於半退隱的狀態，他和皮爾龐特在家族中的位置做了一些交換：吉諾斯更多地待在紐約，而皮爾龐特卻經常去倫敦管理家族企業。這一年，皮爾龐特開始真正獨立起來，負責家族最主要的交易，他面對的第一個大專案，就是承銷紐約中央鐵路公司的股票——當時公開上市量最多的大宗股票。

紐約中央鐵路公司的來由並不簡單。這家公司屬於大名鼎鼎的科尼利爾斯・范德比爾特船長。「船長」白手起家，畢生從事船運業、鐵路業和建築業，到一八七七年他去世時，個人財產達到一點零五億美元，是當時全美國甚至歷史上最富有的人。

但富豪也會面對死亡的陰影，在去世之前，「船長」將其擁有的紐約中央鐵路公司的股票中的百分之八十七拿出來，遺贈給了大兒子威廉・亨利・范德比爾特。

這時候的威廉已經接近六十歲了，他相貌老實，性格內向。早年「船長」不看重他，將他放逐到斯塔滕島上管農場，沒想到，經營了幾年之後，農場局面大大改觀，於是「船長」把他調回了鐵路公司擔任副總經理。但是，一輩子在父親陰影下工作的威廉，真的能夠掌控好如此龐大的紐約中央鐵路公司嗎？中央鐵路系統規模是相當龐大的，「船長」耗費了許多財力和精力，將十一條小鐵路加以合併，形成長達四千五百英里長的中央鐵路，北部從紐約城到奧爾巴尼，西部直達五大湖，內陸地區因此能夠直通東部港口出海，這樣的鐵路帝國竟然真的要傳給威廉？

在「船長」去世之後，公眾輿論對中央鐵路股權結構的「家族化」現狀懷疑不已，給出的壓力越來越大，人們要求這家公司應該對公眾負責。

一八七九年，紐約州議會聽證會召開，調查圍繞著紐約中央鐵路的秘密交易進行，委員會認為，鐵路私下裡向煉油廠提供優惠運價違背了市場規則。威廉．亨利好像對此並不知情，當紐約州宣佈要開始向中央鐵路徵收懲罰性的稅款時，他提出要賣掉公司的大宗股票，自己持有少數股份，換來州議會的「寬恕」。

再說，威廉．亨利也並不喜歡獨掌紐約中央鐵路系統，他對人這麼說：「我們不斷地遭受來自國會和公眾的拳打腳踢，我覺得這一切不該是我一個人承擔，應該讓其他人也負擔一些。」

就這樣，他找到了皮爾龐特。之所以做出這個決定也並非偶然，威廉喜愛藝術和慈善，皮爾龐特為多家博物館所做的工作、在宗教界的影響力，都給威廉留下了很好的印象，更重要的是，皮爾龐特的父親是大名鼎鼎的吉諾斯，如果說在華爾街直接出售父親留下來的股份顯得有傷臉面，那麼跨越整個大西洋到倫敦去出售股票，就能夠有效避免流言蜚語，還能在未來擁有來自歐洲的股東力量來制衡公司內部。

當威廉找到他，並說明來意後，皮爾龐特就硬生生應承下這個艱巨任務。從技術層面上來看，出售十五萬股股票還要做到股價穩定而不暴跌，這有相當大的難度。即使是由橫亙英美兩國的摩根家族出面，事情也沒有威廉想象的那麼容易，因為此時的英國人經常受到美國資本市場上諸如古爾德之流的欺騙，對美國股票有了很大的警惕，更何況在那樣的時代，很多手續都無法像今天這樣齊全完備，後來紐約中央鐵路公司的《募資說明書》*都顯得十分含糊而搞笑：「本公司的地位和信譽久負盛名，無任何必要做公開說明。」想要在這種情況下將買賣做成，皮爾龐特清楚，必須將身份和家產壓進去，然後再用家族的整體信譽來為在英國出售的股票進行擔保，他立即寫信給在英國的父親，吉諾斯隨即到了紐約，父子倆共同和威廉會面，商討出最好的計畫。他們向威廉提出要求——范德比爾特家族在一年內不能再出售股票，或者起碼要等到所有銀行手中的股份都出售了才可以，威廉當然滿口答應。

十一月二十五日下午二點四十五分，一群銀行家和鐵路公司高層走出了德雷克塞爾・摩根大樓，記者們簇擁起來，新聞隨之發佈：「摩根父子帶頭，組成了銀行辛迪加，負責承銷紐約中央鐵路的十五萬股股票。」而令人意外的是，辛迪加中還包括了傑伊・古爾德，這意味著他和范德比爾特家族鬥爭的結束。

對威廉・范德比爾特來說，承銷生意對他來說已經完成了：銀行家們付給他一千八百萬美元，買進了十五萬股的紐約中央鐵路股票，紐約股票交易所中，這檔股票的市價是一三五美元，這意味著銀行家們還有二二五萬美元的利潤空間。而其中絕大多數的股票更是被J・S・摩根公司拿到英國證券市場銷售。這樣一來，皮爾龐特・摩根成了英國股東在紐約中央鐵路董事會的代表，成為重要董事會成員，摩根家族就此掌握了這條鐵路所有和銀行有關的業務，並有權經營其

*《募資說明書》：此處指紐約中央鐵路和哈德遜河鐵路公司的《募資說明書》，一八七九年。

股票和債券。

這是摩根家族在美國迄今為止最大的生意，而且這次的承銷還給其他銀行家帶來了新的方向和思路，這意味著銀行家也能夠為鐵路和其他商業融資，並藉此成為所有權人，美國的資本主義經濟體系開始發生變化。

一八八〇年，皮爾龐特再次出手，他牽頭組成的辛迪加再次以百分之六的利率，承銷了四千萬美元的北太平洋鐵路債券。一八八一年，他組成新的辛迪加，賣出二千萬美元的北太平洋鐵路債券。由於摩根家族的名望，這一次，他們發行的債券超額了三倍半，並大多在英國銷售一空。

毫無疑問，摩根不僅掌控了紐約中央鐵路的財務權力，而且隨著融資帝國的擴大，他將掌控之手覆蓋向美國鐵路行業，這個事實將會在隨後他對糾紛的仲裁中得以進一步確認。

以摩根之名仲裁

一八八五年，突如其來的鐵路價格之爭忽然打響。最初，摩根原本無意介入紛爭，但最終他還是積極地斡旋，奠定了其在資本界中糾紛仲裁者的地位。

這次價格紛爭的爆發看似突然，但如地下岩漿般運行不息的資本和野心，早已在背地裡為之埋下引線。從十九世紀八〇年代開始，由於股票價格的不斷翻倍，修建鐵路成了美國最狂熱的投機舉動，對政府和立法機構的行賄更是刺激了這種風潮。在這樣的大環境下，敢於挑戰行業巨頭的鐵路公司也逐漸出現，西岸鐵路公司就是其中最典型的一個。

西岸鐵路公司，由傑伊．古爾德聯合喬治．普爾曼公司聯合創建。成立的目標就是為了挑戰紐約中央鐵路公司，為此，普爾曼公司迅速從華爾街籌集了一千五百萬美元，然後吹響了進攻號角：鐵路工程從紐澤西的威豪肯市開始，穿越曼哈頓島，一直鋪設到哈德遜河西岸的水牛城。

這條路線，「恰好」和紐約中心鐵路相互平行。

「平行路線」的競爭手法，雖然名聲不佳，在當時卻被廣泛運用。鐵路賺錢靠的是壟斷性質，只要出現競爭者，即使規模不大，也能讓原有的投資者頭疼不已——新出現的鐵路公司往往拒絕運送貨物到「平行路線」上，再加上降價措施，原有線路的市場就會猶如被瓜分的蛋糕一樣支離破碎。

西岸鐵路公司的行為當然略顯卑劣，但無論如何，摩根認為這和自己都關係不大。雖然摩根本人是中央鐵路公司的董事會成員，但最初他並沒有很重視西岸鐵路公司的工程。儘管建設如火如荼地進行，但對摩根的影響甚微，最多只是那巨大的雜訊破壞了他在科雷斯頓莊園的寧靜，導致他的家人和來賓們得在不安中度過本應靜靜享受的午後。除此之外，他沒有任何捲入其中的想法，正如數年前父親在信中對他提出的希望那樣：「我希望你不要被引誘進官司訴訟，人生太短了，不足以應付訴訟。」

當然，摩根更不會去支持西岸鐵路公司，儘管也有朋友參與了西岸工程基金會，但他卻毫不動心，他不願對抗但也更不想投資這條破壞了自己寧靜假日的鐵路。

樹欲靜而風不止，即使摩根想要置身事外，利益相關者們卻無法坐視不理。

在鐵路界，早就有呼聲湧起，要求能有金融巨頭來平息種種「合理」或者「不合理」的競爭，讓壟斷局面得以安定。正如實業家賽勒斯・菲爾德在當時給J・S・摩根的電報中所寫的那樣：「這裡的許多投資者似乎都失掉了理智，我們急需的是頭腦冷靜而意志堅強的人來成為領路人。」

就紐約中央鐵路公司而言，金融巨頭范德比爾特家族原本可以成為其支柱，但問題是威廉・范德比爾特早已經開始放棄控制紐約中央鐵路公司，轉而投資政府債券和其他領域。此時，他持有的紐約中央鐵路股票只有八萬股，根本不是公司的大股東。

面對群龍無首的紐約中央鐵路公司，西岸鐵路公司來勢洶洶，隨著鐵路通車的汽笛聲大作，票價大戰也無可避免地到來。攪局者西岸鐵路公司將價格降低到二十美元一張，而且乘客可以在同一個月中憑票免費使用公司的鐵路，紐約中央鐵路公司則只好兵來將擋，把票價降低到原來票價的百分之二十五。

惡意的降價競爭很快導致兩家公司陷入虧損，而股票市場上，雙方股票價格也開始一路下滑。

這種惡意競爭，讓隔岸觀火的賓州鐵路公司樂觀其成，他們迅速買下西岸鐵路公司大量的抵押債券，一旦西岸鐵路公司在降價戰中被拖垮，賓州鐵路公司就能藉此吃掉這個攪局者，壯大自身實力，和紐約中央鐵路公司抗衡。

情形對紐約中央鐵路公司變得不利起來。他們並不擔心攪局者，卻為賓州鐵路公司的「黃雀在後」而憂心忡忡。為此，在安德魯・卡內基提供的五千萬美元投資下，他們開始修建南賓夕法尼亞鐵路，這條鐵路穿越阿勒格尼山脈，從費城直到匹茲堡，如同在賓州鐵路公司身邊埋下了一顆定時炸彈，隨時都能先發制人。

這種緊鑼密鼓的準備在一八八五年終於見效。西岸鐵路公司毫無意外地破產，並馬上被賓州鐵路公司接管。而南賓夕法尼亞鐵路也建設完工。

更大的一輪競爭似乎箭在弦上，難以避免。

此時此刻，吉諾斯終於坐不住了，他一直是紐約中央鐵路公司的財務代理人，這樣的惡意競爭惹惱了他，他很不情願地看見公司股票跌到面值以下，股息也降低了一半。

同時，J．P．摩根也轉移了注意力。他雖然並不關心鐵路的工程技術，但他知道，鐵路公司如果陷入價格競爭，收入就會降低，隨之而來的是他們將無法在紐約和倫敦的債券市場上付出債券利息。因此，他認為必須要設法作為調停人出面，解決兩大鐵路業巨頭之間的紛爭。

在父親的授意下，摩根去往歐洲。在倫敦，父子見面之後，都對這種「荒謬的競爭」表示出強烈不滿。他們一致決定，必須說服雙方坐到談判桌前。

摩根回到紐約之後，迅速開始了自己的斡旋計畫。首先，他說服紐約中央鐵路公司的原大股東范德比爾特，建議他重新買入股票，穩定價格。進一步，在摩根的勸說下，范德比爾特同意心平氣和地討論，作為行業傳統領軍者，他們當然不願意長久陷入麻煩。

但賓州鐵路公司的董事長喬治．羅伯茲則與之相反，他始終不願意進行談判，甚至當摩根和紐約中央鐵路公司總裁喬希．德普親自去見他幾次之後，也沒有做出任何表態。

放在摩根面前的，不只是生意場上的競爭局面，更有深層的人性根源和淺薄的面子追求。虎視眈眈的紐約中央鐵路公司和賓州鐵路公司，爭奪著市場的同時，也在爭奪未來在行業內的話語權，位於領先位置的前者願意退讓，但挑戰者卻似乎並未滿足。摩根知道，自己只有拿出充分公平的方案，才能在這次裁決中讓所有人閉嘴，進而獲得自身的最大利益。

深思熟慮之後，摩根決定改變策略，他不再去拜訪對方，轉而邀請賓州鐵路公司的董事長喬治·羅伯茲和副董事長弗蘭克·湯姆森來乘坐自己的豪華遊艇「海盜號」。

遊艇上的會談，很容易被誤解成私人之間的會晤，那種戰前的氣氛，頓時變得輕鬆許多。後來有人猜測，選擇遊艇這一個地點，是為了能更好地保密，從而讓雙方都坦然相對。面對如此猜測，摩根略帶狡黠地說道：「我可從未這樣想過，不過，也許是這樣吧。」

一八八五年七月二十日，天氣炎熱，上午十點，客人們準時來到澤西城的專用碼頭，登上了嶄新的遊艇。摩根和喬希·德普早已在船上等候。賓主相互寒暄落座，汽笛輕快地鳴叫一聲，煙囪中冒出濃濃黑煙，哈德遜河兩岸的風景很快隨著船體加速而向後移動。但客人們卻無心觀賞，因為他們被摩根的話語吸引了。

作為東道主，摩根自信地坐在後甲板天棚下，安逸地享受著河上輕風帶來的涼爽，在他嘴邊是幾乎從不離身的粗大黑色雪茄。他簡短地告訴雙方，歐洲的投資者對美國鐵路事業已經十分不滿了，但問題究竟出在哪裡，他恐怕也無法判定。

接下來，摩根就停止了說話，安靜地聽取面前兩大鐵路公司高層的爭論。

這是摩根在商業談判中一向擅長使用的策略，他從不滔滔不絕，而是巧妙地給對方施加壓力，讓談判對手感到緊張。在這種調停局面中，當緊張氣氛到達沸點並凝固起來之後，雙方反而會因為共同面對的壓力而冷靜討論。

這正是摩根的長處所在，他知道此時他最應該扮演誠實公正的協力廠商，而絕非主角。當雙方各自的意見發表完之後，怒氣似乎也隨著哈德遜河河水流逝一空，J．P．摩根繼續建議道，大家與其繼續在惡意競爭中耗下去，不如走向合作，而合作的內容並不複雜，可以由紐約中央鐵路公司來接管西岸鐵路公司，相應地，南賓夕法尼亞鐵路交給賓州鐵路公司。

這種互惠互利並重新劃定疆界的提案，吸引了已經冷靜下來的羅伯茲，他雖然並沒有點頭，但顯然已經聽了進去。

為了讓對方進一步放心，摩根坦然地說，所有交換接管的細節都會有細致的計畫，最重要的金融方面的問題，則由他的公司一手解決，並且根本不需要羅伯茲付出任何費用。

接下來的行程中，摩根都在解釋著整套方案，紐約中央鐵路公司的喬希．德普也表示贊同。當遊艇走到聖迪胡克之後，開始掉頭返回澤西城，然而，固執的客人們依然保持沉默，羅伯茲始終未置可否。

摩根沉默下來，他相信，自己該做的事情已經做完，而剩下的就是耐心等待。他抽起黑色長雪茄煙，靜靜地望著欄杆外已經暗淡下來的夜空。

當「海盜號」重新回到澤西城的碼頭之後，羅伯茲緩緩走出船艙，踏上了跳板。然後，他回頭握住摩根的手，說出改變了之後商業進程的話語：「我同意你的計畫，且我將為之盡力。」

隨著這句話，兩大鐵路公司之間的大戰終於煙消雲散。J．P．摩根在商業生涯中第一次充當鐵路業的調停人，就取得了巨大的成功。

一八八五年七月，雙方簽訂協定宣示和解。這份協議被媒體大加讚賞，稱其為「海盜號」協議。消息傳到歐洲，在倫敦的J．S．摩根也表示讚賞，他對妻子說：「就算是我出面，也不可能像皮爾龐特處理得這麼漂亮。」

協議的示範性是強大的，其他鐵路公司如夢初醒，他們發現，如果總是圍繞價格之類的領域相互鬥爭，對生意並沒有什麼好處，只有坐下來談談合作才是正路。

原本只是被看作銀行家的摩根，因為這次調停的成功，而在四十八歲這一年重新被華爾街和媒體審視。鐵路行業內部的惡性競爭，被身處外行的他輕鬆化解，這讓他的能量顯得更加神秘莫測。換而言之，他原本那種只會玩弄證券與鈔票的銀行家角色就此顛覆，能夠積極保護股東利益的銀行家形象由此得以塑造，這也正是摩根家族所需要的結果。

鐵路行業的新霸主

由於成功調停了紐約中央鐵路公司和賓州鐵路公司之間的糾紛，隨後幾年，皮爾龐特不斷受到邀請去協助幾家鐵路公司的重建。但他的力量畢竟是有限的，隨著美國鐵路公司相繼的破產、欺詐、管理失誤和惡性競爭，共有六十五條鐵路被抵押權人提前關閉，到一八七八年，破產的鐵路占了全美國鐵路里程數的百分之二十，外國投資人有二點五一億美元的債券因此無法兌現。

為了能讓鐵路行業健康發展，皮爾龐特不斷涉足鐵路行業，他先是組織了一個辛迪加，對雷丁鐵路進行重組，然後又挽救了巴爾的摩和俄亥俄公司，並為此發行了一千萬美元的債券和一千萬美元的優先股。然後，他又分別資助了紐約公司、伊利湖公司和西部鐵路公司。當然，皮爾龐特自己很少參與投資細節，很多事都是由他的合夥人查理·科司特處理的。

皮爾龐特從投資中能夠賺到比投機更多的錢，這和他與父親承銷政府債券有著相似的道理，為鐵路或其他企業代銷股票或債券，因為數量巨大，總是能夠帶來巨額的利潤。比如，為聯合太平洋鐵路公司發行的五五〇萬美元黃金抵押債券，雖然摩根公司只能拿到百分之零點五的手續費，但也有二點七五萬美元，如果一年有幾十次這樣的收入，也就有相當豐厚的利潤了。

皮爾龐特想建立全美鐵路企業聯合會來協調行業內部的問題，避免再出現之前那些情況，對投資和金融產生負面影響。一八八八年十二月，在麥迪遜大街二一九號的自家宅邸中，他召開了一次鐵路公司會議，會議確定，各大鐵路公司在六十天內將保持運輸價格不變。一八八九年一月，另一個類似會議再次召開，皮爾龐特·摩根不相信法律能調節行業矛盾，他更希望看到鐵路業主和銀行家之間形成協議：不再鋪設不必要的鐵路，不准進行降價競爭。為了想要有這樣的約束力，皮爾龐特希望能夠建立龐大的州際商業鐵路協會，這個大組織將會規定運費並進行仲裁，對違反規定的公司加以處罰，皮爾龐特將成為這個組織的首腦。

這樣的想法畢竟盲目了，他對自身的公正態度和判斷能力堅信不疑，但他並沒有看到這種集中權力企圖的危害性。另外，那些根本沒有簽訂協定的小公司依然能夠削減運費並逼迫大公司開始惡性競爭，即使是名望和實力一流的皮爾龐特也解決不了。

認知到計畫操之過急，皮爾龐特開始將三十五家原本獨立的鐵路企業加以聯合，組成南部最大的鐵路公司，這次聯合的困難在於「理查蒙德和維斯龐特終點鐵路與貨運」公司，內戰結束以來，少數主要大股東擁有該公司大部分普通股，皮爾龐特決定，一定要讓這些大股東在公司重組之前將股票轉讓給他，從而避免重組中出現投機行為。最終，鐵腕壓倒了那些大股東的貪欲，他們終於明白，如果自己不停止投機，摩根就不會開始重組公司，因此，這些大股東只好選擇放棄。

下一步，皮爾龐特開始具體指揮南方鐵路網線的重組工作：首先，他派出自己的得力合夥人查理・科司特和薩繆爾・史賓賽去對重建潛力加以評估，這項工作相當複雜，因為重建後的鐵路網將包括三十五家小公司和價值二千五百萬美元的股票。在兩人辛勤的考察工作下，摩根收到了答案——只要每種股票的大多數股東都把股票存入摩根的公司，重組就能夠開始。

其次，摩根需要減少這些鐵路公司的固定負債，降低證券的價值，從而減少固定費用，迫使債券持有人願意接受普通股和優先股，或者接受利率較低的債券。透過努力，價值總共一三五〇萬美元的債券和負債最終減少到了九十四萬美元。這樣，各家公司的利潤就能負擔起經營費用和還貸的利息，做到這點之後，皮爾龐特還出面要求股東接受對股票的重新估值，並要求他們提供有效資本，或者放棄股票，股東們相信他，認為他會買下股票並完成重組計畫，於是接受了估值。

最後，摩根開始公開發行新股票，目的是解決鐵路公司運營所需要的資金。摩根家族代為發行新股票的價格並不低，這次的價格則是八十五萬美元，為了能夠促進重組的成功，公司提出可以接受下面的付款方式：十萬美元用現金付款，另外七十五萬美元則是南方鐵路公司的普通股票。看到這一點，其他股東的信心大為增強，他們相信皮爾龐特肯定能將重組計畫完成，否則就無法收回目前的七十五萬美元股票。

在完成這些工作之後，皮爾龐特著手建立嚴密的董事會，這是確保摩根重組計畫成功的重點。鐵路的表決權，掌握在皮爾龐特·摩根和他的朋友查理·拉涅爾、紐約第一國民銀行總裁喬治·貝克手中，而摩根公司的助手薩繆爾·史賓賽出任新的南方鐵路公司的總裁。

南方鐵路公司的重組就此順利完成。一八九三年八月，北太平洋鐵路公司終於破產，皮爾龐特參與了重組，十月完成了重組。同年，被傑伊·古爾德掠奪一空的伊利鐵路公司也由摩根家族進行了重組。由於遭遇了金融機構和股東的反對，皮爾龐特只好進行第二次重組，這次重組幫助摩根公司賺了五十萬美元。

到一八九五年前後，皮爾龐特·摩根成了美國鐵路業最重要的「國王」，他雖然沒有實際控制其中的每條鐵路，但全美各地鐵路公司都有他的影子。在大西洋沿岸，他擁有紐約中央鐵路和南方鐵路網等鐵路線的影響權；在美國中部，有伊利鐵路公司、雷丁鐵路公司、巴爾的摩和俄亥俄公司以及切斯皮克和俄亥俄公司；在西部，則包括北太平洋公司和大北方鐵路公司。

後來，到一九一〇年時，美國的鐵路最終合併為六大系統，其中四大系統都在摩根家族的控制或影響下。

Chapter 6 王者摩根

一八九五年——一九一三年

蔓延，操縱資本之手

十九世紀八〇年代開始，摩根家族的權力中心逐漸從吉諾斯轉移到皮爾龐特。在長達三十年的歲月中，吉諾斯源源不斷地將美國債券和股票推銷到歐洲，又源源不斷地將資金如輸血般注入祖國。十九世紀八〇年代後期，當美國已然成為世界上工業最領先的強國時，吉諾斯彷彿看到了自己退休的信號，他不再像以前那樣關注家族事業了。

一八八四年，吉諾斯的妻子去世，享年六十八歲，他待在英國多佛的宅邸中，照應著花園和草坪，並接待每天來訪的客人，到冬天他會到摩納哥的蒙特卡洛去租一套別墅，享受露臺花園、陡峭的地中海山坡和鬱鬱蔥蔥的橄欖樹林，這裡的生活非常適合老年人。

一八九〇年三月末，皮爾龐特和以前一樣，去歐洲探望父親。這一年，皮爾龐特即將步入五十三歲，而吉諾斯已經年滿七十七歲了。當皮爾龐特還在大西洋時，一天下午，吉諾斯出門，乘坐著一輛輕型四輪折篷馬車，沿途經過鐵路時，火車讓馬受驚並狂奔，吉諾斯想站起來探查情況卻摔到車外，馬車繼續跑了一五〇碼*之後才被控制住，馬車夫返回之後發現老摩根躺在路邊一面石牆旁邊，已經不省人事。

四月八日，皮爾龐特乘坐的「圖托尼克號」到達愛爾蘭港口的時候，有人上船將電報交給了他，告訴他這件可怕的事故。四月九日，剛剛到達利物浦時，另一位職員上船將最新的電報交給心急如焚的皮爾龐特：「八日零點四十五分，你的父親辭世了。」

這個金融界的霸主在那一刻癱倒在地，放聲大哭。現在，他面對的是生命中最重要的告別，那個為他的生活和事業掌舵五十三年的男人，那個從幼年時就守護他歷經風雨洗禮的男人，那個大多數時間都在責備他只有最近才開始為他自豪的男人，就此從他的世界中消失了。

一八九〇年五月，在哈特福的葬禮結束後，皮爾龐特．摩根接任了父親的職位，成為J．S．摩根公司的總裁。在大西洋兩岸，只剩下唯一一位可以肩負重任的摩根，這讓皮爾龐特的事業和生活發生了巨大的變化。他發現，管理範圍增加了，以前他更多關心美國經濟情況，而現在

＊碼：長度單位。一碼約零點九公尺。

他必須要從世界的眼光來考慮問題。

不過，此時他也有了自己的幫手，唯一的兒子傑克已經從哈佛大學畢業，並和瓊・諾頓・格雷小姐結婚，在紐約的德雷克塞爾・摩根公司中幫助家族處理事務，並成了費城公司、巴黎公司的合夥人。據說，傑克原本只是想成為一名醫生，他之所以進入銀行界，是因為父親皮爾龐特認為這和家族榮譽有關。

在傑克進入公司的第二年，一八九三年，安東尼・德雷克塞爾因病醫治無效去世，從此，最後可以控制皮爾龐特的力量消失了，由於德雷克塞爾的後代對生意並不感興趣，一八九四年，皮爾龐特主管了這家公司，並改名為J・P・摩根公司，同時，巴黎分公司改名為摩根・海耶斯公司，費城分公司雖然名義上依然是德雷克塞爾家族的，但他們退出了管理層，皮爾龐特將愛德華・斯托茲伯里任命為費城公司經理。

此後，皮爾龐特・摩根成為「獨裁者」，他無法放下權力，埋頭於堆積如山的商業事務中，不需要他人的建議。據記載，到一九〇七年的金融大恐慌之前，他從來不舉行合夥人會議，而且還自誇說：「我能夠在任何一名職員辦公桌旁坐下來，繼續他沒有完成的任何工作……我不喜歡受人支配。」皮爾龐特有控制任何細節的能力和欲望，他每天都要檢驗核對現金的收入帳目，並且一定能夠看出其中有可能錯誤的位數。新年時，他會對所有帳目加以審核，一旦發現某個錯誤，他的雷霆之怒就會讓主管人員惶恐不已。

一八九三年，美國工業開始新一輪大蕭條，摩根公司的實力卻更加壯大，全國有一萬五千多家商貿公司倒閉，每家公司都由摩根這樣的銀行重組接收並受到控制。例如一八九二年，愛迪生通用電氣公司和湯姆森・休斯頓電氣公司橫向合併，成為通用電氣公司，這家新公司在成立的第二年就陷入了破產陰影，摩根迅速有力地將它從險境中解救出來，通用電氣公司從此對摩根財團忠誠不已。

鐵路行業更是重要領域，全國鐵路總長的六分之一被「摩根化」了，這些鐵路收入的總和，是美國政府全年財政總收入的一半。為了確保公司不會浪費拿到的融資，大部分鐵路公司股票被變成「股權信託」，即由皮爾龐特和他的下屬以五年為一個期限，直接參與經營鐵路事務，這樣，銀行家們就不再只是局限於提供資金和建議，而是直接進入企業的經營領導層，金融和工業之間的分界顯得模糊了。

每一個公司的破產，對皮爾龐特來說都是一次入侵的開始，而入侵通常是以其全面掠奪成功作為勝利的號角來結束的。當時，一旦有公司破產，銀行都會打出資產清算的旗號，向公司的每個股東催討債款，投資者們只好排著隊將股票交給摩根，生怕脫不了手而因此變得負債累累。因此，摩根的掠奪看起來既不貪婪也不無恥，他衣冠楚楚，不僅合法，甚至因為能夠拯救許多股東和企業而令人欽佩。

皮爾龐特對自己不斷控制新公司的行為也有忠誠的信念，他認為只有自己才有能力去更好地整合美國經濟，這樣的信念，讓他不知疲倦地擴張。

當然，能夠成為華爾街之王，皮爾龐特依靠的不是一己之力，還有他眾多的「合夥人」（事實上這些合夥人無一不是他的下屬，對他忠誠而恭敬），他選擇合夥人並不看財富或資產，而是看才華和能力。

例如，薩繆爾．史賓賽原本是戰爭時南軍的騎兵，戰後進入喬治亞大學學習工程學，畢業後，在巴爾的摩和俄亥俄州鐵路公司不斷升職，最終成為副總裁。當摩根重組這家瀕臨破產的公司時，發現其才華，將他任命為總裁，史賓賽廣博的知識也給了摩根家族充分的報答，他比美國任何人都瞭解鐵路，從車廂車閘的詳細價格，到如何建造一個火車站，他無一不精通。

另一位親信查理．科司特也同樣是被摩根賞識重用的，這個人原本只是其他銀行的普通職員，被摩根用高薪挖過來，他工作謹慎又敬業，每天早晨六點就出門上班，然後工作到深夜，有時候還要回家加班。為了全面徹底地調查鐵路，他不僅親自坐火車觀察，還跳下月臺，觀看列車旁樹木和鐵軌的狀態，有時候還自己開火車親身感受。

正是重用人才，以摩根為代表的美國大亨們才能不斷獲得成功，走向屬於自己的寶座。

打響了「金本位」保衛戰

一八九五年，皮爾龐特在短時間內就完成了對「金本位」制度的捍衛，短期內控制了美國黃金的出入。

從一八九〇年開始，為了減少黃金外流，美國政府試圖在美元的發行上做文章。一八九〇年，國會通過《謝爾曼白銀購買法案》，該法案要求美國財政部必須在每個月購買四五〇萬盎司的白銀，並發行可用白銀或者黃金兌換的證券，這就說明，美國人建立了「複本位」制度，紙幣美元可以同時由黃金和白銀加以支撐，從而擴大貨幣的供給量。

但歐洲人對此並不買帳，作為債權人，他們重視「金本位」，並不認可美國政府搞出來的「銀本位」，覺得美國是打算用貶值美元的方法來「賴掉」貸款。因此，歐洲銀行家選擇將美元換成黃金運回，確保自己的利益。

情形對摩根來說很危險，他需要向歐洲人證明美國人並不是打算賴帳。由於摩根和其他銀行家的努力，《謝爾曼白銀購買法案》在一八九三年被廢止，但歐洲人還是有所擔心。這是因為美國國內南部和西部的農民堅持反對「金本位」，「金本位」導致他們用比以前更多的貨幣來償還銀行貸款，同時，農民們還希望由通貨膨脹帶來農產品價格上升，這樣的情緒彌漫在許多州，導致人們將摩根財團等銀行家看作歐洲金融利益集團的代言人。

一八九四年，美國的黃金儲備已經減少到一億美元以下。到一八九五年一月，黃金的流失速度越來越快，在紐約港，金條被裝上貨船，不斷運往歐洲，而紐約甚至有人開出賠率，打賭美國政府什麼時候破產。

總統史蒂芬・格羅弗・克里夫蘭大力支持「金本位」制度。在擔任總統之前，他在皮爾龐特岳父的法律事務所工作，和摩根銀行相鄰。因此，儘管皮爾龐特支持共和黨，但他在一八八四年選舉時還是為民主黨的克里夫蘭投了票，原因就在於他支持貨幣的穩定。

當黃金儲備不斷減少，克里夫蘭總統面對的形勢相當嚴峻。一八九五年一月二十四日，黃金儲備降到九千八百萬美元，而一週後很快降到四千五百萬美元，華爾街的股票價格也一路狂跌，政府希望採取措施補救，卻毫無辦法。到二月初，財政部部長約翰・格里芬・卡萊爾發現，財政部每天要流失價值二百多萬美元的黃金，如果不加以制止，三個星期之後，財政部就會無黃金可用。

無奈之下，卡萊爾部長請助理國務卿柯帝士出面，讓他前往紐約找金融家奧古斯特・貝爾蒙特商量解決辦法。貝爾蒙特的公司和羅斯柴爾德家族一向有良好的關係，但這次，他卻推薦了摩根財團。他說，想要解決眼下的困境，除非請皮爾龐特出山。聯邦政府當然知道摩根的實力，卻因民間的反對聲音有所顧慮，但貝爾蒙特卻堅持建議說，除了他，沒有第二個人能在最短時間解決問題。

克里夫蘭總統在白宮想了很久，覺得沒有第三條路可以走。二月五日早晨，他邀請摩根來到白宮。這天，摩根和他的下屬們來到白宮樓上的圖書室，那裡也是總統的工作室，在那裡，總統和財政部長、司法部長、作戰部長等悉數到位，貝爾蒙特也在那裡等候。克里夫蘭擺出公事公辦的態度歡迎了他們，然後把他們安置在一旁，自己和部長們商談起來。

摩根靜靜地坐在屋子角落裡，恐怕全美國只有白宮能夠讓他如此甘心地等待。他玩弄著手上的雪茄，卻並不想點燃。

在漫長的等待之後，克里夫蘭總統穿過屋子，重新來到摩根面前，他堅持說，自己不想和銀行家們討論債券的事情，國會是支持他的，公眾們也知道到底誰會為危機負責。但摩根平靜地指出，在財政部那裡還有一千二百萬美元待兌現的匯票，而國庫中的黃金總價值只有九百萬美元，如果有一天人們想要全部兌現匯票，政府只能拖欠債務並導致信譽破產。

這些話戳到了克里夫蘭的痛處，他問道：「你有何建議？」摩根馬上說：「一八六二年，法律授權財政部長可以為公眾利益用美國債券去購入貨幣，如果援引這次案例就不需要國會再批准了。」

很快，司法部長在幾分鐘後馬上查出這條法案屬於《修正法案》的第三七〇〇條款，這條法案的確允許財政部長購買黃金。緊張的氣氛就此消散，大家開始計畫具體事宜。摩根保證，聯邦新購買的黃金不會流失到國外去，這顯然增強了總統的信心。

最終，總統同意了皮爾龐特的計畫。根據約定，政府向摩根組織的銀行辛迪加購買三五〇萬盎司的黃金，而付給摩根的是共計六二三〇萬美元的三十年期債券。

會議持續了四個半小時，摩根站起來時，那根在他手上玩弄的雪茄已經被碾成了細微的褐色粉末，飄落到地板上，總統見狀大笑起來，遞給他一盒新雪茄。

摩根財團的影響力巨大，操作能力業界最佳，在整個辛迪加的努力下，債券發行任務完成，國庫黃金儲備重新恢復增長，一場危機終於煙消雲散。

這個計畫的施行，挽救了美國聯邦財政，也挽救了「金本位」制度。當然，摩根家族和華爾街其他銀行也由此大賺特賺，他們將政府發行的債券又一次搶購一空，然後高價上市轉賣獲取暴利，根據統計，摩根組織的銀行辛迪加從這次債券發行中共獲利一千六百萬美元。

這不能阻止民間輿論質疑銀行家「貪婪」和「無恥」，再加上對「金本位」制度的不滿，民間仇視摩根財團的聲音越來越響亮，終於釀成了普爾曼車輛工廠的罷工事件，這家工廠是摩根財團掌控的企業，在芝加哥世博會期間，工廠削減了工人們百分之二十五的薪水，罷工事件由此發生。後來，這場罷工得到了美國二十七個州數十萬工人的支持，並引發了罷工熱潮。為了平息這次罷工，克里夫蘭居然派出軍隊前往鎮壓，並發生了流血衝突，在《獨立宣言》深入人心的國家，居然發生了用軍隊對付公民的事件，這讓朝野輿論一片嘩然。

由於人們懷疑克里夫蘭是在「報答」摩根，一八九六年六月十九日，美國參議院組成調查委員會，就發行債券事件對皮爾龐特展開質詢，有委員質疑摩根的動機：「如果你的確想要避免一場金融恐慌，為什麼你不願意由別人來做（承銷債券）？」

摩根給出的回答是讓人倍感傲慢的幾個字：「他們不會做。」

皮爾龐特並不覺得這很傲慢，他的內心答案很可能如一百多年後上映的電影《蜘蛛人》臺詞所言：

「With great power，comes great responsibility.」（能力越大，責任越大）。

史上最大托拉斯

十九世紀末，J．P．摩根公司的實力令人瞠目結舌。

「一戰」前夕，這家公司的十三個合夥人都是舉足輕重的金融巨頭，控制著銀行家信託公司、保證信託公司和國民商業銀行，同時還控制著紐約人壽保險公司、公平人壽保險公司和互惠人壽保險公司，還有在費城、倫敦和巴黎的分公司，這些高階主管與董事，又在其他許多公司中佔據了三百個以上的董事席位。除此之外，皮爾龐特還有很多密切聯繫的同盟者，紐約第一國民銀行的老闆喬治．貝克，花旗銀行的老闆詹姆斯．史蒂爾曼都曾經是他的追隨者。

這時，摩根財團業務範圍也擴大到國際範圍，J．P．摩根公司在一八九九年承擔發行了墨西哥政府的債券，這是美國的銀行首次嘗試對外國融資；從一八九〇年之後，摩根銀行也成為阿根廷政府和企業的主要投資者；即使遠在東方的日本，也在一八九八年向摩根提出請求，希望他們能夠幫助發行政府特許債券，但摩根懷疑日本政府的信用，予以拒絕。反之，雖然中國在經濟和工業上遠遠落後，但摩根銀行依然承擔了中國政府債券發行的份額。

二十世紀初，摩根財團不斷發展，此時的美國，經濟不斷增長，公眾收入增加，而物價則令人欣喜地下降。許多美國人感到渾身有著燃燒不完的力量和熱情，能為自己的國家更高地挺起胸膛。

不幸的是，常年為摩根工作的「大管家」查理．科司特因為肺炎去世，年僅四十七歲，據說，其英年早逝是因為太過勞累，人們一度以為，科司特去世，會讓摩根商業帝國的鐵路部分失去主心骨，但摩根做事永遠當機立斷，他「無情」地在科司特的葬禮上說服了查爾斯・斯蒂爾這個鐵路律師加入公司，頂替去世的科司特。

隨後，皮爾龐特掀起的第一道龍捲風是成立美國鋼鐵公司。南北戰爭結束之後，鋼鐵工業發展迅速，而接下來發生的美西戰爭和布林戰爭又為美國鋼鐵帶來巨大市場，行業利潤猛增，許多部門經過了一系列重組合併，成為巨大的聯合，但問題是，這些所謂的聯合僅是非正式的。皮爾龐特希望，自己能夠著手進行史上未曾有過的最大規模兼併，從而在鋼鐵行業中推行自己的秩序。

在一九〇〇年年底，皮爾龐特就看到了取勝的機會，當時，他參加了施瓦布組織的宴會，而施瓦布正是鋼鐵大亨卡內基最看重的助手。在宴會上，施瓦布向所有在座的金融家描述了鋼鐵托拉斯*的設想，而卡內基和摩根顯然將是其中的核心成員。

摩根被這樣的設想吸引了，在宴會之後，他和施瓦布商議了許久，摩根的一位下屬羅伯特・培根後來回憶說：「很顯然，（摩根）看到一片新天地。」

隨後，摩根在麥迪遜宅邸圖書室中召開了許多次秘密會議，參加會議的神秘來客都是透過律師們邀請來的鋼鐵業大亨，其中也包括卡內基和施瓦布。

到了三月三日，一個足以讓華爾街震驚的聲明公佈了：聯邦鋼鐵公司、全國鋼鐵公司、全國鋼管公司、美國鋼鐵和金屬線公司、美國馬口鐵公司、美國鋼箍公司和美國鋼板公司，將合併成為美國鋼鐵公司。這家新成立的公司將用五億美元的天價，收購安德魯・卡內基的鋼鐵帝國。

安德魯・卡內基正是摩根家族給予投資而賺得第一桶金的，此時，他接二連三地遭遇家庭變故並萌生退意，他想將他擁有的鋼鐵公司以三點二億美元的價格出售，但買家對這個價格望而卻步。於是他明白，美國很難找到一頭金融巨鱷一口吞下自己的鋼鐵企業，當施瓦布試探性地讓他開出價格時，他在紙上寫下四點八億美元的數字，而且要求用債券支付。

當施瓦布將紙片交給摩根時，摩根迅速說道：「我接受這個價格。」

雙方的正式簽約頗有些戲劇性，卡內基雖然很尊重吉諾斯，但對皮爾龐特他總有些看不順眼，他堅持要求對方到自己的辦公室來簽約。在雙方可有可無的十五分鐘閒聊之後，合約終於敲定了，摩根道別時說：「卡內基先生，祝賀您，您是世界上最富有的人了。」

一開始，卡內基覺得自己在交易中賺了，他甚至為此很得意。但不久後他就回過神來，向摩根抱怨自己賣得太便宜了，摩根不給面子地說道：「不錯，大約是這樣的，安德魯。」

做完這一切，就輪到對付綽號「百萬賭徒」的約翰・沃恩・蓋茲，這個大亨嗜賭成性，他從經營畜牧場鐵絲網起家，旗下的美國鋼鐵和鐵絲公司已經擁有九千萬美元資產，他還打算兼併其他的鋼鐵聯合企業。

＊托拉斯：英文 trust 的音譯，是壟斷組織的高級形式之一，由生產同類商品的企業或相關企業加以合併組成，旨在對原料產地、投資範圍和銷售市場加以壟斷。參加托拉斯的企業均喪失其法律和商業上的獨立性。

蓋茲來到摩根公司總部，但拒絕讓步，事情陷入了僵局，淩晨時分，皮爾龐特忽然拍案而起：「先生們，我將會在十分鐘之內離開這裡，如果到那時你們還不接受我的條件，我們就不用談了，我們會建立屬於我們自己的鐵絲廠。」這一招果然見效，蓋茲服軟了，決定賣掉自己的公司。那天，皮爾龐特在家裡高興得如同一個孩子。

美國鋼鐵公司就此正式成立，這家新公司的資本是十四億美元，它是人類歷史上第一家資本在十億美元以上的股份公司。為了進行妥善的管理，摩根組建了一個銀行團發行股票，由三百個成員組成；然後安排了股市專家詹姆斯・基恩來造勢，這是為了避免如此之多的股票數量讓股市飽和而價格下跌，被稱為「華爾街銀狐」的基恩同時買進賣出這支天量股票，結果價格穩步上升，交易額也巨大無比，華爾街的紐約證券交易所不得不宣佈休市一天，為了讓票據得以整理完成，趕上股票的交易速度。

這是工業和金融在新世紀的完美結合，而許多人對此感到不安，甚至連《華爾街日報》也承認這一點。長期來看，美國鋼鐵公司在設想的道路上順利前進，成為最好的鋼鐵公司，而那些購買了其股票的投資者，則因為信心而最終獲得豐厚回報。

北方證券，突襲和反突襲

一九〇一年四月，在基本完成對美國鋼鐵公司的組建之後，皮爾龐特・摩根去巴黎旅行，用接近四十萬美元的價格購買了文藝復興時期著名畫家拉斐爾的《科羅娜聖母像》。隨後，他前往艾克斯休養。那是位於法國東南部山區的溫泉療養勝地，但這次的度假註定不平靜。

五月四日，週六，摩根和平常一樣打開來自紐約的電報，隨後愣住了：趁他不在國內，居然有競爭對手向家族控制的北太平洋鐵路公司發動了襲擊！

這家公司和摩根家族聯結在一起已經有二十年了。一八八〇年，皮爾龐特曾經籌資四千萬美元支援該鐵路的最後建設，避免了其破產；一八九三年，他又再次注資挽救了這家公司。但此時，在愛德華・亨利・哈里曼的領導下，由鐵路公司和銀行家組成的聯盟正打算在公開市場上收購北太平洋鐵路一半以上的股票。

哈里曼名下控制著聯合太平洋鐵路公司，他破壞其他銀行家的重組工作，進入了該公司的董事會，還成了執行委員會成員。他的確頗有手腕，將這條鐵路變得生機勃勃，並和北太平洋鐵路公司形成了直接的競爭關係。

哈里曼知道，想買走摩根的股票無異於虎口奪食。為了籌集到購買股票的巨額現金，他到處活動，找到了庫恩・洛布公司、國家城市銀行和威廉・洛克斐勒等人為其撐腰。應該承認，這些銀行家之所以支持突襲摩根，很大原因在於摩根高高在上的傲慢態度，他甚至說過：「美國所有的銀行家都是我的辦事員」。

當摩根四月前往歐洲時，庫恩・洛布公司的總裁希夫開始行動，摩根和他的合夥人疏於防範，他們只擁有北太平洋鐵路公司不到一半的股票，因為之前沒有人敢購買價值一點五五億美元的鐵路公司，但現在確實有人敢做這個夢了。

一九〇一年四月，北太平洋鐵路公司的股票價格從四十五美元攀升到最高九十六美元，希夫也會時常拋售股票壓低價格，免得引起摩根財團的注意，到四月二十五日，價格漲到了一〇五美元。經過分析，哈里曼認為，摩根本人不在紐約，而摩根財團關注著的是美國鋼鐵公司上市，北太平洋鐵路公司股票的上漲不會引起摩根集團的關注。更何況，當時美國總統麥金利希望連任，他在競選活動中承諾華爾街財團會得到更多機會，投資者們正在推高紐約股市。到五月一日，北太平洋鐵路公司的股票價格狂飆一一五美元。

此時，希夫找到了大北方鐵路公司總裁希爾，希爾掌控著北太平洋鐵路公司的股份。希夫想要說動希爾背叛摩根，為此他得意地透露，自己的集團已經獲得北太平洋公司七十五萬優先股中的四十二萬股票，以及八十萬普通股中的三十七萬股票。如果希爾也能加入進來，那麼勝算就會更大。

希爾盤算了半天，決定把這個驚人的消息告訴摩根。他找了個藉口擺脫希夫，然後立刻去華爾街二十三號和摩根財團商議，反擊計畫馬上出爐：由於北太平洋鐵路公司的董事有權在一九〇二年一月一日以後撤出優先股，起到決定性作用的是普通股，而希夫及其背後的哈里曼，恰恰疏忽了，他們沒有控制超過一半的普通股！

摩根很快發電報指示：「立即購買十五萬股的北太平洋鐵路公司普通股！」這時是週六的傍晚。

五月六日，週一，證券交易所重新開始營業，看起來新的一週似乎沒有什麼不同，但接下來發生的事情將載入華爾街史冊。大批摩根集團的經紀人開始湧入紐約和倫敦的股票交易所，購買所有能買到的北太平洋鐵路公司股票。到了週四，華爾街歷史上的「藍色星期四」出現了，北太平洋鐵路公司股票價格跳到了一個高得離譜的數字——每股一千美元！

無論是中小投機商，還是散戶，已經全部被嚇到，他們之中的許多人在此期間拋售了其他的股票來套現，轉買「北太平洋」股票，導致所有股票價格都在下跌。而對該股票做空*的一方已經損失了大量財富，因為他們以為當週二價格停留在一四六美元時會掉頭下行！

如果不馬上平息這一切，紐約的股市會被毀掉，千家萬戶都會因破產而家毀人亡！於是，對立的兩方在紐約商議，決定不交割已購買的股票，用每股一五〇美元的價格將股票拋售出去。

在「藍色星期四」這天，摩根已經轉道巴黎來到倫敦，在那裡，他指揮下屬悄無聲息地繼續購買普通股。到五月十八日，摩根家族控制了四十二萬股股票，超過了一半的普通股，對北太平洋鐵路公司的控制得以實現。

為了找個藉口下臺，希夫給摩根寫了很長的反省信件，他解釋說，自己並沒有什麼對摩根財團不利的念頭，而是為了保護哈里曼的正當利益。摩根對此不屑一顧，他根本就沒有回信，這條鐵路花費了摩根將近二十年的心血，他沒有想到居然差一點點就落到了別人的手上。

---

*做空：指對未來行情做出下跌預期，從而買入「看跌合約」。具體操作為透過向券商「借」來股票賣出，待行情跌後買進歸還券商，從而獲取差價利潤，其交易行為特點為先賣後買。

直到七月初，摩根才回到紐約，他著手創設新的北太平洋鐵路公司董事會，成員包括股票大戰的交戰雙方，包括哈里曼和支持他的威廉・洛克斐勒，也有忠誠於摩根的希爾，摩根解釋說：「這是為了表明彼此之間並沒有任何敵意。」而且摩根認為：「將原本的競爭對手放在一起是有益的，新聯盟也將提供更好更穩定的交通運輸服務，並確保美國的經濟利益。」

到十一月，北方證券公司宣佈成立，公司總資產達到四億美元，摩根認為：「如此龐大的規模才能保持穩定，不會被誰在一夜之內偷走控制權。」這個龐大的公司將在紐澤西州註冊，持有百分之九十七的「北太平洋」股票和百分之七十五的「大北方」股票。

就這樣，在摩根的協調下，壟斷所產生的利益取代了股市上風波詭譎的競爭，原本的敵人們握手言和了，摩根、威廉・洛克斐勒、希爾和哈里曼這些金融和鐵路巨頭們共同掌握了世界上最龐大的鐵路聯合體。

這次挑戰被摩根粉碎了，但新挑戰依然會出現，組建鋼鐵托拉斯、平息金融風暴、打造巨型的鐵路聯合企業等，在許多人看來都引起了國家不安和社會失衡，很快會有人站出來，成為皮爾龐特更難對付的挑戰者。

與羅斯福總統較量

世間每一次盛極而衰，都存在其轉捩點，這轉捩點總要到若干時間之後才能被確認。如果要為摩根家族找到這樣的轉捩點，時間應該是一九〇一年九月六日。

當天下午傍晚時分，摩根在辦公室戴好帽子、拿起手杖，習慣性地瞥了一眼桌子上的帳本，準備結束一天的工作。突然，有個記者跑了進來告訴他，在水牛城泛美博覽會上，麥金利總統遭無政府主義者行刺。摩根馬上扔下手杖，坐到自己的辦公桌前，死盯著地毯一言不發。過了一會兒，另一個記者將刊登消息的號外拿了進來，摩根緩慢地讀完，然後悲哀地說道：「此時此刻，我無話可說。」

九月十四日，麥金利總統逝世。麥金利總統執政期間，始終支持摩根的商業帝國，但他猝然而去，副總統西奧多·羅斯福成了白宮的新主人。當時，他只有四十三歲，是美國有史以來最年輕的總統，他小時候患有哮喘，卻堅持磨礪出堅強的身體和性格，他的家族歷史足以讓他自豪，他自己還是愛國者、美國將軍、學者、獵手、作家、改革家和花花公子，也是「不喜歡華爾街」的人。

一九〇二年二月，羅斯福突然宣佈，政府將會根據《謝爾曼法案》＊，對北方證券公司進行非法遏制行業發展問題的調查。這記重拳把摩根財團打懵了，誰也沒想到白宮會如此迅速地動手，皮爾龐特隨即出發，前往華盛頓，希望和總統進行理論，羅斯福記錄了這次理論的過程。

＊《謝爾曼法案》：常被稱為《謝爾曼反托拉斯法案》是一八九〇年美國國會制定的第一部反托拉斯法，也是美國歷史上第一個授權聯邦政府控制、干預經濟的法案。

皮爾龐特想知道，政府在宣佈決定前，為什麼不事先對他發出警告。

羅斯福說：「事先對華爾街警告，我們恰恰不願意做這件事。」

摩根只好繼續說：「如果我們做錯了什麼事情，請派遣您的人（指司法部長諾克斯）和我的人談，他們會修正得很好。」

羅斯福冷冷地說：「我們不打算那樣做。」

諾克斯也補充：「我們不想修正錯誤，我們只打算終止他們。」

摩根只好問：「您打算對我手下的其他公司進行攻擊嗎？」

羅斯福說道：「當然不會，除非又發現他們做了我們認為錯誤的事情。」

會談簡直無法進行下去，皮爾龐特離開之後，羅斯福對司法部長說：「他一定將我看成強大的競爭對手，他會以為我打算毀掉他的所有企業，或者和他達成協議，皆大歡喜並平安無事。」

其實，兩個偉大人物都堅信自己在維護美國的長遠利益，羅斯福總統認為將經濟置於政府有力的管理之下，美國才能穩定發展；而摩根認為，只有強力壟斷才能帶來經濟的良好運行。

然而，在當時，美國沒有什麼人支持摩根。從工人、農場主到小商販、中產階層，紛紛表示支持美國總統整治這些大企業。一九〇四年三月十四日，美國最高法院以五票贊成四票反對的結果，判定北方證券公司屬於限制貿易的非法企業聯合，必須解散。

判決下來的時候，傑克正在紐約，他寫信告訴財團的人說：「所有人只關心財產分配，我想很快就會有清算方案出爐了。」果然，三月二十二日，北方證券公司被拆分，西北部的鐵路業重新回到混戰時代：哈里曼控制聯合太平洋和伊利諾中心鐵路公司，希爾·摩根集團則控制北太平洋、大北方和柏林頓鐵路公司。美國國家歷史上第一次大規模企業合併浪潮告終。

羅斯福的第二個任期從一九〇五年三月開始。從這時開始，總統將托拉斯分成有益的和有害的兩種區別對待，並儘量找到平衡點。例如，摩根組建了「國際商業航運公司」，其中包括英美的多家海運公司，對此羅斯福表示贊成，他認為在海運行業建立托拉斯對美國經濟有巨大幫助。

之後的一、兩年中，皮爾龐特開始隱退。家族生意此時發展得很好，他將傑克召回了美國，倫敦的J·S·摩根公司也越來越年輕化，皮爾龐特每週只需要工作幾個小時，七十多歲的他已經老了，的確想退休了。

拯救者摩根，最後的資本光輝

華爾街不能沒有皮爾龐特·摩根。一九〇七年三月二十五日，證券交易所一片混亂，幾乎人人都在驚慌失措地拋售股票，哈里曼、威廉·洛克斐勒、希夫這些金融巨頭聚集到華爾街二十三號，想要從摩根財團籌集二千五百萬美元穩定股價。皮爾龐特否定了提議，他說：「我們正處於被宣稱為操縱股市的風口浪尖上」。

十月，情況變得更為可怕。皮爾龐特在維吉尼亞州的里奇蒙參加新教聖公會大會，電報像雪片一樣飛來：「問題主要出在銀根緊縮上，同時信託投資公司盲目草率的投機也是重要原因，他們以股票和債券作為抵押來發放貸款，導致紐約銀行所有貸款中的百分之五十以上都由證券來擔保，由於信託公司並不具有高額現金儲備，極易遭受擠兌風險的打擊。」

摩根需要出手避免信託公司倒閉，雖然和家族關係不大，但信託公司聯繫著其他銀行的利益。十月十九日，摩根決定乘坐自己的私人火車回去應對麻煩，他告訴身邊的主教朋友：「他們在紐約碰到了麻煩，不知道該怎麼辦，我也不知道，但我必須要回去。」

接下來，就是皮爾龐特和金融危機的賽跑：十月二十二日，在皮爾龐特回到紐約的第二天，尼克伯克信託公司宣佈破產，儲戶損失慘重。幾週之後，這家公司的總裁查爾斯·巴尼舉槍自盡。十月二十二日晚上，皮爾龐特將銀行家們集合起來，在曼哈頓酒店和聯邦政府財政部長喬治·科特柳會面，第二天，財政部長拿出了二千五百萬美元的政府基金交給皮爾龐特調動使用。十月二十三日，週三，皮爾龐特將所有信託公司的總裁集合，他居中協調，組織互助，在看完對美國信託公司的調查報告之後，果斷地宣佈：「那麼，就從這家公司開始，制止這場麻煩吧！」

此時，各家銀行門口擠滿要求提款的儲戶，他們整夜排隊，帶著食物，等待早晨開門，共有數百個經紀人向皮爾龐特求救，請求他的幫助，面色陰沉的人們湧到華爾街二十三號，即使員警勸阻也難以平息，大家拼命往前擠，抬頭望向摩根公司的窗口。

十月二十四日，紐約證券交易所求救，如果今天再無法籌集到二千五百萬美元，會有起碼五十家經紀行倒閉。交易所總裁湯瑪斯氣急敗壞地向皮爾龐特提出：「是否能夠提前閉市？」但他斬釘截鐵地說：「今天，一分鐘也不能提前關門。」到下午兩點，他將銀行總裁召集起來宣佈了情況，十五分鐘後，資金宣佈到位，他派出信使去證券交易所宣佈消息，很快，他就在自己的辦公室聽到了來自街對面證券交易所的歡呼與掌聲。

隨後的幾天沒有什麼變化，皮爾龐特和他的下屬與專家們從一家銀行到另一家銀行，審核帳目並瞭解營業情況。

十月二十八日，看似平靜的局面再起波瀾，這一次來到摩根圖書室的是紐約市長喬治・麥克拉倫，他請求皮爾龐特調動三千萬美元來償還正在將資金抽走的歐洲投資者，此時已經七十歲的皮爾龐特・摩根口中吮吸著糖塊補充能量，馬上在便箋上草擬了一份毫無錯誤的合約，然後為市長借來了這三千萬美元。

連續兩週，這位老人身患重感冒，卻一天工作十九個小時，每天抽二十支雪茄，私人醫生不時給他的喉嚨裡噴藥水。有一次，他在通宵的緊急會議上睡著了，身邊的人只好從他鬆開的手指之間拿開那支已經燒到桌面的雪茄。

十一月二日，拯救行動到了最緊急的關頭。皮爾龐特制定出的方案一口氣解救了依然存在危險的美國信託公司、林肯信託公司和摩爾施萊公司。為了團結所有信託公司的力量，他把總裁們集中在一起，親自將書房大銅門鎖上，把鑰匙放進口袋，然後連夜和他們「激戰」。拖到凌晨五點差一刻，皮爾龐特將金筆誘惑地塞給頭昏腦漲的總裁頭頭愛德華・金的手中：「簽吧！金，在這兒簽。」

在意志幾近渙散的狀況下，信託公司總裁同意湊齊二千五百萬美元拯救摩爾施萊公司，當然，摩根財團也從中得到了好處，美國鋼鐵公司從摩爾施萊公司手中低價收購了田納西煤、鐵和鐵路公司的股票——這是皮爾龐特做事的風格，高尚和現實必須要完美地結合。

一九〇七年對大恐慌的拯救，是皮爾龐特最後的輝煌，也是大銀行家的最後輝煌。這次輝煌勝利也引起了美國政府的注意，此後，聯邦政府決定，今後任何人也不允許發揮這種權力（其實也沒有人能發揮了），六年以後，威爾遜總統建立了聯準會（美聯儲），對銀行進行分散化管理，並建立自由彈性的貨幣制度，此後，關閉潘朵拉魔盒的鑰匙終於交到了政府金融管理部門的手中。

世間再無J・P・摩根

皮爾龐特猶如舞臺上謝幕的主角，就要隱身而去，消失在公眾的視野之中，但摩根家族的產業卻依然處於聚光燈之下，遺憾的是，形象不佳。

從一九〇三年到一九一二年，雜誌報紙上總共刊登了二千多篇揭露醜聞的文章，其中大部分是關於華爾街和鋼鐵行業的，這兩方面都和摩根家族有密切關聯，再加上皮爾龐特在保險行業也有很多股份，醜聞寫作者還得忙於曝光他對保險公司的控制。

醜聞曝光體現著美國社會大眾此時的覺醒，他們努力追求政治公平和經濟民主。皮爾龐特對此卻沒有瞭解，也不願去瞭解，他信奉上一個時代推行的王霸之道，所謂的強者並不去聆聽和考慮民間的聲音，他們猶如傳說中的泰坦巨人，憑藉雙臂來主宰整個世界的平衡，依靠內心的道德觀和信念做出好壞的評價，他們慣於用特別的天賦之力推動時代的車輪，而不是平衡多方的利益和意志來折衝樽俎。

一九〇七年以後，皮爾龐特唯一關心的大事，就是和參議員尼爾森・奧爾德里奇探討並起草新的法案《奧爾德里奇・弗里蘭德法案》，該法案後來成為聯準會系統運作的基礎。除此之外，皮爾龐特基本不再插手家族業務，傑克將會在未來成為首席合夥人，而他身邊也有了新的左膀右臂，包括亨利・戴維斯、查爾斯・斯蒂爾、湯姆・拉蒙特，還有威廉姆・波特、湯瑪斯・拉蒙特、德懷特・莫羅、班傑明・斯特朗和約翰・戴維斯……。這些人都精明能幹、相當穩重，皮爾龐特選定他們輔佐傑克，是希望有足夠穩定的力量。值得一提的是，皮爾龐特一直重用的柏金斯在一九一〇年離開了銀行，走的時候帶走了五五〇萬美元的股份，那全都是在摩根集團裡獲得的財富，他是被迫離開的，因為他表現出對傑克的不信任，認為自己有資格也有能力掌管這家企業。

為了順利完成接班，皮爾龐特還對倫敦的摩根公司進行了部署。吉諾斯在遺囑中規定，這家銀行只能在皮爾龐特手上使用他的名字，而皮爾龐特死後必須換名稱。皮爾龐特對兒子傑克這樣說：「如果不給公司弄個新名稱，我死後你們就會有大問題，所以我提議，從今年開始改名叫摩根建富公司，然後讓家族的J・P・摩根公司成為合夥人，並佔用一百萬美元的資本。」

摩根建富在一九一〇年的新年誕生，儘管第二合夥人泰迪・葛蘭費爾的名字讓公司有了英國的感覺，但最主要的資本依然是美國的，只不過這個新公司中，J・P・摩根公司代替皮爾龐特成了合夥人。除此之外，摩根家族繼續掌控著費城德雷克塞爾公司。這樣，摩根家族依然是同行中最有統治力的。

皮爾龐特做了足夠安排，可是他的晚年似乎註定無法安逸起來。國際商業航運公司有了商業對手——冠達郵輪公司，這家公司領了英國政府的補貼，建造出兩艘快速豪華輪船。於是，國際商業海運公司決定讓下屬的白星航運公司製造一對巨型輪船與之抗衡，分別命名為「鐵達尼號」和「奧林匹克號」。為了迎接這兩艘船的到來，公司甚至遊說紐約港的董事會，要求他們把哈德遜碼頭改建延長。

一九一一年五月一日，皮爾龐特來到貝爾法斯特，在那裡參加了鐵達尼號的命名儀式，船上的B層甲板上安排了其私人艙位，他還定在第二年的四月份參加鐵達尼號的處女航，但後來取消了計畫。

此後的慘劇人盡皆知，在七十五歲大壽即將到來之前，皮爾龐特在法國接到了電報，然後向紐約發電文確認。隨後，他似乎突然消失了，歐洲的記者們最終在一座偏遠的法國古堡裡找到了「躲」起來的摩根，他看上去黯然憔悴，只是說道：「想一想那些被淹沒的生命，那些恐怖的死亡！」

鐵達尼號的遇難者共有一千五百多人，對整個航運托拉斯而言，這都是巨大的災難。摩根本人大受指責，報紙上詳細報導了他奢華的私人艙房，以此證明他們只是為了吸引客運量而並不重視安全。這艘巨輪的沉沒成為整個航運托拉斯命運的轉捩點，一九一四年，傑克·摩根讓這家公司直接宣佈破產。

鐵達尼號逐漸被淡忘，麻煩並沒有結束，政府的調查再次開始。新的總統塔夫脫執政之後，實行更加嚴厲的反托拉斯措施，美國鋼鐵公司對田納西煤、鐵和鐵路公司的合併又一次成了眾矢之的。

一九一二年十二月，皮爾龐特再次被調查委員會叫到華盛頓，其他金融家根本不去參加聽證會，例如威廉．洛克斐勒就裝病，表示沒辦法去華盛頓，但皮爾龐特並不會這樣，他堅信自己奉公守法，願意面對政府。

原本，他打算隻身前往華盛頓，後來他忽然改變主意，帶了兒子傑克、女兒路易莎、兩個合夥人，外加律師團，在整整十六個人的簇擁下，他從大型的高篷轎車中走出來，然後順著國會山臺階拾級而上，看到那些前來圍觀的人，皮爾龐特冷冷地對女兒說道：「這些傢伙是來看我出洋相的。」

在聽證會上，皮爾龐特毫無老態，他言辭犀利、思維敏捷，勇敢地捍衛商業榮譽和家族聲望。他的對面是狡猾的詢問對手——薩繆爾．溫特米爾，他並不仇富，這種富裕律師本身就是典型的中產階層，他在詢問時老練而不動聲色。相比之下，皮爾龐特並不自然，帶著情緒化，即使如此，溫特米爾也沒有占到上風。

下面這段對話就頗具有代表性——

溫特米爾：「難道發放商業信貸的基礎不是對方的金錢或財產？」

摩根：「不，先生，最基礎的是人格。」

溫特米爾：「金錢和財產在其次？」

摩根：「金錢和其他任何因素都在其次，金錢買不到它……。如果是我不信賴的人，即使拿基督教世界的所有債權來做擔保，都無法從我這裡拿走一分錢。」

這些話堪稱名言警句，但作為聽證會的回答是平淡而缺乏說服力的，這個老人不耐煩而固執，根本就不想多作解釋說明。

最後，調查也沒有什麼結果，委員會只是號稱發現了所謂的利益共同體，這個共同體包括六家銀行，統一向主要公司和各個國家政府發行證券，J．P．摩根公司就是其中之首。

由於這次會議的推動，一九一三年十二月，威爾遜總統簽署了《聯邦準備法案》，想讓整個國家的企業都擺脫摩根銀行，但此後摩根家族採取巧妙行動，和新的聯邦儲備銀行形成同盟，在此後二十年繼續享有金融系統的實際權力。

這次聽證會讓老皮爾龐特感覺到時代巨輪的壓力，彷彿整個美國都要從自己身體上碾過去，他不理解為什麼自己終身都在為推動美國繁榮而努力，現在卻不斷被政府和公眾問責。他只好說：「現在是一切生意都必須進行公開的時候了。」到一九一三年，他甚至告訴來訪者說：「請代我轉告威爾遜先生，如果在什麼時候，他覺得我的影響或者我的資金對國家有用，那就完全由他支配吧。」

為了擺脫煩心事，一九一三年一月七日，皮爾龐特告別了妻子芬妮，在女兒路易莎的陪伴下，去埃及旅遊。一路上，他不斷地發火，讓所有人不知所措。二月十四日，在埃及的路克索，皮爾龐特預感到自己快不行了，便給紐約的傑克發了電報，說自己希望兒子可以馬上到身邊來，但很快他又擔心傑克真的來了，金融界又會產生動盪。最終，傑克沒有來，女婿赫伯特．薩特利趕來，還帶來了私人醫生喬治．狄克森。

三月，皮爾龐特來到義大利的羅馬，他對周圍的事情還很有興趣，包括來到羅馬的美國學院，但健康狀況使他只能被人用椅子抬上樓參觀。三月底，皮爾龐特已經無法繼續正常談話了，他拒絕再進食，堅持要離開羅馬，到摩根家在倫敦王子門街的宅邸去，那是他父親剛到倫敦時的房子，這樣，他就可以落葉歸根了。為此，一艘汽艇和一輛專用列車一起待命，準備在三月三十一日啟程出發。

天不遂人願。就在週日的後半夜，皮爾龐特因心跳加快而醒來，他渾身發熱，體溫驟然升高。他安詳地躺在病榻上，模糊地說起自己在哈特福和沃韋上學的日子。他說的最後一句話是對女婿薩特利留下的遺言，他用手指著頭頂上方，然後說道：「我要堅持。」

皮爾龐特去世的消息傳回美國，華爾街為之震驚和悲痛，報紙上連篇累牘的批評文章消失了，取而代之的是對他一生的回顧。

人們驚訝地發現，這位全美金融界的大亨、政府的隱形財政部長，居然只有六八三〇萬美元的個人財產，而其中一部分還只是在紐約和費城銀行的股權，藝術收藏品的價值總計占了五千萬美元。這樣的數字根本比不上洛克斐勒、卡內基、福特這些地位相當的大亨，甚至比不上聲名狼藉的傑伊．古爾德。

皮爾龐特的遺囑很快被公佈了，他把財產留給妻子和子女，此外也沒有忘記他的私人服務員：圖書館管理員、醫生、航海官和僕人都得到了不少的金錢饋贈。另一項遺囑規定更令人稱奇，他給他的J．P．摩根公司和摩根建富公司每位員工發了額外的一筆全年薪水，並將一千萬美元捐給了慈善機構。

按照皮爾龐特的遺囑，他的葬禮和吉諾斯的完全相同。除此之外，葬禮在紐約聖喬治教堂舉行，不要演說，也不要人弔喪，只要黑人歌手亨利．巴雷的獨唱。

下葬的那一天，倫敦西敏寺大教堂舉行了悼念儀式，而大洋彼岸的紐約證券交易所關門停業，無論是稱頌還是批評過皮爾龐特的人，此刻都真心承認，舊的時代正式結束，新的時代即將到來。

許多人此刻還沒有覺察到，傑克．摩根，這位看起來始終在「父王」權力寶座旁接受保護的男人，將全面掌控摩根家族的金融帝國。

Chapter

7 王位傳承

一九一四年——一九二九年

入主家族的新摩根

一九一三年四月一日，J．P．摩根公司迎來了新的首席合夥人，在傑克上任那天，辦公室裡堆滿了致敬的玫瑰花，面對此情此景，他去掉了名字前面的「小」字，正式改名，也叫約翰．皮爾龐特．摩根。

但人們並不習慣這樣稱呼他，當皮爾龐特．摩根去世時，新聞界少見地將他稱為「THE ONE」（唯一的），傑克永遠無法成為父親的取代者甚至複製品，他只能成為「王位」繼承人。對家族的新掌門人，背地裡大家依然叫他從前的名字——傑克．摩根。

從高大的體格、對大號雪茄和美食的喜好，再到對家族傳統和宗教的熱忱……無疑，傑克．摩根從不掩飾對父親的崇拜與模仿，他和父親都是高達六英尺二英寸＊的高個子，身體強壯而鬍鬚細密；他回到美國時，要求衣帽店為自己訂做和父親同款的鞋帽；父親去世後，他又將父親的綠寶石佩戴在錶鏈上；每年聖誕夜，他都會像父親一樣給孩子們朗讀狄更斯的小說《聖誕頌歌》；和父親一樣，他也非常虔誠地在聖喬治教堂做禮拜……然而，和能夠挽救一個國家金融業的皮爾龐特相比，初掌大權的傑克分量總顯得不夠。

和父親相比，傑克性格文弱，走起路來有些駝背，好像總是在邁過低矮的門檻。他沒有在華爾街真正立足過，從聖保羅和哈佛大學畢業後，就被送到英國，在J．S．摩根銀行開始事業生涯。在那裡他勤懇地工作了十五年，雖然沒有犯過任何錯誤，但也談不上有什麼出色的成績，唯一的收穫可能就是他和英國皇家與上流社會混熟了。

一九〇五年，皮爾龐特將傑克召回美國後，他依然保持著英國情結，每年還要和妻子潔西回那裡住上半年。華爾街由此傳來了暗地裡的嘲笑，說傑克打算開始的重要變革就是把英國的下午茶習慣引入華爾街二十三號，還有人翻出了一九〇七年他被巴黎銀行拒絕購買黃金貸款的事情，證明傑克根本就沒有能力和建樹。

傑克對這些雜音不屑一顧，他身上流淌著摩根家族的血液，因此從不缺乏自信，更重要的是，帶著妻子兒女回到美國時，他也才剛剛三十八歲，那時皮爾龐特為他們安排了麥迪遜大街二三一號的住處，和摩根圖書館只有幾步之遙，傑克每天都和父親共進早餐，聆聽教導，觀看父親如何處理商務。

今天，父親已經不在了，傑克還走父親的老路嗎？答案當然是否定的，他知道J・P・摩根公司之所以如此偉大，離不開父親大權獨攬，但在這樣的模式前，他果斷地說出「不」。

傑克知道，自己無法獨掌大權，必須要對偌大帝國分而治之。於是，他將權力下放給戴維斯、拉蒙特和其他所有高階主管，用相對灑脫的姿態來掌管全局。和皮爾龐特的那種火爆脾氣顯得截然不同，傑克並不會感覺自己是受到威脅的。

傑克每天都安排一次合夥人會議，用傳統英國商業銀行非正式的形式進行，不做會議紀要，也不需要速記員記錄，只是將參會合夥人的名單保留下來。傑克想要的是那種人才濟濟的銀行，和皮爾龐特喜歡的從上而下的管理不同，傑克希望自己能將公司打造成一支運轉良好的球隊，只要有必要，即使主教練不在教練席，公司還是能運轉如常。

當然，傑克也確保是自己在控制企業，他手上有三二三〇萬美元的資本，這是整個摩根公司的最主要儲備，另外，皮爾龐特還留給傑克特別的首席合夥人權力，包括對合夥人利潤的分配、對糾紛的仲裁、對合夥人加以解雇以及如何分配被解雇人留下的股份。這些權力，是當時私人合夥制公司中最重要的掌控王牌。

雖然有所變革，但在公司的治理中，傑克依然堅持家族的商務價值觀，包括進行保守型的管

＊英寸：長度單位。一英寸約二點五公分。

理、拒絕投機性經營和在英美兩國之間保持利益平衡。

皮爾龐特的去世，象徵著家族個人領導時代的終結，歷史上再也找不到另一個J．P．摩根，但不能不說，他的退場也帶來新的希望，集體力量掌握家族權力的時代幕布徐徐拉開，拉動者正是他的兒子。

紐約聯邦準備銀行，陰謀還是陽謀？

皮爾龐特留給傑克的不只是偌大的J．P．摩根公司，還有應對聯邦政府金融改革的計畫。當一九一三年十二月二十三日，威爾遜總統簽署了《聯邦準備法案》之後，這個計畫就開始悄無聲息地啟動了。

要瞭解這個計畫，還是應該先瞭解什麼是《聯邦準備法案》。正如威爾遜所說的：「（金融的）中央控制權要麼給銀行家們，要麼給政府。」這部法案的意圖就是「決一死戰」，建立屬於美國政府管理的中央銀行。

早在一九〇七年金融恐慌之前，建立中央銀行的呼聲就越來越大。銀行家雅各布．希夫到處演講，希望建立全新的現代銀行體系，背地裡希望的卻是以此來鉗制摩根銀行；隨後，花旗銀行的總裁史蒂爾曼也開始著手打造「貨幣改革計畫」，其中最重要的一條就是建立中央銀行。

雖然準備工作因為金融恐慌的突然到來而暫時耽擱，但等恐慌過去後，組建步伐變得更快了。到一九一〇年，萬事俱備只欠東風，業內卻突然發現，撥開宣傳的迷霧，打造傳說中的「中央銀行」——美國聯邦儲備銀行的權力，居然緊握在摩根家族的手中。

他們究竟是怎麼做到的呢？

原來，雖然美國兩黨共同組建了國家貨幣委員會，但這個委員會中的十八位委員無一例外都是政治家，他們既不懂金融業務，也不懂貨幣發行，威爾遜總統也沒辦法派出專業人才，委員會還是得求助於專業人士來進行調查研究。

負責邀請專家的委員會主席叫奧爾德里奇，他做了三十多年的參議院議員，是小約翰·洛克斐勒的岳父，此時，皮爾龐特依然健在，摩根和洛克斐勒家族的關係算得上是盟友，於是奧爾德里奇請來的專家無一不和摩根家族有著千絲萬縷的聯繫，例如委員會的首席顧問就是摩根公司的二號合夥人亨利·戴維斯。這樣，接下來發生的事情也就不足為奇了。

一九一〇年十一月，奧爾德里奇悄然結束歐洲考察，回到美國紐澤西州的霍博肯市，他登上了一輛神秘的專用列車，前往喬治亞州的傑基爾島。

這輛專用列車上的每一位乘客都大名鼎鼎，其中有美國財政部助理部長安德魯、有國家城市銀行董事長弗蘭克·范德利普、有庫恩·洛布銀行的合夥人保羅·沃伯格（羅斯柴爾德家族代理人），當然還有摩根公司的人，包括亨利·戴維斯、班傑明·斯特朗（皮爾龐特的私人會計師）和查爾斯·諾頓（兼任紐約第一國家銀行總裁）等人。

當范德利普回憶起這次旅行時也感到有些費解，他說，人們接到指示，在列車上不能稱姓，只能稱名字；行動時要分開，在專用列車上不能一起共進晚餐……。

這些富可敵國的銀行家隱姓埋名地穿越了數百英里，終於來到了目的地，傑基爾島上有個「獵鴨俱樂部」，那是摩根財團的會所，他們分頭住了進去。當然，這座俱樂部此時早就被清理一空，服務人員也接到通知，不許稱呼客人的姓氏，在俱樂部五十英里之內安保森嚴，尤其注意可能出現的記者。

之所以如此謹慎，原因只有一個，因為在島上，這些人將要討論的是未來的聯邦準備法案，如果走漏消息，民意反對下，法案就算再天衣無縫也不可能被國會通過。好在由於準備充分，諸事順利，兩週之後，《奧爾德里奇・弗里蘭德法案》出臺，這個法案明確規定美國將建立由私人銀行即摩根財團主導的中央銀行。

為了避免引起誤解，中央銀行的名字被故意忽略了，用的名字是聯邦儲備銀行，突出其「國家性」；聯邦儲備銀行擁有一切中央銀行的職能，但其中卻沒有任何政府股份；管理上，總統任命其董事會成員，但事實上，總統任命的依據是聯邦諮詢委員會，而這個委員會的金融界成員的名單又由十二家地方聯邦儲備銀行董事來定。

經過如此周密的行動，皮爾龐特的遺產中又多了寶貴的「聯邦儲備系統」。一九一四年十一月，聯邦儲備系統開始運行，摩根家族主導該系統的事實真相，公眾完全沒有看出來。這無疑減輕了不少家族面對的政治和輿論壓力。雖然十二家地方儲備銀行是受到華盛頓的聯邦儲備委員會監管的，但官僚們並不懂金融，這樣，紐約聯邦準備銀行（以下簡稱紐聯儲）的地位就迅速凸顯，順理成章地變成和歐洲各國中央銀行與外匯市場來往的最重要角色，擔任紐聯儲銀行行長的正是皮爾龐特的親信、戴維斯的大弟子斯特朗。

最開始接到這個任命的時候，斯特朗還非常不情願，開會之前，他也被蒙在鼓裡，認為聯邦儲備體系是要限制摩根財團等私人銀行的。但戴維斯陪著他去了一趟鄉下，在那裡度過了週末，他就迅速接受了這樣的任命，其中過程自然值得品味。後來，摩根公司又把他派到英格蘭銀行學習，將他變得更加「英美化」，紐聯儲由此成了摩根公司的影子，而摩根公司也被看作「第十三家」而且是最重要的一家聯邦儲備銀行。

換湯不換藥，皮爾龐特玩的這一招堪稱妙絕，金融主導權力表面上易手到政府，其實依然保留在華爾街二十三號組建的聯盟內，和呼籲改革的人的意願相反，美國金融界在一九一三年以後，依然是摩根家族說了算。

紐黑文，剛上位就受困？

傑克坐上「王位」之後的幾個月，就碰到了棘手的情況——麻煩出現在鐵路行業。眾所周知，鐵路業是摩根家族的投資重點，傑克掌權之後，順理成章地成為家族掌控的一系列鐵路公司的董事，而其中一家就是紐黑文鐵路公司。就是這家公司爆出了醜聞：雖然外表看起來發展勢頭良好，但內部卻出現了資金問題，面臨破產的危險。

在皮爾龐特生命的最後幾年，由於用人失誤，對紐黑文鐵路公司的管理不佳，從一九一〇年開始，這家公司就只能靠借貸來支付股東的紅利，這種情況受到很多批評。到傑克上臺，批評的聲音變得更加嘈雜。

批評紐黑文鐵路公司最賣力的，是律師布蘭戴斯，他是東歐移民的後代，聰明而狡猾，知識淵博，對數字異常敏感。當他以哈佛大學法律系史上最佳成績畢業之後，在律師事務所裡賺了大錢，為了謀取政治資本，開始關心起「人民的利益」，從此時開始，他成為傑克一生的敵人。

二十世紀初，資本狀況是銀行財團最大的秘密，但即便如此，布蘭戴斯依然經過自己精心的搜集和分析，拿出了具有說服力的資料，他在專欄文章中公佈說：「紐黑文鐵路公司的資本總額達到了八點四九億美元。這麼多錢當然不是這家小公司能拿出來的，而是由摩根公司和國民城市銀行、紐約第一國民銀行組成的『貨幣托拉斯』核心集團所控制。」文章一出，公眾為之震驚，認為摩根家族需要對紐黑文鐵路公司的虧損負責，傑克則感覺尷尬不已。於是，他派出公司得力的合夥人拉蒙特去和對方會面。

一見面，兩個人裝模作樣地寒暄了幾句，看起來就像普通商務會談。等彼此感覺氣氛稍微緩和了一點，兩人就很默契地轉入了核心問題。

布蘭戴斯滿不在乎地直接指責說：「在公眾看來，摩根財團利用自己的強大財力，在許多公司董事會中佔有了強大的支配權和話語權，你們組建的所有托拉斯，其實不過就是貨幣的托拉斯——就像我在專欄中寫的一樣。」

說完，布蘭戴斯聳聳肩，眼神毫無期待地看著拉蒙特，似乎並不想知道對方是怎麼理解的。

拉蒙特進入商界以來，還沒有經歷過這樣的直接指責，他只好說：「你有什麼證據，能證明我們是這種巨大影響的幕後指使者？布蘭戴斯先生，法律是需要證據的。」

布蘭戴斯並不買帳：「不需要證據，只要是個美國人都知道你們公司有多大權力。只不過大家都害怕摩根的名字。」

拉蒙特毫不示弱：「害怕？他們害怕我們什麼？」

布蘭戴斯鎮定地向後一靠，視線集中起來，似乎要把拉蒙特盯出一個洞來：「根據我的經驗，你們的權力會消失，而不會擴大。」

兩人不歡而散，道不同不相為謀。摩根家族相信，只有像傳統的封建領主那樣不斷靠實力統一合併，才能減少因為競爭帶來的市場混亂，而布蘭戴斯，則象徵著新時代利益群體的呼聲——自由競爭。

這種對立帶給布蘭戴斯政治上的報償，兩年之後，他會被任命為美國最高法院的大法官。而傑克現在要面對的，則是更嚴重的負面消息，六月十二日，紐黑文鐵路公司的火車發生撞車事故，七名乘客死亡，這正好成了以布蘭戴斯為首的反托拉斯者的進攻機會。到九月，又發生了另一起事故，有二十一名乘客在翻車事故中遇難。為此，州際商業委員會接受了布蘭戴斯的建議，指責紐黑文鐵路公司的財務情況，並組織一系列的政府調查和起訴。

醉翁之意不在酒，這顯然是衝著摩根家族而來的，如果是皮爾龐特，一定會暴跳如雷，然後和政府對簿公堂，但傑克知道，時代不同了，自己更不是父親，他保持著溫和的外交姿態，然後更換了紐黑文鐵路公司總裁查爾斯・梅林。

梅林的名氣很大，被稱為「鐵路界末代皇帝」，他的身上有著十九世紀傑伊・古爾德的氣質，為了獲得商業上的成功可以不擇手段。但皮爾龐特欣賞其才能，親自挑選他入主紐黑文鐵路公司，再加上他對皮爾龐特的忠心耿耿，更是讓其地位穩固。可惜，梅林自己的名聲不好聽，他蔑視公眾利益，也不顧行業規矩，為了爭奪郊區的鐵路線，他能夠花費上百萬美元去賄賂官員；為了獲得遊說的力量，他又用鉅資買通哈佛大學的教授，演講呼籲政府對鐵路行業給予優惠政策；即使是一度被訴訟搞得焦頭爛額，他又巧妙地透過贊助共和黨全國委員會的競選來全身而退。

或許是太走運了，梅林簡直有些忘乎所以地解釋什麼叫作競爭：「（競爭）就要用到你所能想到的任何方式，比如一個人把另一個人的心挖出來那樣，只不過換成兩個鐵路公司就是了。」結果，在他這套理念指導下，紐黑文鐵路公司做假帳、虛增交易和鐵路資本化等手段層出不窮，等皮爾龐特反應過來，已經釀成錯誤、為時已晚，在一九〇八年，摩根公司只好開始悄悄賣出這家公司的股票，並從中賺了一筆，彼時梅林的把戲正要得好看，市場上紛紛搶購。

現在，吹出來的泡沫果然破碎了，接班的傑克無可奈何，他只能選擇屈服，用驅逐梅林的方式彌補父親少有的過失，阻擋住這次反托拉斯群體的進攻。隨後，傑克任命了新總裁，但這並不能給紐黑文鐵路公司帶來新生，半年多以後，眾多小股民聚集到華爾街二十三號門前，抗議紐黑文鐵路公司在四十多年來第一次發不出股票紅利。

傑克選擇辭去了紐黑文鐵路公司的董事職位，並先後從紐約中央銀行、國民城市銀行、第一國民銀行和國民商業銀行董事會中退出，這種全面收縮態勢，消除了公眾的質疑，也出乎反托拉斯人士的意料。其實，傑克是轉移了戰場，他選擇到國外去開拓更大的陣地。

「一戰」炮火帶來轉機

傑克基於對當時世界形勢的判斷，決定轉移家族事業重心。皮爾龐特在世時，摩根家族就不斷向法國、阿根廷等國家發放貸款，而現在，傑克決定把投資方向轉到「第二故鄉」——大英帝國。

眾所周知，英國原本是橫跨世界的日不落帝國，但盛極而衰，進入二十世紀之後，英國世界霸主的地位開始動搖，陷入在南非的布林戰爭長達三年時間後，一九一四年八月，這個老帝國的財政出現問題，國家經濟呈現蕭條局面。更危險的是，「一戰」的陰影已經籠罩在歐洲上空，英國工業卻幾乎沒有能力去生產必需的武器、彈藥和物資。

為此，一九一四年十月，英國政府陸軍部不得不派出專門的代表團前往華盛頓，他們想要從美國私人財團那裡採購軍用物資。這一步棋實屬不得已，因為美國政府堅持保持中立，代表團只能將私人財團作為求助對象。

經過充分調查和評估之後，採購團確定摩根公司擔任仲介人，安排採購戰爭所需要的物資，同時，英國政府還任命摩根公司為金融代理人。除了其財團實力之外，代理費成為任命的最重要原因，之前英國人在美國採購物資需要付出百分之七點五的代理費，而傑克表示，摩根公司的代理費用只要所採購物資的百分之二。

一九一五年一月十五日，摩根公司和英國政府正式簽署合約，第一筆生意就是在美國採購價值一千二百萬美元的軍火，倫敦摩根建富公司成為兩方交易的聯絡機構。隨後，摩根的巴黎分公司擔任起類似角色，和法國政府做起了類似的生意。

英國人一邊和摩根家族進行採購代理業務，一邊又擔心採購被他們所控制。不久後，軍需部長勞埃德．喬治專程來到美國，和摩根公司的重要人物亨利．戴維斯見面。

喬治皺起了眉毛，憂心忡忡地說：「關於摩根公司選擇代理採購廠家的問題，相信您也知道，我們認為，應當將合約在民主黨和共和黨廠家之間來進行平均分配，不是嗎？」

戴維斯微笑著說：「親愛的部長先生，我們只是生意人，政治的事情我們不懂，給貴國或者其他國家政府採購，我們並不會去分出哪些產品是民主黨的，哪些又是共和黨的，如果社會主義者手裡的貨價格低品質好，我們也會和他們做生意。」對這樣的說法，勞埃德聳聳肩膀，無以對答，雖然他覺得尷尬不已，但他也承認對方說得沒錯。

一九一四年夏天，「一戰」全面爆發。與傑克事先與合夥人們討論的結果一致，美國經濟受到了衝擊：華爾街證券交易暫時停止了，大批農產品因失去了出口目的地而價格下滑，大西洋貿易航線中斷，歐洲人原先投資來的黃金也大量流出。當然，最讓摩根家族關心的還是債務負擔。由於美元匯價此時猛跌，紐約市即將到期的八千萬美元歐洲債務負擔迅速增加了。這批債務是透過摩根公司賣到歐洲去的，而歐洲此時戰事正酣，沒人管得過來這點債務。

傑克做出的決定體現了摩根人的原則，他說：「絕不可以延期債務。」在傑克看來，這不僅是家族榮譽，也事關「第二祖國」英國的利益。為此，摩根財團組織了還債辛迪加，由摩根公司帶頭，將籌集而來用於還債的黃金運送到倫敦，存入英格蘭銀行。此舉在維護英國利益的同時，更大大樹立起美國國家形象，全世界認識到，紐約和倫敦一樣，能夠保證債務的安全，美國商人也是堅持原則的！

對摩根家族而言，這批黃金其實最終還是要回來的，戰爭每天都要消耗大量軍火，英國、法國和沙皇俄國更積極地透過摩根家族進行採購，摩根家族從中賺到大筆的利潤。僅僅在一九一六年，協約國方面就透過摩根公司在美國購買了價值三十億美元的物資，摩根家族獲得的利潤為五千萬美元。

另外，為了應對戰爭，協約國需要大筆的現金，傑克組建了銀行辛迪加，為各國政府向美國公眾推銷債券，其中英法政府在美國發行的第一筆債券高達五億美元，完全由摩根公司代理銷售，傑克慷慨地表示不收取手續費。此後，在這場戰爭中，美國社會總共認購了協約國二十五億美元的債券，而德國政府因為沒有借助摩根家族的力量，只貸到了二千萬美元。

為了讓籌款生意更加順利，傑克馬不停蹄地穿梭在大西洋兩岸。一九一六年二月，他來到倫敦，和英國政府商談怎樣進一步籌資和採購；之後他又去了巴黎，和法國政府討論下一筆二億美元的貸款。此時，前線戰火正酣，而摩根家族卻得以擴大業務，當傑克從法國回來之後，又著手和加拿大政府談判，為他們在美國發行債券。

一九一五年，美國社會反德情緒越來越高漲，民眾呼籲參加歐洲戰事。一九一七年，美國政府在反覆討論後宣佈參戰，這讓銀行籌款的生意更加繁忙。傑克很希望由此更大程度地參加戰爭的籌資，他甚至主動透過關係，向威爾遜總統表示，摩根公司的出口部門可以完全交給政府使用，但威爾遜拒絕了，傑克的熱情碰到了冰冷的牆壁。

摩根公司在「一戰」中獲得了新的繁榮，傑克藉此建立了聲譽和影響力，當初對他表示懷疑的人終於發現，傑克的能力並不比其父親差，傑克也自信十足地告訴巴黎的摩根合夥人赫爾曼·哈傑斯：「我很高興，我可以說，我們的公司和從前一樣，始終處在發展之中。我覺得我有能力接替父親的位置，在家族事業上發揮作用。」

到戰爭結束之前，摩根財團在美國政府內的影響力顯著提升。出口部的主管斯特蒂紐斯，被任命為美國軍需供應總督查；戴維斯成為紅十字戰爭委員會的主席；公司的合夥人拉賽爾·拉菲維爾則成為財政部副部長，負責「自由事業」債券工作……。除此之外，傑克還利用財團為協約國代理採購和籌款的特殊地位，強化了一大批親密盟友的忠誠度，其中包括美國鋼鐵、通用電氣、伯利恆鋼鐵、杜邦公司等，因為有以億美元為單位的訂單不斷送到這些公司的手中，自然他們一切以摩根馬首是瞻。

協約國政府大加褒揚傑克的貢獻，一九一七年，勞埃德·喬治寫信給傑克：「我們幸運地得到了一家公司的幫助，他們始終不遺餘力地保護英國政府的利益。」這封親筆信被掛在倫敦摩根建富公司的茶室中，代表著英國人對摩根家族的友誼和謝意。

當然，摩根財團迅猛的發展在帶來朋友的同時，也帶來了敵人，全美國有十分之一的德國後裔，有最早的愛爾蘭移民，也有大量呼籲中立的孤立主義者，他們指責，正是摩根公司為了賺取「鮮血淋漓」的金錢，讓許多人在戰場上長眠難回；英國金融界則在戰後因為倫敦全球金融地位的丟失而嫉恨不已……。

無論如何，「一戰」結束時，已經沒人能否認，傑克大大拓展了皮爾龐特留下的基業，更大的摩根帝國業已誕生。

槍口下的金融家

「一戰」結束於一九一八年，但傑克沒想到的是，此時在和平的美國國內，也會有憤怒的槍口指向自己。

一九一五年七月三日，週六，傑克和家人按照慣例住在長島別墅。傑克打算今天在這裡召開一次盛大的家庭宴會，歡迎新任英國駐美大使塞西爾爵士和他的夫人。這天早晨，整個別墅都在忙碌，傭人們進行著例行清潔工作，態度格外認真，而大廚們則在廚房忙碌，為主人和客人準備精美的早餐。

誰也沒注意到，一輛汽車悄無聲息地開入了摩根別墅大門口，此時，院門正好打開，根本無人看守。開車的人毫不猶豫地長驅而入，將車輛停在三層樓房前。一個青年男人下了車，走到門口，按響了門鈴。不一會兒，管家亨利打開了門，他彬彬有禮地說：「請問，您有何貴幹？」

來人遞上一張名片，然後傲慢地說：「我要見摩根先生，而且我只跟他說話。」摩根先生總有些傲慢的朋友，這一點管家早就習慣了，他低頭仔細看了看名片，上面是「社區電話目錄公司，湯瑪斯・C・李斯特」。看起來，這不過是一個普通生意人。

正當亨利這樣想著的時候，對方畫蛇添足地加上一句：「我可是摩根先生的老朋友。」這讓亨利陡然起了疑心，他在傑克身邊服務已經很多年，不可能有什麼紐約老朋友如此面生。他懷疑地看了看對方，目光停留在年輕人插入口袋的手，還沒等他反應過來，那雙手就迅速掏出，分別握著一把左輪手槍：「讓我進去！」

在槍口的逼迫下，亨利只好順從地轉過身，在前面一邊帶路，一邊盤算著自己該怎麼辦。他不由自主地向大樓西部的圖書館走去，這樣，來人就能遠離東邊的餐廳，傑克一家人正在那兒用餐。

當來人走進圖書館之後，亨利假裝恭敬地打開大門，等槍口移開，他就迅速衝向地下室，嘴裡還大喊：「摩根先生，快上樓！快上樓！」

聽到聲音，傑克第一個跳起來跑出餐廳，他跑到二樓，卻沒有看見管家，其他傭人也從房間裡出來，不知道發生了什麼。正在此時，樓梯上傳來「咚咚」的腳步聲，還沒等人們反應過來，人影一晃，兩聲槍響震動著耳膜，隨之撲鼻而來的是子彈火藥味。再看傑克，他已經撲在開槍者的身上，開槍者仰面躺倒，拼命掙扎，傑克體重有二二〇磅*，那個人難以動彈。

最關鍵的時候，亨利又跑上樓來，他手上抓著一大塊從地下室裡拿上來的煤塊，他把煤塊結結實實地砸在開槍者頭上，將那人砸暈過去。其他傭人才算明白過來，一擁而上把他捆綁起來。

傑克看場面已經控制住，再看妻子毫髮無傷，自己走向電話機，撥通了醫生的電話。原來，他在搏鬥中被那兩槍擦傷了。經過檢查，子彈驚險地擦過腹股溝，如果那人把槍口再抬高幾公分，或許傑克就會有生命的危險。

員警隨後到來，把這個自稱穆恩特的德國後裔帶走，從他的包包裡還發現了兩捆炸藥，別墅前的草地上也有一捆，顯然是他遺失在那裡的。穆恩特被捕之後矢口否認自己要殺死傑克，只是說，想要將他綁架，讓所有運往協約國的軍火停運，撤回所有給協約國的貸款。在他眼裡，只要摩根家族願意，協約國就只能選擇停戰，而德國就能取得勝利。事實上，當時有這種荒謬想法的人並不少見。

之後，傑克加強了自己和家人身邊的警衛，他不久就康復，回到工作崗位上。但此後數年，針對傑克的恐怖事件不斷被披露，要殺他的人有親德派，也有無政府主義者。傑克只好將人壽保險額提高到五十萬美元，這是當時全世界創紀錄的數字。

*磅：重量單位。一磅約零點四五千克。

摩根家族沒有屈服軟弱的個性，縱然傑克面臨著死亡的威脅，他依然有著與眾不同的堅強。當「一戰」結束之後，摩根公司很快進入新的發展時期。

一九一八年，「一戰」以英國、法國等協約國的慘澹勝利而宣告結束，德意志第二帝國崩潰，沙皇俄國宣告滅亡，歐洲格局發生了天翻地覆的改變。真正的獲勝者，其實是大洋彼岸的美國，美國是戰爭背後的資助人，而摩根銀行，則是美國金融銀行界的主力。

戰後，威爾遜總統趁著歐洲的衰落，忙於擴張美國海外實力，提高國際地位，在他的領導下，美國建立了不少銀行聯盟，其中最重要的機構當屬外國金融公司。這家公司包括摩根公司，以及摩根控股的保證信託公司、銀行家信託公司和商業銀行，還有第一國立銀行、花旗銀行、大通國立銀行等，傑克理所當然地成為董事會成員。

透過這家公司和其他管道，摩根公司在二十世紀二〇年代積極為不同國家融資，這也是從吉諾斯的時代就開發的傳統業務，這些國家包括歐洲的法國、義大利、奧地利、比利時、波蘭和羅馬尼亞，美洲的墨西哥、古巴，亞洲的中國、日本等。由於手握融資大權，摩根公司甚至能影響到墨西哥或者古巴政府的立法計畫。

這種國際金融服務同樣也是不分客戶的，和政治關係並不大，摩根公司不僅為美國的盟國提供融資，也為那些名聲不佳的政府做事。一九二五年，在傑克的授意下，湯瑪斯·拉蒙特前往羅馬，和獨裁者墨索里尼的財政部長談判，之後他面帶喜色地回到紐約，立即建議傑克替義大利政府發行一億美元的債券，外加提供五千萬美元的貸款。傑克很信任這位父親啟用的人才，著手組建了一個銀行辛迪加籌措資金，透過這個專案，摩根財團獲得四百萬美元的利潤。拉蒙特打造出這樣的好項目後，很快又前來面見傑克，他帶來另一個好建議。

將通用納入囊中

「傑克，重現皮爾龐特先生的輝煌事業，機會就在面前。」一九二〇年十一月二十九日，拉蒙特鄭重其事地坐在傑克面前說道。

這裡是華爾街二十三號的圖書館，傑克很喜歡坐在有著高大天花板的黑色書房中，坐在這裡，似乎父親並沒有離他遠去，正略帶贊許地看著他不斷拓展的家族事業。

「說說看，什麼機會？」傑克做好了聽下去的準備。

拉蒙特神秘地一笑：「是老杜蘭特，他支持不下去了。」

這個名字讓傑克立刻來了精神，兩個人放低聲音，密謀起來。

事情要從不久前福特公司的那一幕說起。當時，拉蒙特也是帶著類似的表情，鄭重其事地告訴傑克：「汽車行業不斷發展，皮爾龐特先生錯過了涉足的機會，作為已經奠定了成功基礎的新領袖，您可再也不能錯過。」這番話說得傑克心動，聽從了拉蒙特的建議，讓他前往當時名聲大噪的亨利．福特那裡去洽談入股事宜。

亨利．福特的名字在世界汽車歷史上舉足輕重，一九〇三年，這位癡迷於汽車研究的企業家用二點八萬美元創立了福特公司，一九〇八年他發明了T型車，一九一三年，他開始用流水線生產汽車。在他的公司，工人們每天只需要工作八小時，每小時能賺五美元，這比所有製造業工人的薪水標準都高，一時間，上萬人湧入福特的工廠要求競爭工作崗位，福特也因此大大出名。

拉蒙特在此時來訪，讓福特感到很高興，他也希望企業能夠被大財團關注。因此，當拉蒙特說了一番禮節性的讚美之後，福特就將話題引向實質性的內容：「拉蒙特先生，不知道摩根財團對我們公司有怎樣的看法？」

拉蒙特一聽就知道福特是個聰明人，他最喜歡和聰明人打交道，這樣可以直奔主題：「坦白地說，福特先生，摩根先生認為，貴公司目前存在的最大問題，在於股權結構上。」

「是嗎？」福特臉上浮現出「請繼續說下去」的表情。

拉蒙特繼續說道：「福特目前只有你一個人掌握，可以說，企業的發展前途只跟你一個人有關係，恐怕不久之後你就會發現，自己承擔的責任太重，而你能夠獲取的資本又太少。」

接下來，拉蒙特洋洋灑灑地對福特回顧了皮爾龐特先生是如何併購卡內基鋼鐵廠，並最終打造出美國鋼鐵公司。福特聽得也很認真。最後，拉蒙特總結說：「福特先生，你的智慧需要專注於汽車這一新時代產品的發展，而不是資本遊戲或者煩瑣管理上，你應該考慮進行大規模的金融舉措——比如，由我們代理福特公司來公開上市。」

福特沉默著，沒有說什麼，拉蒙特以為他動心了，繼續說道：「福特先生，即使公司上市，您還是會在公司中保留較大比例的股份，並持有最優先的債務權利，包括您的繼承人也會得到最豐厚穩定的收益。」

但福特最終還是拒絕了這樣的建議，他表示，自己想要考慮考慮再說。會談就這樣無疾而終了。可是福特不給面子，有的人卻祈求機會，這個人就是拉蒙特口中的老杜蘭特，他和福特幾乎在同一時間看中了汽車行業。

杜蘭特也不是一般人，他親手打造了美國最早的汽車帝國。老杜蘭特原來是製造馬車的商人，從二十世紀伊始，他轉向汽車行業，並作出關於未來交通工具的預言：「總有一天，美國的馬路上，汽車的數量要超過馬車。」當他說這句話時，傳統的皮爾龐特根本就不相信汽車這種奢侈品能普及到美國大眾家庭，所以無論是杜蘭特還是福特，當時對摩根財團提出的融資要求，都被無情拒絕了。

一九〇八年，杜蘭特開始自己動手，他為當時成立不久的通用公司注資，還合併了蘭賽姆・奧茲和大衛・別克的公司，並將凱迪拉克公司收購入旗下。他有著一流的口才，讓沃爾特・克萊斯勒感慨他能把死人給說活，所以公司業務擴張起來活力十足。再加上福特打造的T型汽車帶動了整個行業，更是讓杜蘭特的汽車王國面臨著發展的好機會。

但問題是，當福特開始大批量生產新型的T型轎車之後，杜蘭特卻還是在堅持自己的多樣化生產線，不願意跟在福特後面走低價格路線。結果到「一戰」後，在一九二〇年開始的經濟衰退中，通用汽車發生了嚴重的滯銷，股票價格也隨之大跌。身為通用汽車大股東，杜蘭特損失慘重，但他不承認自己的錯誤，反而又一次調動大批資金來全力維護通用股價。這種賭性十足的做法，讓他很快面臨出局境地——一九二〇年十一月十八日，通用股價跌穿十二美元，杜蘭特發現自己需要補充一百萬美元的保證金，才能不被證券交易所拒之門外，但他此刻頭寸告罄，完全無能為力了。

在最後的時刻，老杜蘭特用顫抖的手撥通了拉蒙特的電話。拉蒙特敏銳地意識到，這是個好機會，隨著戰後的通貨膨脹，汽車業在美國的發展如同雨後春筍，摩根家族想要繼續保持自己的領先地位，就一定要把資本注入這個新發展的行業領域中獲取利潤。這下好了，杜蘭特自己前來求救了。

傑克和拉蒙特商量完畢，決意吃下通用這塊大肥肉。當天，摩根財團的德懷特・莫羅、喬治・惠特尼和湯姆・科克倫幾個人，來到杜蘭特的公司，此時，門口已經擠滿了來要債的債主。杜蘭特倒在座椅中，一臉聽天由命的樣子，但他聽到摩根公司的來意時，雙眼不由得恢復了一些生命力。摩根財團要以遠低於收盤價十二美元，即每股九點五美元的價格，買入他手中所有的通用股票，並且補交保證金。第二天，新的通用公司就此誕生，杜蘭特持股百分之四十，杜邦財團（傑克特意找來的盟友）持股百分之四十，摩根財團獲得另外的百分之二十。雖然持股比例表面上不大，但傑克事實上獲得了通用汽車公司的控制權，接替杜蘭特執掌通用的是退休以後的皮埃爾・杜邦，他對傑克非常欣賞，認為這是摩根家族高效收購的典範。

一九二九年，杜蘭特再次被股災所襲擊，失去了個人財產，他雖然準確預言了汽車時代，並一度掌管著最大的汽車企業，卻最終沒有享受到金錢和榮譽。一九四七年，早已被人們遺忘的他在失意中去世，摩根家族卻在通用公司這一支點下，深入涉足汽車行業。

鼎盛時代，選擇急流勇退

二十世紀二〇年代，摩根公司又經歷了一次高速發展的鼎盛時代。國際生意上，傑克領導公司參與了美國對德國提供貸款的任務，該任務需要向德國提供一點一億美元的籌款，資金籌集任務交給了摩根帶領的銀行家團隊來操作。另外，美國委員會還承擔了戰後德國鐵路建設任務，透過摩根巴黎分公司，專業鐵路管理公司也被介紹到德國幫助其戰後重建——當然，摩根家族從中也沒少賺。

傑克成了歐美矚目的商界巨星，他來到巴黎參加國際銀行家會議時，受到來自媒體和公眾的多方注意。《紐約導報》做出評論，說傑克在巴黎所受的關注，僅次於威爾遜總統來參加凡爾賽會議。在國內，家族的影響力也達到巔峰。一九二三年，摩根公司合夥人所支持的柯立芝擔任總統，新的政策更加有利於摩根公司的發展。

商業上，紐約J．P．摩根公司有了新辦公樓，那裡有高大的壁爐、乾淨奢華的皮質扶手椅，還有可以移動桌面的特製大寫字臺。公司銀行業務只接受大客戶如國家、企業的存款，不接受一般人的存款，即使是有錢人想要進行個人存款，起存額也不能少於一千萬美元，對七千五百萬美元以下的存款也不支付利息。公司合夥人雖有所增加，但還是很好地控制在一定數量之內，在華爾街二十三號，合夥人總共有十四位，此時他們每個人的年收入都在一百萬美元以上，而到了二十世紀二〇年代末期，傑克和拉蒙特每年收入達到五百萬美元。

當家族事業迅猛發展之時，人丁也同樣興旺，傑克的大兒子小吉諾斯・史賓賽・摩根，一九一四年從哈佛大學畢業，一九一九年加入J・P・摩根公司，成了合夥人，父親希望他能夠繼承祖業成為銀行家；傑克的二兒子亨利・斯塔傑・摩根，於一九二三年從哈佛大學畢業，一開始在華爾街做銀行傳票生，每週只拿一五五美元的薪水，但到一九二八年，他獲得了父親的認可，並成為能夠拿百萬美元年薪的摩根公司合夥人。

但是，二〇年代對傑克本人卻是不幸的。一九二五年八月十四日，在經歷了兩個多月的昏睡之後，他最愛的妻子潔西離開了他，據說，潔西罹患的應該是當時較為常見的「昏睡病」，病因是腦部的炎症。這對傑克打擊很大，他的傳統家庭觀念和忠於婚姻是非常出名的，就算各種攻擊批評紛至沓來，也從沒有人想要編造關於他的桃色醜聞。為了紀念愛妻，傑克用三百萬美元買下一塊地，建造了一座摩根紀念公園。

雖然後來他有了十四個孫子和孫女，但他還是最為思念亡妻，他吩咐傭人保持家中所有的物品擺設不要改變，一切家務規矩都要按潔西定下的做，而自己則親自養護妻子留下的花花草草。空閒時，他會讓為他服務了數十年的司機帶他去紀念公園，在那裡，他呆呆久坐，直至夕陽的餘暉灑在面前的草地上。那一刻他感覺，自己應該急流勇退了。

傑克想退休的信號早就被人看在眼裡，這個人不是別人，正是他的得意助手拉蒙特。拉蒙特原本是《紐約論壇報》的小記者，一九〇三年，公司二把手亨利．戴維斯在火車上碰到了他，兩人長談之後，戴維斯認為他可堪大用，便將他帶上了金融行業這條路。後來，又把他推薦給了皮爾龐特，拉蒙特自此開始步步高升。到傑克當權之時，拉蒙特儼然成為公司裡的第三號人物，他也算是不負眾望：一九一七年以紅十字會主席的名義前往戰地前線考察，目睹最慘痛的戰爭畫面，讓他成了和平主義者；在巴黎和會上，他代表摩根公司同時也是美國政府代表團金融顧問參會，獲得了威爾遜總統的青睞；一九二〇年，他遠赴中國、日本考察，在他的建議下，傑克沒有向中國發放貸款，倒是和日本的三井集團展開了合作；隨後，拉蒙特又參與瞭解決德國賠款問題的「道威斯計畫」，還為奧地利和義大利政府提供金融服務專案……。可以說，二十世紀二〇年代，摩根公司一大半的事務都有拉蒙特的影子。

更何況，拉蒙特不僅能力強，而且運氣好——傑克的大兒子小吉諾斯．摩根，雖然被定為公司的合夥人，但他志不在此，他念念不忘船舶設計，最後當選了紐約遊艇俱樂部主席；小兒子亨利．摩根又太年輕，連公司合夥人都不是；家族外最有希望接手的則是第二號人物亨利．戴維斯，但遺憾的是，戴維斯不幸在一九二一年就查出了腦瘤，這種病即使在今天也算是絕症，何況醫療水準較低的二十世紀二〇年代，第二年，戴維斯就留下了上千萬美元的遺產撒手人寰。

這樣，拉蒙特就順利進入了公司權力的最頂層，這個看起來總是笑眯眯的小個子男人，將成為這家公司中第一個對「摩根」先生說「不」的重要人物。

這次挑戰和傑克支持英格蘭銀行恢復「金本位」體系有關。「一戰」結束之後，英格蘭銀行行長諾曼敏銳地發現，「一戰」顛覆了歐洲原有格局，也終結了這種看起來很美好的貨幣局面，導致歐洲各國紛紛濫發貨幣，經濟千瘡百孔。反觀美國，其在戰爭中受益最大，黃金儲備充足、紙幣供應平穩，因此想要振作英國乃至歐洲經濟，必須依靠華爾街的力量。於是，諾曼找到自己的老朋友、聯準會主席斯特朗，後者是摩根公司控制聯準會的「老夥伴」。

諾曼和斯特朗、傑克的想法不謀而合，那就是，在英國率先恢復「金本位」！所謂「金本位」，就是由黃金來度量各國貨幣價值，這樣全世界使用的實際上是「同一種」貨幣，貿易和投資便捷，也沒有通脹的預期，經濟看起來井然有序。作為「英式美國人」，傑克非常支持諾曼的做法，他先是說服了當時的總統哈定、財政部長梅隆，然後又宣佈由摩根公司擔當為英國財政部提供資金的角色，發放了一億美元的貸款給英國政府。

有了摩根撐腰，諾曼在英國政府說話分量十足，「金本位」恢復日程步步加快。一九二五年四月二十八日，當時的英國財政大臣溫斯頓・邱吉爾在下院宣佈，英國恢復了「金本位」。

但問題是，「金本位」並沒有帶來美好景象，諾曼自以為是地加了一條規定：英鎊要以「一戰」前的匯率水準即一：四點八六和美元掛鉤。這條規定簡直是脫離實際的情況，因為此時的英鎊早就不再是戰前的英鎊，在戰爭中，政府採取了通貨膨政策，英鎊的市場匯價只有三點五美元，此時又豈能靠一紙檔把英鎊匯率水平調高？而另一條規定則更是脫離現況：英國持有美元來代替黃金儲備，歐洲各國持有英鎊來作為儲備，美國人則只需要操心黃金儲備的事情。

這種體制當然不是原來的那種「金本位」，因為古典的「金本位」意味著持有人能夠隨時用紙幣兌換黃金，而現在的「新金本位」則是紙幣對紙幣的空頭支票。表面上強行規定的匯兌比只能帶來一時繁榮，麻煩就在不遠處。

按理來說，英國政府在此時應該緊縮貨幣、壓低薪水，否則出口會毫無競爭力。但政治是不講那麼多理論的，英國政府不可能在戰後降低薪水，結果，為了降低成本，企業開始大面積地出現裁員風潮，失業率陡然上升。不久之後，英國出口的煤炭、紡織品和鋼材等產品在國際上失去了競爭力，國內的薪水終於被市場壓低，物價則直線上升……。

「金本位」把英國逼入了死胡同。如果選擇增加本國貨幣，英鎊匯價過高會導致出口低迷；反之，再緊縮貨幣下去，失業率將越來越高，經濟又會崩潰。這樣的困局下，原來的「盟友」法國人又捅了英國一刀，他們才不管什麼「新金本位」，而是在市場上不斷拋出自己的黃金儲備，結果英鎊匯價隨之迅速下跌，英國的美元儲備幾乎因此被掏空。傑克調動了多達一一〇家的美國銀行向英國政府提供貸款，維持英鎊的地位，但局勢卻越來越差。

一九三一年九月二十一日，英格蘭銀行不得不宣佈，「金本位」制宣告終結。隨著這項制度的終結，英國出口反彈，經濟開始復甦。在這個節骨眼上，不擅長和媒體打交道的傑克為了迎合他的「第二祖國」，又表示熱烈歡迎這個制度的終結。

消息傳到拉蒙特那裡，「微笑先生」發怒了，整個摩根財團剛剛動員了全美一一〇家銀行去給英國提供貸款挽救「金本位」制度，現在傑克這麼說，讓公司的臉面往哪裡擱?他馬上找到合夥人中的另一位「老臣」史蒂爾寫信給傑克，「提醒」他摩根公司信譽盡失，而這一切是他的父親和他自己經過多年打拼才建立的。

沒有資料記載傑克在讀完這封信之後有什麼反應，他也沒有回信，但從未來進程來看，傑克的退休意願更加堅定了。實際上，家庭的變故、反對者的仇視已經讓傑克感到壓力重重，而這封來自內部的挑戰信，只是壓倒他的最後一根稻草。

Chapter

8 跌入低谷

一九二九年——一九三三年

大蕭條，逆水行舟不進則退

摩根家族一向遠離投機，皮爾龐特很討厭股市，雖然證券交易所就在公司隔壁，但他甚至不知道股市幾點休市，說到股票時他只用一句簡短的話：「我從不賭博！」傑克也繼承了這種風格，他雖然有證券交易所的席位，但那只是為減少經紀人手續費用而使用，自己卻從不去做任何一筆交易。

摩根公司承銷業務也基本不考慮普通企業股，他們主要做的是債券批發和大銀行、大企業的業務，對操縱股價、內幕交易等手段，摩根公司在二十世紀二〇年代之前根本不曾涉及。

但樹欲靜而風不止，二十世紀二〇年代開始，美國股票交易迅速繁榮起來。紐聯儲銀行行長斯特朗為了支持英國實行「金本位」，大幅度提升國內利率，導致國內商品價格受到打壓，從土地、石油和礦產等市場中出逃的資金無處可去，紛紛湧入華爾街股市。

那時候的股市可以用保證金進行操作，散戶們只需要投入一美元，就能夠炒十美元的股票，漲跌都被放大到十倍，這樣的誘惑導致將近三百萬人進入股市，把證券市場炒得火熱。因此，摩根的員工和合夥人們蠢蠢欲動，許多人透過內幕交易和資訊傳遞賺到了大錢。

逐漸地，公司終於不可能置身事外，還是參與了五十多個股票交易辛迪加，控制著上百種股票。這種違背了家族信條的投機活動，最終還是受到了市場的懲罰。一九二八年十月，斯特朗突然去世，新的行長哈里森同樣忠誠於摩根家族，他看到股市的巨大風險，提出用提高貼現率來抑制市場投機，這個建議受到華盛頓聯準會委員會的反對，寶貴的一年時間全部浪費在消耗中。到一九二九年時一切都無法避免，證券業的泡沫將要破裂，美國經濟迎來了歷史上最大的蕭條。

十月二十四日，週四，華爾街烏雲密佈，重要的股票被大手拋出，在此之前，股市已經連續下跌，但許多投資者還是錯誤判斷形勢，紛紛投身其中抄底，連拉蒙特也不以為然地說：「市場是可以自我調節和恢復的。」但從這一天開始，情況變得兇險起來，開盤後兩小時內，股市的帳面損失就高達上百億美元，這天中午，華爾街的重要銀行家們紛紛來到J．P．摩根公司辦公室，其中有國民城市銀行、大通銀行總裁，擔保信託公司、銀行家信託公司的總裁，他們都是拉蒙特召集來的，目的在於研究一個逃生的方案。

這些人面容嚴肅，都知道這是和一九〇七年皮爾龐特謝幕之戰時分量相同的股災。很快，暫時協定很快達成，所有人共同集資形成緊急救助款，然後先大量買進美國鋼鐵公司的股票，抬起價格。

行動很快按照計畫完成了，但這只是暫時的迴光返照，和那時的皮爾龐特相比，銀行家們關心的早就不是全盤局勢，而是各自安危——包括傑克和拉蒙特在內。

很快，再也沒有人提出要搞什麼集體行動，銀行家們連強心劑也不願意注射給股市了。到十月二十九日的「悲劇星期二」，股價下跌的速度甚至連行情自動顯示器也跟不上了，許多人連價格都不問就相信股市要崩盤的謠言，然後給經紀人下出賣盤的指令，交易量多達一六四一萬股。華爾街證券交易所有個聰明的實習生，開玩笑般地用每股一美元下單買各家的股票，結果居然全都買到了，因為市場上根本就沒有購買者！

這一天，整個證券市場的股價下跌了百分之二十五。到這時，任何人做什麼都不管用了。接下的短短幾週內，三百億美元市值消失，這是當時美國政府發放國債總量的二倍，上千人為此自殺，但從另一方面看，這些人大都是夢想著一夜暴富的投機者，他們賭性十足，一門心思希望不勞而獲，受到經濟規律無情碾壓也在情理之中。

摩根公司主要的業務不在普通股的買賣上，所以這一年依然收益不錯，「悲劇星期二」之後的幾個月內，公司的淨資產依然保持著增長，增加超過了二千七百萬美元。耶誕節，傑克在兒孫的簇擁下歡樂度過，到新年時，他已經計畫去巴勒斯坦航行旅遊了。

可是，股市的衰落終將影響實體經濟，許多工廠和企業倒閉，有一千三百萬人失業，在街頭領取救濟的隊伍越排越長，華爾街成了「蘋果街」——賣蘋果的都是倒閉金融機構的前員工，在這種情況下，投資者隊伍無疑大大縮水，摩根公司的業務也就大步倒退了，從數位能看到一切：一九二九年底，摩根公司淨資產還有一點一八億美元，到一九三二年大蕭條時，只有五千三百萬美元了。

在蕭條時期，公司削減了員工們百分之二十的薪水，但傑克和拉蒙特告訴員工，未來生意好轉時，會優先給他們增加薪水；當員工食堂關閉之後，公司還提供了午餐補助金；另外，在選擇合夥人時，公司還是秉承任人唯賢的傳統，並非看加入者能帶來多少資本……。這些都是皮爾龐特在世時的傳統，摩根家族從不會虧待員工。

儘管努力維持好形象，但政府和輿論還是盯上了樹大招風的摩根家族。第一個開始動手的是胡佛總統，這位不懂金融行業的總統天真地以為，股市的「跌跌不休」一定是那些該死的空頭投資者操縱的，一九三二年，他啟動了參議院銀行和貨幣委員會對賣空行為的調查，很快，這個調查又盯上了股票交易辛迪加的事情。隨著調查深入，內幕交易、投機賣空、杠杆信託等問題被充分暴露出來，經過新聞界一番渲染，民眾們「恍然大悟」：原來，股災是有原因的，而根源就是摩根公司這樣的大銀行！

除此之外，調查並沒有產生什麼實質結果，也沒有證據證明摩根公司違法，一九三二年十一月，胡佛在總統競選中全面敗北，輸給了年輕的羅斯福。第二年，胡佛黯然離開了白宮，美國總統的位置迎來新的主人。

對年輕的總統，摩根公司的合夥人們紛紛做出好評，只是這種好評是基於對他「好對付」的看法上。比如，萊芬韋爾就寫信給倫敦，說羅斯福是「面帶可愛笑容、舉止很文雅、和藹而且友善的傢伙」，而拉蒙特寫信的時候，也直接親密地稱呼羅斯福叫「富蘭克」而不是「富蘭克林」。

但他們很快就都發現自己判斷錯誤了，富蘭克林．羅斯福比胡佛厲害多了，他從格羅頓公學和哈佛大學畢業，年輕時在華爾街著名的法律事務所待過幾年，雖然看上去文質彬彬、膽小謹慎，但他內心卻有著改革烈焰在熊熊燃燒，這團火馬上就要燒到傑克．摩根的腳下了。

烏雲密佈，調查或侮辱？

羅斯福在一九三三年三月四日宣誓就任總統，他接下來的種種做法表示，新總統將會在全美國設計和推進嶄新的局面。他上任當天，紐約州銀行被全部關閉，隨後，全國七千多家銀行倒閉，占所有銀行數量的四分之一，羅斯福將銀行家推到道德審判席上，他說：「貨幣兌換者們已經逃離了我們文明盛典的高座，我們將讓這個聖殿回歸於古老的真理。」

在對付壟斷的手段上，羅斯福少見地採取了和他的前任一致的做法，而且走得更遠。隨著對中小銀行停業一週的整頓之後，羅斯福要求參議院銀行和貨幣委員會進行更加深入的調查，看看那些大銀行到底在經濟蕭條的這幾年裡都做了什麼。這樣的要求既符合政府內部的看法，更符合作為社會主流的平民們的呼聲——反托拉斯人士要求調查摩根家族，已經延續了有快三十年時間了。

一九三三年，一個名不見經傳的人主管這次調查聽證，他叫斐迪南．佩科拉，是紐約地區的助理檢察官。他正直無私，而且有著十足的正義感，這個義大利後裔在將調查矛頭指向摩根公司之前，先從花旗銀行下手，他把花旗銀行在前幾年的交易記錄翻了個底朝天，然後宣佈，花旗銀行總裁蜜雪兒為了逃避交稅，把自己手中的股票以低價賣給家庭成員，然後再進行回購，另外，這家銀行還把高風險的拉丁美洲債券賣給美國的普通百姓。

第二個倒楣的是大通銀行的合夥人亞伯特．威金，一九二九年，在股市狂跌的幾週中，他從大通銀行借來八百萬美元貸款，然後對大通銀行的股票做空，白白賺了幾百萬美元。

這些事情原本只是些傳聞，而經過佩柯拉的調查後加以公佈，民眾憤怒了。但傑克並不擔心，他覺得自己在道德上無可指摘，根本就調查不出來個所以然。

佩柯拉可不管這一點，他帶著調查小組，進入摩根公司加班了一個多月，將帳目全都仔細檢索一遍。到一九三三年五月，佩柯拉宣佈，要召開對傑克的公開聽證會。

不知是宿命還是巧合，五月二十三日，六十六歲的傑克像他的父親那樣，為了家族的利益，又踏上了去華盛頓接受質詢的道路，聽證會的前一晚，家族的律師戴維斯專門為他做了次演習，模擬各種刁鑽的問題讓傑克作答，並勸他不要像他父親那樣當眾發火。第二天，傑克終於能壓住自己內心的惱怒，出現在聽證會上，他的開場白比他父親當年的話要更為感人，描述了私人銀行家道德和聲譽的重要性，但可惜的是，沒有什麼人能聽得進去。

佩柯拉率先開火，他沒有把進攻的火力放在摩根財團對其他企業的支配地位上，而是抓住傑克的痛腳大打「個人所得稅」的牌。在一九三〇年、一九三一年和一九三二年，傑克沒有繳納所得稅，而摩根公司的二十個合夥人也都分文未交，其中有不少人採用了當時合法但未見合理的避稅手段，例如拉蒙特的兒子湯米，把股票虧本賣給老婆然後再買回來，這樣在帳面上他有了充分虧損，自然不用交稅了。

等列舉完這個「逃稅」的例子，佩柯拉眨著小眼睛問道：「那麼，摩根先生，現在您是否能解釋一下，為什麼您在這三年也都沒有繳納個人所得稅？」

實際情況是，傑克的收入沒達到交稅的數字。但這位老人一時語塞，他並不善於這種公開作答，作為如此知名的人物，他很少被記者拍照和訪談，在許多公開場合都要戴著巴拿馬草帽遮擋——這也是摩根家族的傳統，追求成功，但永遠不追求高調。

停頓了一會，傑克只好說：「對不起，我不知道我的納稅情況。」

聽證會觀眾席隨之一片譁然。雖然這種回答並不違法，但新聞媒體需要的就是這種亮點，記者們紛紛低頭唰唰記錄，第二天，報紙上就用大字標題報導「摩根合夥人用無知推託逃稅控訴」。

在這片譁然中，也有人對傑克很同情，他是支持摩根的卡特・葛拉斯，面對這樣毫無重點只是為了宣傳效果的不公平質詢，他脫口而說：「這簡直是在看馬戲團。」這句話反而「提醒」了一家報社的頭頭，第二天，他真的帶來一個三十二歲的侏儒，並且打扮得很可愛，宛如小女孩。

在聽證會開始之前，他把侏儒帶進傑克的房間加以介紹，出於禮貌，傑克站起來和她握了握手，但當傑克坐下來時，有人把侏儒放到他膝蓋上。

直到此時，傑克還以為她只是個孩子：「我有個比妳大的孫子。」

「不，我三十二歲了，摩根先生。」侏儒說。

這時候，十幾個閃光燈一起亮了，公司的合夥人痛苦不堪地看到，摩根公司陷入了庸俗的宣傳手段中。連在場的議員們也大為生氣，要求報紙不能刊登這些照片，但除了《紐約時報》之外，其他所有報紙都在第二天刊登了這張奇特的照片——金融大亨和馬戲團女侏儒的合影，照片上，傑克看上去像個慈祥的老爺爺。

傑克本來可以用這次被愚弄來博取同情，但他祖傳的驕傲感不容許他這樣做，他不得不裝作自己可以接受這種「玩笑」。只是有人問他為什麼不及時把那個侏儒推開時，他語帶譏諷地回答：「這個嘛，你知道，我當時不敢確定她不是調查組或是內閣成員。」

這些對傑克本人的質詢也好、惡作劇般的宣傳也罷，都不是調查最致命的結果。那份優惠客戶名單的披露，才算是最後的鐵證。這份名單分量十足，有當時的財政部長威廉·伍丁，有胡佛之前的美國第三十任總統卡爾文·柯立芝，還有共和黨全國委員會主席，此外，民主黨全國委員會主席也在名單上，最可笑的是，佩柯拉委員成員之一的麥克杜議員也赫然在列。另外，經濟界的重要人物和一些同摩根家族關係頗深的社會名流，也位列其中。

所謂優惠客戶，就是能夠提前買到摩根公司發售新股的客戶，在十年大牛市中，只要拿到新股，不管是什麼企業的股票，等新股一上市就等於橫財到手。提前買到新股，在當時雖不違反法律，但如此之多的政界人士牽涉其中，也算重量級的醜聞。

對這個醜聞，摩根公司派出的喬治・惠特尼給出相當勉強的理由，他說之所以選擇這些大投資者來接受新股，是因為他們有能力承擔如此之大的風險。這種話根本對付不了佩柯拉，他諷刺地指出，雖然大客戶們有這樣的「犧牲」精神，但那些新股可沒有一支是不賺錢的。

「優惠客戶名單」事件無異於背叛了從吉諾斯傳遞下來的家族原則，昔日與眾不同高高端坐在寶座上的摩根家族，在公眾眼中再也不是當初皮爾龐特所保持的形象。

事已至此，無可挽回，鑒於調查結果，帶著複雜的心情，羅斯福簽署通過了《格拉斯-史蒂格爾法》。

《格拉斯-史蒂格爾法》

一九三三年六月十六日，對摩根公司為代表的大銀行給出的打擊奏響了最高音。這一天，《格拉斯-史蒂格爾法》即美國《一九三三年證券法》被通過了。

二十年前，在皮爾龐特西去之前的聽證會，彷彿從來就沒有在美國人心中結束，現在，質詢終於有了結果。法案規定如下：

第八條規定，公開市場業務脫離紐約聯邦儲備銀行的控制，成為聯邦儲備委員會的職責。

第二十一條規定，儲蓄機構不得發行或承銷債券。

第三十二條規定，任何銀行或證券公司之間，都不允許相互兼任董事。

這三條規定是對摩根財團最精準的打擊。美國政府想要控制經濟，同時又有道義上的支持，有媒體的力量，現在，政府更有了法律的武器，摩根家族在劫難逃。給他們最後一擊的不是別人，正是摩根圖書館的常客——華爾街上的「老友」們。

一九三三年三月，大通銀行新總裁溫斯洛普·奧爾德里奇事先不做任何宣揚，突然決定收回大通銀行在證券子公司的全部股本，他用實際行動第一個回應法案，讓大通的銀行業務和證券業務徹底分家。消息剛剛傳出，花旗銀行的新掌門人詹姆斯·柏金斯也宣佈支持分離銀行的商業業務和投資業務。

這樣的表態，說明當年團結在皮爾龐特旗下眾志成城、共克時艱，度過一九〇七年金融恐慌的銀行家聯盟，就此土崩瓦解，整個銀行聯盟迅速分化為兩大陣營，一方支持法案，另一方則斥責這個法案是金融界的災難。

所有的背叛其實都有原因，這次大通銀行和花旗銀行的背叛，原因就在於其背後的洛克斐勒家族。因為即便大通銀行和花旗銀行加在一起，還是無法與摩根公司匹敵，再加上由於佩柯拉調查，兩家銀行反而成了行業中最先出醜的。他們背後的支持者小洛克斐勒乾脆決定，導演一齣苦肉計，即以實際行動支持聯邦政府對銀行業務進行分離！

寧願犧牲自己的相關業務，也要換取摩根公司的分裂。這種壯士斷腕的做法，是摩根家族的保守思維所無法預料的，就像古老的歐洲騎士碰到了美國拓荒時代的牛仔，誰也想不到牛仔就算被長矛刺傷，也一定要掏槍開火。

在羅斯福看來，這些寧可自身利益受損，也要維護國家金融經濟的公平和安全的銀行家，真乃國之重器。但其實也只有奧爾德里奇這樣的金融界大佬，才能設計出如此厲害的法案，尤其是第三十二條，殺傷力尤為驚人。從皮爾龐特時代開始，摩根家族就憑藉著「董事相互兼任」來實現對金融界和實業界的控制，在摩根公司二十名合夥人中，起碼有一半人擔任其他銀行、實業企業的董事，這種關係鏈條越是錯綜複雜，每個人身後綁上的羈絆就越多，而這些羈絆終將匯入皮爾龐特掌中的那條拉索，這樣，皮爾龐特自然能一呼百應：橫向，他們可以聯合有兼任董事的銀行共同承擔業務；縱向，他們能夠第一時間瞭解大實業企業的需要，又能第一時間在證券市場中翻雲覆雨。

這種控制方式被法案第三十二條完全摧毀，摩根家族伸出的觸角被全部斬斷了。

此外，法案第八條則斬斷了摩根家族掌控美國貨幣政策的手腕，從此開始，紐約聯邦儲備銀行的貨幣政策制定權被轉移到華盛頓聯邦儲備委員會，摩根財團終於失去了對美國和歐洲各國央行政策的巨大影響力。

雖然傑克和拉蒙特始終努力，不斷地和白宮進行聯繫，試圖阻止法案通過，但羅斯福意志如鐵，他堅信新政必須要建立在大多數人的擁護下，如果必須選擇得罪一方，他寧願選擇得罪摩根。從法案通過的一刻起，一個尷尬的事實呈現在摩根公司面前：這家有著光輝歷史的老牌銀行，居然成了非法企業，而想要避免更壞的結果，分家將會是唯一的選擇。新的銀行或者做商業銀行，進行存款貸款的傳統業務；或者成為投資銀行，做證券債券的代銷業務。那麼，J·P·摩根公司將會變身成為其中哪一種？

傑克連續幾天把自己關在圖書館中，面對皮爾龐特畫像中那炯炯有神的眼睛，他在思考，如果父親還活著，面對這次抉擇，他會怎麼辦？當然，他或許會比自己更加憤怒，但他是掌舵者，一定會為家族選擇最好的方向走下去。

在這樣的冥想中，傑克彷彿回到童年，他想到父親嚴厲而慈祥的諄諄教導，那是對傳統精神的尊重、對家族習慣的驕傲，也蘊含著數百年來一代代摩根人的智慧和經驗。這些聲音在他每一次人生抉擇時都會響起，讓他心懷感念。這一刻，他聽到皮爾龐特那決然果斷的聲音：讓J·P·摩根公司保留下來！

「好的。」傑克喃喃自語：「那就變成一個單純的商業銀行吧！」

摩根士丹利「出走」

傑克要將J·P·摩根公司變成單純的商業銀行，內心經過相當的掙扎。他知道，家族的商業之本是投資，透過運作代銷股票、債券等證券業務來為各國政府和各大企業服務，從中獲得充分的回報。但坐在傑克今天的位置上，他要考慮的不只是商業因素，更多還有家族重視人才的傳統。一九三五年，美國的失業率高達百分之二十，如果摩根銀行選擇走投資銀行的路線，就需要對大量員工進行解雇，這當然是有悖於摩根傳統的。

當然，傑克也不僅是為了傳統，這時，公司依然在操作一項由卡特．葛拉斯提出的新修正案，希望能在銀行法中恢復商業銀行從事有限的證券業務，合夥人們甚至期待著有朝一日透過政黨更迭，那部要命的法案能被修改甚至廢除，但如果現在就貿然把將近四百名的員工隊伍解散，到那時想要重新聚攏人才隊伍就不行了。

此外，在大蕭條期間，證券業務黯淡了數年，這段時間內，銀行最不賺錢的業務就是證券承銷，這也讓傑克覺得，商業銀行雖然傳統平淡，但起碼比投資銀行要更加穩定。

傑克提議，讓少數人從J．P．摩根公司走出去，新成立一個投資銀行，剩下的四百多名員工堅守商業銀行。不久後，合夥人們通過了這個提議。雖然今天來看這種選擇有很大的方向性錯誤，但在當時，傑克只能這樣做。

分家之前，傑克提前做了兩件重要的準備事項。

一、是和摩根建富劃清關係。

摩根建富直接變成獨立的有限公司，J．P．摩根公司只持有其三分之一的股份，這樣，摩根公司就無法涉足英國的證券業務了。對摩根公司來說，這斬斷了他們和倫敦之間的生意聯繫，保持的只有利益關係，對這一點，英格蘭銀行感到非常高興，而最高興的則是摩根建富公司，他們終於不用再忙於進行外匯貸款，而是可以和其他倫敦的投資銀行那樣，參與國內發行證券和銀行兼併的業務。後來，成為該公司董事長的提姆・柯林斯直截了當評論說：「顯然，這就是讓他們別多插手。」

二、是進行了大規模的藝術品拍賣。

傑克先是對外聲稱要清理資產、規避遺產繼承稅，賣掉了自己收藏的六幅繪畫真品，得到了一五〇萬美元，然後又透過倫敦克利斯蒂拍賣行賣掉積攢多年的小畫像，這些畫像總共有七箱之多……。有人猜測，傑克在保存資本，面臨分家的摩根公司必須要有更多的現金。

這種猜測也許是有道理的，因為在一九一三年，他也進行了一次收藏品拍賣，那次他進帳了八百萬美元，觀察家分析他是為了緩解父親去世之後財團現金流的問題。但這次並不一定如此，因為此時的摩根財團並不會因為分家缺少幾百萬美元，或許是年老的傑克在做出無聲的抗議，他不想為這個無法容納其家族傳統理念的國家保存藝術品。

無論如何，歷史不會因為一個老人的固執就停下前行的腳步。九月五日，在傑克・摩根的六十八歲生日到來之前，摩根財團宣佈分離。拉蒙特、惠特尼來到摩根公司合夥人辦公室，他們站在壁爐邊向記者們宣佈：摩根債權部的二十多名員工將分離出來，組建摩根士丹利銀行。

這家銀行將會有三位來自J・P・摩根公司的合夥人，他們分別是：哈羅德・士丹利，一九二七年，他頂替走上仕途去墨西哥擔任大使的莫洛加入了公司；傑克的小兒子，亨利・摩根；公司的老員工威廉．尤因。

另外，還有兩位來自盟友德雷克塞爾家族的合夥人，他們分別是佩里．霍爾和愛德華．約克。拉蒙特簡要地宣佈了這個決定，並著重補充說：「新的公司將會從事『由我們公司從事的那種性質』的證券業務。」他說這句話的時候，其他人面容嚴肅甚至略帶悲戚，但傑克和他的兒子亨利都沒有參加這個宣佈會，不知道是不是故意的，傑克選擇在這個時候去農場打獵，用獵槍瞄準那些松雞，他才會忘記這些煩心事。

幾家歡樂幾家愁，九月十六日，摩根士丹利在華爾街二號正式開張。開業當天，小小的公司芬芳四溢，華爾街的同行們送來了一束束鮮花，插在花瓶裡，整整齊齊放在辦公室桌上，進進出出的人都面帶喜色，和宣佈分家那天的景象完全不同。

除了應有的氣氛之外，摩根士丹利更像是「老店新開」，從當天開始，摩根士丹利的工作跟之前摩根財團證券部門的業務沒有任何不同，應接不暇的客戶衝著「摩根」金字招牌蜂擁而來，士丹利傲氣沖天地讓下屬告訴一家公用設施公司的董事長，讓他下一週再過來討論事情。

的確，表面上分家，但聯繫的血脈又怎麼可能朝夕割斷？從這天開始，私人投資銀行在美國金融街成了新的競爭戰場，華爾街用歡迎而警惕的目光，注視著從摩根家族「出走」的孩子——摩根士丹利。

Chapter 9

新希望

一九三四年——一九四三年

大摩根與小摩根

由於新政將J．P．摩根公司、花旗銀行和大通銀行都趕出了證券行業，摩根士丹利成立之後，眼前是一片沒有競爭對手的「藍海」。它就像「含著金湯匙出生的嬰兒」一樣，僅僅因為其血緣，就能得到比其他競爭者更好的條件——幾個合夥人只擁有公司五十萬美元的普通股份，公司真正的啟動資金在七百萬美元無投票權的優惠股中，其中大部分控制在傑克和家人手中，他們總共擁有其中百分之五十，拉蒙特一家擁有百分之四十。所以，誰也不能否認，此時的分家，看來更多只是形式上的。

摩根士丹利獲得的業務機會更多，原來屬於J・P・摩根公司的常客將會成為他們的客戶。第一筆業務就是大型電力公用事業的證券發行，隨後，在成立的第一年，摩根士丹利令人驚訝地總共獲得了十億美元的發行業務，整整囊括了市場中四分之一的業務量。幾年後，摩根士丹利為紐約中央鐵路、美國電話電報、通用汽車、杜邦、美國鋼鐵公司、紐澤西標準石油公司以及阿根廷和加拿大的政府操作了一系列的證券業務，和J・P・摩根公司原有的相關業務部門對比，摩根士丹利已經青出於藍。

摩根士丹利也具備了老摩根家族的顯赫和高貴氣息。雖然資本金和規模都不大，但他們還是堅持只做獨家主承銷商，有這樣的身份，他們就能夠在企業證券定價、參與分銷機構銷售額度的分配和管理費價格制定上有充分的權力。另外，募資說明書也要凸顯摩根士丹利的地位，公司的名字必須要印刷在所有承銷商名單上的最前列，而且要用顯眼斜體字印刷。反之，如果是其他銀行牽頭組織的證券承銷，摩根士丹利基本上不會參加，更不會出現在分銷商隊伍中，因為這樣做無疑是自砸招牌。

這種原則，在合夥人看來是榮譽，在競爭者看來就是傲慢。其實，摩根士丹利也有苦衷，由於證券交易委員會規定，一家投資銀行承銷證券的數量多少必須要和公司資本金相關，摩根士丹利根本無法單獨承擔應對大型企業的證券承銷，他們只能很明智地根據家族講究信用和紳士法則的傳統，透過銀行家之間的默契和口頭協定，建立起屬於公司領導下的「承銷俱樂部」，這個俱樂部猶如高高的金字塔，坐在塔頂上的，是摩根士丹利，它是獨立的主承銷商，一覽眾山小；在它下面，則是一級級為了獲得分銷配額的機構，紛紛對摩根士丹利馬首是瞻。

只要能擠進這樣的金字塔，分銷機構們拿到越多的分銷配額，就意味著獲取更多的代理費，這種密切的利益聯繫，讓承銷機構對摩根士丹利俯首帖耳。摩根士丹利在市場上和競爭者根本就不是一個數量級的，它能夠迅速組織一百多家的承銷商和五、六百家分銷商來發行證券，競爭者對此無從招架，更談不上超越。

此後數年，美孚石油、殼牌石油和更多全球著名企業也成為摩根士丹利的客戶，不僅全美國，就算全世界也沒有投資銀行能和其抗衡。摩根士丹利的第一個廣告橫空出世，在廣告招牌上只有一道雪亮的閃電，刺破了厚重的烏雲，閃電下方赫然一排大字：「如果上帝融資，祂也會找摩根士丹利。」

到二十世紀四〇年代初，摩根士丹利已經超越了J．P．摩根公司。在這裡，合夥人和員工的收入遠遠高於J．P．摩根公司，而J．P．摩根公司的客戶源也不斷流失到摩根士丹利。原先人們對J．P．摩根公司幫助摩根士丹利的質疑也消失了。

一九四一年十二月五日，摩根士丹利更是將J．P．摩根公司合夥人所擁有的優先股進行兌現並取消，從此之後，只有血脈之間的共同點，還能讓兩個公司能始終有所聯繫，從利益上來看，這已經是真正的兩家獨立公司了。

確保之後血脈聯繫幾十年的，是傑克的二兒子——亨利．摩根。

亨利．摩根擔任著新公司的財務總管，這一年，他剛剛滿三十五歲，人們評價亨利說：「他許多方面和爺爺皮爾龐特很接近，比如他的嚴厲果斷和積極進取。」亨利住在紐約北海岸半島上，每天乘坐高速快艇去華爾街上班，由於目睹了佩柯拉調查聽證會是如何為難家族的，亨利對政治和媒體都很厭煩，他很少在公共場合出現，在公司裡他也只是合夥人中的一個，而絕非領導者。

即使如此，人們還是習慣性地將注意焦點放在他身上，因為他代表了摩根家族，展現出摩根家族的傳統和靈魂，代表著和歐洲金融世家的密切聯繫。

亨利非常清楚，他的道路不可能和爺爺一樣，皮爾龐特的時代在父親那一代就終結了。父親為摩根公司打造出了團隊領導的方式，並讓公司從中獲得長足發展，因此，在摩根士丹利，他需要扮演的也是類似角色。

「船小好掉頭」，在享受亨利代表的「血緣福利」的同時，摩根士丹利也積極做出變革。當他們承銷美國貝爾公司債券的時候，公司第一次在報紙上刊登了募資說明書。這種做法不用說以前的J．P．摩根公司，任何一家銀行的募資業務都沒有這樣做過，這是因為按照新證券法的要求，證券發行過程必須要從暗箱操作步入陽光，讓投資者透過募資說明書獲得更多信息。

這種新做法提高了資訊透明度，提振了投資者信心，受到廣泛的歡迎，也鞏固了摩根士丹利的地位。因為想要準備好符合法律規定的募資說明書並不容易，負責募資的銀行必須要對募資的實業公司進行「盡職調查」，即深入瞭解企業是否為了捍衛股東利益而盡職，並確保自己對證券的發行不會誤導投資者。當然，企業也歡迎這麼做，摩根士丹利開出的募資說明書和盡職調查報告，就是企業實力的最佳說明。

證券發行的市場格局就這樣被確立了，從誕生開始步步擴張，摩根士丹利確立了華爾街第一號證券承銷商的位置，在企業最巔峰時，兩百多家公司參加了「承銷俱樂部」，只要摩根士丹利對其中任何一家公司不滿，就能將之開除，對此誰也不敢說一個「不」字。摩根士丹利如此高高在上的神聖位置，一直保持到一九八一年。

「二戰」歲月

早在一九三三年，傑克就將J・P・摩根公司總裁的位置讓給了拉蒙特。摩根士丹利「出走」之後，傑克選擇了從舞臺上退場。此時，他已經六十七歲了。

退休之後，傑克享受著老年生活，他乘坐豪華的「海盜六號」遊艇進行長時間的航行，或者含飴弄孫——畢竟他有十六個孫子孫女，還有一個即將來到人世。傑克非常重視孩子們的教育。有一次，四歲的孫子問：「為什麼火車在過岔道口時必須鳴笛？」因為擔心解釋不好，傑克專門花錢請來了律師解答。這種對教育的重視也會讓孩子們感到壓力和困惑，在長島別墅裡，傑克每週都要搞一次全家族的聚餐，聚餐時無論男女老少都要著正裝，傑克將之看作維護家族整體凝聚力的儀式，這種儀式決不允許被輕視，他會親自站在門口看錶，時間一到就開始，不會等任何人。

相較而言，傑克對J・P・摩根公司的事情已經不太熱衷，發生在父親和自己身上的漫長調查讓他對生意和政治都失去興趣，但他會每天都到自己的辦公室坐坐。那裡有皮爾龐特的畫像，還有熟悉的寬大寫字臺。傑克不願意瞭解羅斯福領導下的社會變革，他無法適應新節奏，正如同那個時代的許多老年人一樣，但有時候他還是會忍不住大發議論。

一九三七年，傑克去英國參加國王喬治六世的加冕典禮，在加冕之前，他邀請了二千多位英國朋友（主要是當地農場主）去他的別墅慶祝，沒想到在那裡他心臟病發作，只能在病榻上聽完實況轉播。

當他回到美國時，記者們蜂擁登上客輪，找到傑克進行採訪，他依然口無遮攔：「國會應當懂得如何徵稅，如果它不懂得怎樣收稅，那誰納稅誰就是傻瓜。」

這樣的態度讓公司總裁拉蒙特很煩惱，但傑克不想改變，好在他去英國的時間也越來越多，在那裡他受到更多尊重，注重個人隱私的英國文化也讓傑克感到舒服，特別是和皇家之間的友情也讓傑克感到這裡是他的「第二故鄉」。他經常和皇室成員一起遊玩，讓喬治六世的女兒爬到他膝蓋上玩耍，後來這個小女孩成為英國女王伊莉莎白二世，並且將個人財產交給摩根建富管理。

一九三九年八月底，傑克和喬治六世正在蘇格蘭狩獵，一個驚人的消息打斷了計畫：「九月一日，納粹德國閃電襲擊波蘭，第二次世界大戰爆發了。」很快，國王回到倫敦，傑克則立即返回華爾街，他們都有關於德國的事情要處理。

在戰爭爆發之前，J．P．摩根公司和德國就有著難以擺脫的聯繫。「一戰」之後，沉重的賠償清單讓德國經濟面臨崩潰，他們轉而向摩根公司提出貸款請求。一九二四年，以J．

P．摩根公司為主，制定出了「道威斯計畫」，按照計畫，德國對「一戰」協約國的賠款將由華爾街的銀行和歐洲其他國家銀行來提供，這個計畫解決了馬克的瘋狂貶值問題，結束了德國的通貨膨脹。

但更大的問題是，拿到了計畫中的貸款，德國怎麼能還得起？德國央行行長沙赫特到處宣稱，讓德國賠款上千億馬克是不公平的，德國也不可能賠得起。為了解決這個問題，到一九二九年，在巴黎會議上，美國、英國、法國和德國代表們吵翻了天，最終推出楊格計畫，再次對德國的還款時間加以延長。按照這個計畫，德國的賠償總額要分五十九年來償付，得一直還到一九八八年。

這樣，德國就成了先後兩個計畫的最大受益者，他們從美英兩國的銀行那裡拿到了二百多億馬克，支付出去的賠款卻只有一一〇億馬克，源源不斷的美元向德國輸血，資本透過J．P．摩根公司流入德國，帶來了德國經濟的高速增長。如果就此發展下去，情況似乎也不錯，但一九二九年的股市崩潰毀掉了一切，美元從德國迅速撤離，美國銀行反過來要從德國企業那裡收回貸款，前期瘋狂投資帶來的刺激，現在迅速變成了壓制和破壞。

德國乾脆從一九三〇年開始停止賠償和償還貸款，到第二年，阿道夫．希特勒就上臺了，接下來，失控的德國被綁上了戰車，馬不停蹄地拖著整個歐洲朝向最危險的雷區前行。最諷刺的是，沙赫特此時又籌畫出新的計畫，德國人拖延著摩根財團的貸款，然後再用這些錢從美國購買了大量軍事技術和軍備物資。

而這一切，追逐利潤的Ｊ．Ｐ．摩根公司幾乎全然不知，畢竟這只是家商業銀行，而且家族規矩是不要涉足政治和投機。直到戰爭打響，沙赫特在一九四〇年初被解除了帝國銀行總裁職務，傑克和拉蒙特才恍然大悟，別說利息了，連貸款都要回不來了，剩下來的只有戰爭！

其實，摩根公司在政治上的短視並非一兩天，拉蒙特在二十世紀二〇年代出訪義大利和日本，和這兩個國家的政治家與金融家相談甚歡，以為能和他們做成大生意。後來，他才明白這些國家的野心之大乃至要吞併世界，和他們打交道猶如為魔鬼服務。懊惱不已的他寫信給朋友說：「我可能百分百錯了。」

「二戰」開始的消息催促著傑克回到華爾街，但這裡沒有任何戰爭的影子，只有紐約股市和債券的上升。美國投資者樂觀認定，這個國家將會再一次從世界大戰中獲利。傑克仔細地思考之後決定，公司不再從事採購代理物資的業務，因為他擔心戰爭結束後對公司發戰爭財的指控會重新到來。

英國也參與了「二戰」，摩根公司不可能看著倫敦被德國人沒日沒夜地轟炸，那裡可是公司的發源地。拉蒙特派出一波接一波的說客，說服國會同意英國能夠在美國採購物資，但需要英國自己來運輸，而且要交付現金。

一九四〇年八月，英國的兒童開始從倫敦疏散，傑克熱血沸騰地承擔了接待任務。他在紐約西十四街的港口，迎接了載有四百多名英國兒童的輪船，還有他們的女家庭教師和保姆，這些孩子不論貧富，都成了摩根家族的客人。另外，傑克把自己的「海盜四號」遊輪交給了英國海軍服役，捐獻了許多物品進行義賣，亨利也將自己的格魯曼水上飛機賣給加拿大進行巡邏……。傑克還為他的英國朋友打氣說：「你根本不需要垂頭喪氣，我告訴你，英國一定不會投降的，一定不會，一定不會！」

一九四一年，美國正式宣佈參戰，美英並肩戰鬥的情況終於再次來臨。拉蒙特到處遊說，美國人的血管中流動著英格蘭、蘇格蘭和愛爾蘭的熱血，那是他們的力量源泉。而另一位重要的合夥人萊芬韋爾也煽情地寫信給拉蒙特：「在我心中，唯一值得為之而戰的，是拯救英格蘭和大英帝國，為此我願意流盡最後一滴血。」

公司的這種態度，讓J．P．摩根公司和力主參戰的羅斯福總統終於盡棄前嫌，美國的政治和經濟主導者重新和睦共處，為擊敗資本主義制度乃至全人類的敵人而共同努力。

不過，傑克看不到戰爭的勝利了。一九四三年二月，他心情愉快地坐上火車，想要去墨西哥灣釣魚，在出發之前的體檢顯示他身體良好。但南下的路上他再次突發心臟病，同時又有嚴重腦中風，當他回到家中時已經昏迷，從紐約趕來的私人醫生也束手無策。兩個星期之後的三月十三日，傑克於佛羅里達州去世。

傑克為摩根家族留下的箴言是：「做你的工作，要誠實做人，言而有信，要及時助人，公平辦事。」他死後，財產也只有一千六百萬美元，並由兩個兒子繼承。他在長島的別墅後來被蘇聯駐聯合國代表團租用，之後被賣掉，再後來被拆除，而在麥迪遜大街和三十七號大街的住宅則被用作教堂。

傑克被送回哈特福的家族墓地，和父親與爺爺埋葬在一起。與皮爾龐特一樣，傑克也是在七十五歲去世，而且死亡的消息都在股市收盤之後才公佈，避免影響股市。傑克去世之後，報紙稱呼他為「美國最後一個金融界的巨人」，皮爾龐特去世時，媒體也是這樣形容的。

不論傑克究竟是否能和父親一樣算作「巨人」，他的去世都代表著J．P．摩根公司走出了家族王朝，迎來現代化公司的新生命。

合夥人制度終結，摩根公司也上市了

在傑克去世前幾年，公司改革已經發生，這是J．P．摩根公司發展歷史的重要變化。

一九四〇年二月，一直深居簡出的傑克在記者招待會上突然出現並宣佈，J．P．摩根公司將會進行改革，原有的合夥人領導制度將會被董事會領導制度替換，他是第一屆董事會主席，擔任首席執行官的是喬治．惠特尼，拉蒙特則擔任董事會的執行委員會主席。

公司放棄了合夥人制度，意味著放棄了傳統經營形式。過去，J．P．摩根公司是一家私人合夥銀行，個人財產和公司股份是不可分離的，合夥人要承擔公司所有損失，但他們願意接受這樣的風險，因為合夥企業才能夠對外將資本加以保密，帳目也不需要接受檢查，這種從皮博迪時代就建立的傳統才讓這家銀行如此強大。

但是，自然和社會逼迫他們做出改變，縱然富可敵國，也無法壽與天齊，銀行家的衰老速度絲毫不比別人慢。公司的前三大合夥人中，查爾斯・斯蒂爾已經去世了，如果剩下來的兩巨頭傑克或者拉蒙特去世，J・P・摩根公司的資本就會迅速流失，但如果及時進行改變，成為可以流通的股份，繼承人就能既不削減銀行資本，也能為自己變現股票。另外，市場也需要J・P・摩根公司做出變化，因為信託生意正在興起，合夥人制度的公司是不允許經營這種業務的。

就這樣，摩根財團身邊所籠罩的迷霧被撥開了，在公眾的注視下，摩根公司最初有著些許的不適應，那些原來能夠起到保護作用的條件盡數消失，這幾乎是一個打擊，因為摩根公司習慣遮罩自己的資訊，這樣，其自身和客戶、對手乃至整個國家，都會具備不同程度的資訊不平衡，這種不平衡所帶來的優勢，恰恰是吉諾斯、皮爾龐特他們所熟悉和依賴的。

但此時，這種「紳士銀行」傳統將終結，無疑這是傑克在臨去世前做出的妥協，這種妥協充滿痛苦，但又是必不可少的。

當決定公之於眾之後，剩下的事情就越來越快了。

一九四〇年，摩根公司關閉了費城德雷克塞爾公司，把其存款都接管了下來，這家公司其實早就只有名字屬於德雷克塞爾家族，就像皮爾龐特在聽證會上所說的那樣：「它只是名字不同而已，在費城保留德雷克塞爾先生的名字，只是我個人的意願。」

一九四一年，摩根公司和摩根士丹利銀行也劃清界限，後者為了拿到證券交易所會員資格，轉而實行合夥人制度。

一九四二年，摩根公司發佈了募股說明書，這家百年銀行破天荒地把企業收益向社會公佈，接受社會公眾的瞭解和監督。這一年，摩根所有股票的百分之八向全社會出售，普通的散戶投資者都能夠購買摩根帝國的股票了，這簡直就像曾經神秘森嚴的王宮，終於也向公眾打開了參觀的大門。一時間，購買者接踵而至，誰都希望扮演一次「摩根股東」的角色，哪怕只是在心裡過把癮。

政治上，摩根公司終於承認美國政府對聯邦儲備體系的控制，並將自己管理的七億美元存款納入了聯邦存款保險中。

諸事被逐一安排好後，傑克感到心滿意足，而且由於戰爭的進行，人們不再抨擊摩根家族，反而讚賞他們力主抵抗和奮戰的態度。一九四三年一月三十一日，傑克主持了J．P．摩根有限公司的第一次股東大會。「董事長」這個稱呼他並不適應，但他很快也發現，就像元老萊芬韋爾所說的「他用厭惡心情準備著對待的東西，原來也不那麼可憎」。可惜的是，傑克沒有享受多久這樣的夕陽時光，就離開了他的家族和事業。

另一位摩根巨頭拉蒙特也時日不多。一九四三年，他罹患心臟病，不能每天去華爾街二十三號上班。「二戰」結束時，他的孫子湯瑪斯．拉蒙特二世在太平洋海戰中以身殉國，拉蒙特自然為之悲痛不已，隨著時光流逝，他也坦然接受了現實。那時候他已經七十多歲，正寫著文筆優美的回憶錄，記述自己在鄉間度過的美好童年。

戰爭結束之後，拉蒙特也只是象徵性地來銀行工作很短的時間。他表現出特有的樂善好施，人們已經分不清這樣的特點到底是他個人積極樂觀的天性，還是來自摩根家族悲天憫人的宗教情結。他捐款給哈佛大學二百萬美元建造一座圖書館，然後又送出支票去修繕坎特伯里大教堂。在經濟狀況不佳的一九四七年，拉蒙特自己掏錢為每個銀行員工買了件聖誕禮物，價值是每個人全年薪水的百分之五。

一九四八年二月三日，拉蒙特在佛羅里達州去世，董事長的位置由萊芬韋爾接替。在葬禮上，白色鮮花鋪陳而出，人們緩緩朗誦著彌爾頓詩篇選段，送走了這位性格鮮明而功過相雜的偉大銀行家。此時，能與傑克・摩根平起平坐的一代元老已然盡數凋零，在低沉而緩慢的朗誦中，彷彿聽得見摩根家族面向舊時代發出的深情告別：「再見，合夥人。再見，舊時代。」

財團的餘暉

毫無疑問，「二戰」的爆發轉移了國內關注摩根財團的視線，「二戰」前後摩根的貸款也為他們帶來了大量戰爭利潤。到一九四五年戰爭結束之後，摩根財團所能控制的企業資產依然在增長中，它依然是美國最大的財團之一。

然而，此時的摩根財團已經難和「一戰」時相比，財團無法控制整個歐洲的軍事採購和金融服務，從新興的工業部門那裡也不容易拿到動輒上億的訂單。彼時，雖然皮爾龐特故去，但傑克已經成熟，經歷了十幾年行業鍛煉，他足夠獨當一面，然而，當傑克去世，家族卻沒有相應成熟的繼承人。尤其重要的是，整個美國社會的經濟形態和思想觀念都發生了變化，這使得家族對公司的影響猶如落日餘暉，雖美麗動人，卻好景不在。

珍珠港事件之後，美國宣佈參戰，傑克的兩個兒子小吉諾斯和亨利都加入了美國海軍，這已經是小吉諾斯第二次參加世界大戰了，這次他擔任驅逐艦軍官，遠赴英國作戰。而亨利則擔任軍需部的海軍上尉，為軍隊負責採購工作，後來被調動到戰略服務委員會從事秘密工作。

一九四五年後，摩根家的兩位繼承者回到了銀行界，但他們面對的已經不再是家族主導的合夥制公司了。亨利繼續在摩根士丹利負責財務工作，此時，摩根士丹利不只是做證券業務，還參與企業的清算和出賣，在這個企業合併開始不斷出現的時代，這項生意很有希望擴大。另外，摩根士丹利還負責提供金融諮詢，包括長期的金融業務、企業買賣合併、聯邦政府和州政府的金融服務等，其實這些業務和皮爾龐特在十九世紀時的金融業務很相似，只是手續更為複雜。

相比而言，小吉諾斯回去的J·P·摩根公司就不如往昔了。一九四四年，在新罕布夏州建立起了著名的布雷頓森林體系，體系規定成立世界銀行和國際貨幣基金組織，由美國政府主導的世界金融機構削弱了私人銀行的地位，阻擋了戰前由英格蘭銀行、紐約聯邦儲備銀行和摩根銀行組成的「三駕馬車」。另外，銀行之間的競爭比起資本市場的不發達時期顯得更加激烈。諸如商業銀行、投資銀行、保險公司、經紀公司等種類不斷擴大，數量也在增加，華爾街的銀行家們失去了過去獨佔鰲頭的優勢，落差最明顯的就是J·P·摩根公司這樣的私人銀行。

接任拉蒙特擔任J·P·摩根公司董事長的是拉賽爾·萊芬韋爾，他曾經擔任過民主黨政府的財政部長，也是傑克時代的重要合夥人。他具有知識份子氣息，又非常機敏善變，巧於辭令。人們說，萊芬韋爾是摩根公司在兩次世界大戰中成長起來的傑出領導者中的最後一個，這批領導者有著不同於今日金融領袖的貴族特點，他們只是合夥人，不需要應付什麼公共事務，甚至不需要那麼專業，他們可以保持自我生活和精神追求，可以讀書、思考、介入公共事務和參與政治。但現在，萊芬韋爾發現自己對聯邦政府的影響力大不如拉蒙特，更不能和皮爾龐特相比，杜魯門政府的高官的確諮詢過他一些問題，例如是否應該邀請蘇聯加入馬歇爾計畫，等等，但最後他的回答僅僅是純粹建議而已，摩根公司並沒有從中得到任何收益。

不僅如此，摩根公司還要想辦法處理好戰爭帶來的麻煩，因為戰爭，公司有大量的對外國政府債券無法兌現，包括一點九七億美元的日本債券、一點五一億美元的德國債券和二千萬美元的奧地利債券。同時，戰爭結束後，J．P．摩根公司還需要貸款給英法兩國幫助其重建，一九五〇年摩根公司和大通銀行共同貸款給法國二點二五億美元，幾乎掏空了家底。

一九五〇年，萊芬韋爾決定退休，他覺得自己的職位責任太重，而四處發表演講和報告更對他的胃口。繼續擔任J．P．摩根公司董事長的是喬治．惠特尼，通常他表情沉著而有修養，講話含蓄而簡明扼要。他的兄長理查德．惠特尼因為違法交易，而在一九三四年成為美國第一個坐牢的證券交易所主席，成為羅斯福新政事實上的犧牲品。因此，惠特尼尤其注意自己和公司的誠實信用問題，為了以身作則，他甚至直接在櫃檯值班，和普通客戶打交道。

一九五五年，摩根公司和摩根士丹利聯合為通用汽車公司進行優惠股發行，以低於股市的價格向股東出售股票。摩根公司負責事務性的安排，惠特尼也照常參與了。當他值班時，有位衣著普通的女士前來行使購股權，她遞過來一小疊鈔票購買兩股，價格應該是一五〇美元，惠特尼不好意思去當面數錢，只是禮貌地握手並開出收據。但女士離開之後，惠特尼才吃驚地發現，這筆錢是一七〇美元，在場的每個員工都驚慌不已，直到查出女股東的姓名才鬆了口氣，因為這樣就能把她多付的錢和股票一起寄回去。

顯然，惠特尼代表了財團的道德品質。J．P．摩根公司此時作為商業銀行的地位迅速下降，它無法匹敵那些吸引平民零散存款的商業銀行，規模下降到全國二三〇名。但家族的榮譽感和精神沒有中斷和分裂，這個公司雖然小，但基本維持著七百名員工的規模，保持著舊時代合夥人文化下的紳士風度。公司的規矩也很嚴格，通常都由惠特尼親自對新職員加以考察雇用，招收那些有私立名校和常春藤聯合會學校背景的人，進入公司的員工先從收發室的工作開始，然後進行輪崗升遷。與此同時，公司管理的方法又不拘形式，每天上午十點半，公司最高級別的二十名員工都可以圍坐在一起，隨意交換資訊、討論事務，讓人們想到當年的合夥人事務會議。

對外，摩根公司很珍惜自己的形象，公司的凱迪拉克車牌號碼是G二三二三，電話號碼是五－二三二三，都在表示「華爾街二十三號」的歷史傳統。摩根的高級員工們即使出門見客戶也會帶上禮帽，並且不會隨便脫去外套，否則就有可能被看作影響公司形象而斷送大好前程。摩根公司還給員工在華爾街最高的薪水，良好的福利，以便保證公司對人才的吸引力。

但傳統解決不了所有問題。J．P．摩根公司資本太小，沒辦法成為主要的商業銀行，它應該考慮和其他銀行合併。一九五三年，大通銀行的董事長約翰．麥克洛伊向惠特尼詢問是否能夠進行合併，大通已經是全國第三大商業銀行。貴族傳統讓惠特尼在討論時依然十足有架勢，似乎反而是他的規模更大一些。當惠特尼詢問在合併之後誰來控制銀行之後，麥克洛伊態度真誠，回答：「如果分析結果表明應該是其他人來主導業務，我個人不反對靠邊站。」惠特尼聽了之後有所觸動，但摩根公司的其他股東堅決反對，因為他們不希望摩根家族文化中加入任何「雜質」。

就這樣，大通銀行選擇和曼哈頓銀行合併，成為大通曼哈頓銀行。相比不斷成長的這些商業銀行，摩根公司背後依然是華爾街上最美麗的那抹夕陽。

Chapter 10

家族隱退

一九五一年——一九七三年

年輕的繼子神話

J．P．摩根公司面對落日餘暉，「繼子」摩根士丹利卻開創了年輕的神話。戰後初期的二十世紀五〇年代，美國工業進入黃金發展時期，歐洲、亞洲還未從戰後恢復，美國壟斷了全世界的汽車、鋼鐵、石油和其他重工業產品。摩根士丹利參與投資這些生意，並獲得巨大的發展機會。

此時，哈羅德．士丹利已經退休，帶領摩根士丹利抓住機會的是首席合夥人佩里．豪。他最初也在J．P．摩根公司的保險部門工作，一九二〇年，公司遭遇爆炸襲擊時他也在場，幸而逃過一劫。一九二五年，他成為摩根公司的債券經理，由於工作出色，一九二九年的大蕭條時，傑克任命他去擔任費城德雷克塞爾公司合夥人。當摩根士丹利將要獨立之時，他選擇跟隨士丹利和亨利出走成為「繼子」，對此他很得意：「我們是菁英中的菁英，大家都妒忌我們。」

佩里口才出眾，和許多公司的總裁都相互親熱地公開稱兄道弟，這讓他顯得尤其特別。他還精通高爾夫球、網球、打獵和釣魚，這一點與傑克更相似，透過這些，他和通用汽車、美國鋼鐵公司這些老客戶都保持著良好的關係。

佩里講究實用，摩根士丹利公司對人才如同老摩根公司那樣看重才幹。但那時的投資銀行業務不需要多少傑出的具體技巧，通貨膨脹很低而貨幣穩定，投資銀行只需要找到客戶簽單，就能拿到很高的債券承銷價格。所以，佩里要求那些從名牌大學畢業來的年輕職員抓住一件事情，那就是拉好關係並滿足客戶需要。他自己就融入客戶的家庭，甚至應邀去勸說通用電氣公司董事長的女兒，不要因為愛情而昏頭嫁給一個巴基斯坦人。對此，佩里宣揚說：「我看重的就是那些能帶來生意的人，其他的事情留給商學院實習生辦，你做好了一筆交易，就可以戴帽子回家。」

這種實用主義理念，讓佩里偶爾會覺得亨利有些礙手礙腳，其他合夥人也對這唯一的「摩根」感到些許厭煩，他們覺得亨利年紀漸長，貢獻不多卻抓住了管理權。摩擦在一九五六年尤其突出，亨利堅決要求讓兒子查爾斯・摩根成為公司合夥人，否則就不允許公司使用摩根的字型大小，其他合夥人雖然不討厭查爾斯，但他們認為查爾斯和銀行業很難融合。在一番談判之後，雙方妥協用摩根的字型大小權換取查爾斯成為合夥人。

查爾斯果然對銀行業不感興趣，他成了整個華爾街唯一擔任辦公室主任的合夥人。後來，當亨利打算讓小兒子約翰成為合夥人時，引起了更大的反對聲音，並最終未能通過，但這位約翰後來卻反而有志於金融，進入了其他公司的融資部門。

亨利希望在摩根士丹利繼續家族的傳統，為此他以身示範，一九六〇年是他從業二十五週年，像父親、祖父和曾祖父一樣，他為每個公司員工發放了獎金。亨利總是警告摩根士丹利公司的合夥人們，要求他們謹慎做事，在每年的聯合俱樂部晚會上他一再強調：最難駕駛的船是合夥制的。

亨利個人始終在公司裡有超過二百萬的股本，從而保證否決權在握。在其影響下，摩根士丹利保持了「雇用比合夥人更聰明的人」這一項傳統，公司從普通階層中挑選聰明而有進取心、事業心的人，並將他們變成金融街新貴，亨利每年都訪問哈佛商學院，向知名教授們瞭解最優異的學生，並且親自第一輪面試求職者，貸款給自己看中的人，將他們培養成為合夥人。

由於亨利的影響，此時的摩根士丹利依然保持著鮮明的家族傳統，他們從不做公開廣告，也不宣傳自己，而是有意識地低調，性格外向、能言善辯的總裁佩里也對此表示贊同：「這就像醫生一樣不用做廣告，做廣告就會有些丟臉。」而那些超級企業客戶，既然採取標準化形式發行證券，也就不會隨便更換投資銀行來承銷，摩根士丹利的神秘尊貴，成了這些企業所看重並忠誠的東西。

到了二十世紀六〇年代初，摩根士丹利的客戶除了J．P．摩根公司的老客戶之外，又發展了澳大利亞、加拿大、埃及、委內瑞拉和奧地利這些國家政府，以及世界上前二十五大企業中的十五家。

繼子神話也會有其波折劇情。到了二十世紀六〇年代，雖然摩根士丹利依然勤勉地追求優秀，但畢竟時代開始有所變化，在這家一流銀行和它的世界頂尖客戶之間，開始出現了某些裂痕。

裂痕首先來自於市場變化。由於越南戰爭爆發，美國軍費開支增加，國際收支惡化，黃金持有量不斷消耗，美國政府採取了多印貨幣的通貨膨脹政策，讓其他國家持有的大量美元隨之貶值，從而為美國政府買單，這種政策的惡果帶來了資金流動性的氾濫。同時，市場結構發生了變化，從前，市場中起決定作用的是使用資本的大公司，現在其領導地位被提供資本的機構所代替，這些新的資本提供者包括養老基金、保險基金等機構，他們需要對資金進行保值，而大的企業客戶對大額證券的發行也提出了包銷等全新要求。這樣，摩根士丹利所堅持的紳士銀行家、關係銀行等準則無法解決類似的問題。

競爭者的地位在迅速上升，所羅門銀行和高盛銀行因為和占紐約證券交易量四分之三的投資機構有良好關係，加上創新、靈活而充滿活力的公司管理制度，打造出不斷創新的金融業務，得以在市場上迅速崛起，並向原先最優秀的摩根士丹利發起挑戰。反觀摩根士丹利，他們所掌握的是和大公司的良好關係，對市場並不深入瞭解，其資本金也很小，甚至不涉足具體的證券交易業務，由此，他們開始遭遇忠誠客戶的「背叛」。

摩根士丹利面對的是傳統遭遇挑戰的巨大壓力，新環境讓皮爾龐特時代的業務方式顯得越來越不適應，只有透過積極變革自我，摩根士丹利才能適應新的環境。

摩根公司重整旗鼓

摩根公司的革新要比摩根士丹利更早，因為他們面臨的壓力要更大。從二十世紀五〇年代開始，摩根公司就不得不面對自己落後於「繼子」的現實，並著手想辦法。

一九五五年，亨利．亞歷山大接替了惠特尼董事長的職位。惠特尼思想保守，源於他的東海岸貴族家庭傳統，亞歷山大則不同，他更多表現出南方人的隨和態度和熱情投入。他曾經在聽證會上為傑克辯護，傑克看中他的能力，邀請他成為新的合夥人，類似當年吉諾斯面對皮博迪邀請的態度，亞歷山大說：「我們一個月之後再談。」最後他終於選擇了摩根公司，而不是進入自己工作的戴維斯波爾克公司擔任合夥人。

摩根公司重整旗鼓，是從對寬街十五號的三十八層摩天大樓進行收購開始的。那時，大通銀行為了保護自身利益，想要在華爾街以外蓋一幢銀行大廈，這需要先賣掉以前的大樓。理所當然地，大通銀行總裁齊肯道夫請來了亞歷山大商量這筆生意。

亞歷山大對這邀請表現得有些冷淡，他說：「我們不是房地產商，我們在街角這塊地盤很不錯（指華爾街二十三號），我們在金融街作用並不一般，所以我們的規模不需要很大，但卻有著很強的實力和影響力，我們有自己的關係網。所以我們不需要擴大規模，也不需要購買這塊地方。」

但齊肯道夫篤定地說道：「亨利，你馬上會結婚的。」

「什麼意思？」亞歷山大不知所云。

「你看吧，總有一天，你的銀行會和另一家銀行合併。到那時候，現在這點財產就是新娘子的嫁妝，你能夠靠這個和合夥人達成更好的交易。」齊肯道夫洋洋自得，覺得這個比喻很恰當。

亞歷山大的臉嚴肅起來：「摩根永遠不和別人合併。」

齊肯道夫沒想到弄巧成拙，只好訕訕說道：「好吧，我只是預測一下。」

一九六〇年，聯準會開始拍賣一年期的國庫券，這吸引了紐約摩根擔保信託公司＊（下稱摩根擔保公司）的財務主管拉爾夫．里奇，他在董事會上強烈建議參與競標。當董事會詢問具體價格時，里奇回答說：「大約在八億到十億美元之間。」亞歷山大沉默了一會兒說道：「這可能是以前摩根公司一年的業務量。」

就算家底不同以往，但這樣的大宗交易亞歷山大還是需要具體考慮。摩根家族的傳統最終決定了他們敢於向政府的專案出手，很快，一個專門從事國庫券交易的部門成立，由里奇負責領導並成功地獲得了一年期國庫券的承銷權，為摩根公司獲利不少。一九六二年，新的一批國庫券出售，數額在十三億美元，里奇帶領的部門拿下了其中一半。

樹大招風的定律再次生效，政府又一次盯上摩根，財政部很快出臺規定，每個投標企業最多只能購買每週出售的國庫券的四分之一，不過，摩根擔保公司的國庫券業務還是相當驚人的，每天交易量都在十億美元之上。

在國際市場上，亞歷山大也不滿足於目前的成就，他希望找到一條管道去同時恢復摩根公司在證券和儲蓄兩條戰線上的業務。天遂人願，聯準會出台了一項新規定，允許美國企業可以在海外不遵守讓摩根財團分裂的《格拉斯－史蒂格爾法》。於是，摩根擔保公司控股下的摩根有限公司，出現在法國巴黎協和廣場四號，這家公司主要在歐洲從事證券承銷業務。摩根擔保公司本來邀請了摩根士丹利參與，但後者對此並不願意涉足。摩根有限公司孤軍奮戰，很快為義大利高速公司發行了第一筆歐洲債券，取得了不錯的成績。

這樣的成績讓摩根士丹利有所醒悟，他們看到了未來歐洲市場的空間，開始和摩根建富、摩根擔保公司攜起手來，與梵蒂岡銀行在羅馬共同組建了名叫「歐美利加」的投資銀行，這家銀行同樣取得了成功。

摩根擔保公司對此局面感到高興，但似乎老摩根公司的輝煌註定無法重現。新的政策再一次出臺，美國證券交易委員會規定，摩根公司無法同時做紐約銀行的受託方，又去巴黎為他們承銷債券，這意味著再一次讓這些「摩根」分開。

一九六七年一月，摩根擔保公司決定，將巴黎的摩根有限公司中的三分之二股權賣給摩根士丹利，並將之改名為摩根國際公司。摩根士丹利拿到摩根國際公司後，也一直盡心盡力地運營，

＊紐約摩根擔保信託公司：該公司是一九五九年四月二十日，由J．P．摩根公司和紐約擔保信託公司合併而成的。

將其作為拓展海外市場的橋頭堡，把公司的許多人才派到其中，並將大量的國際業務都打上了摩根國際公司的標籤。到一九七五年，摩根國際公司每年發行的債券數額都高達五十億美元。

蛇吞象，吃掉紐約擔保信託公司

二十世紀五〇年代，摩根公司的名字看起來彷彿在不斷縮小，其實這只是因為華爾街上的對手在不斷壯大。紐約第一國民銀行原本是摩根公司的盟軍，此時已經被國民城市銀行所收購；大通銀行和曼哈頓銀行合併；紐約信託銀行被紐約化學銀行收購；製造商信託銀行和漢諾威銀行合併……。紐約有三分之一的銀行因為合併而消失，這樣，新的大銀行才能和更大的客戶、更新的市場相互適應。

銀行業有了新紀元，銀行家們無法再保持原來那種高高在上的特點，資金越來越多，讓銀行家反過來去邀請別人貸款或購買服務。大通銀行的廣告口號是「大通曼哈頓有你的朋友」，其他新銀行則從外觀入手，把大理石走廊和高高的櫃檯換成柔軟皮製的傢俱和敞亮的開放空間。業務上的區分則最明顯，摩根公司依然只是看重批發業務，而它的競爭對手看重的是消費者的零星存款，吸引那些戰後新生的中產階層。

最終幫助摩根公司走出這一個尷尬局面的，還是亨利．亞歷山大，他做出了合併的選擇。許多摩根人直到此時依然反對任何合併，他們認定合併會破壞公司特色，同時也讓其個人利益受損。好在亞歷山大有著不一樣的運氣和才氣，他選擇了準確的獵物，這個獵物就是紐約擔保信託公司。這家公司有著充裕的資金，但卻缺少人才，這和摩根銀行恰恰相反，同時，他們也有著很大的相似點：同樣的悠久傳統，同樣有許多優秀的企業客戶。

紐約擔保信託公司的董事會主席路德·克里夫蘭，作風獨裁，對員工傲慢專橫，堅決反對建立分行或者開設小型支票帳戶。他的自命不凡導致整個銀行董事會的反叛，董事會就此開始和亞歷山大就合併問題進行會談。

一開始，擔保信託公司的董事會建議，新銀行名字叫擔保摩根銀行，無論亞歷山大有多希望合併，這樣的建議當然不可能被接受。但福特汽車公司帶來了好運，這家公司對擔保信託公司的養老金經營情況不滿，就把資金轉移到了摩根公司。面對重要的一擊，擔保信託公司董事會幾乎是含恨同意，將新銀行名字定為摩根擔保公司。

摩根公司就這樣接管了比自己規模大四倍的擔保信託公司，媒體將其稱為「被大魚吞下的約拿」＊。這筆交易的互補性近乎完美，擔保信託公司在鐵路和公共事業上很有實力，摩根公司則是美國鋼鐵公司的主要貸款銀行，並擁有肯尼科特鋼業公司的股份，擔保信託公司的大客戶則包括伯利恆鋼鐵公司，同時也擁有阿納康達公司的股份。在地理上，摩根公司在美國東北部和西歐有很大的市場佔有率，擔保信託公司則在美國南部和中東、東歐有廣泛的市場。另外，美國運通

＊被大魚吞下的約拿：約拿是《聖經》記載的先知，曾經被大魚吞下，在魚腹中度過三天三夜。

公司、美國電話電報公司在擔保信託公司也有很多存款，摩根公司在這次合併中大有斬獲。

合併之後，摩根公司的高層接管了幾乎全部高階主管職位，亞歷山大主持銀行工作，摩根公司的主要合夥人湯姆・拉蒙特和小亨利・戴維斯則成為副董事長。由於摩根總部需要進行翻修，摩根高階主管就暫時搬到擔保信託公司在百老匯大街一四〇號的辦公室，這不僅沒有讓擔保信託公司原班人馬感到氣餒，反而讓他們覺得大有希望，唯一的缺憾是倫敦的摩根建富銀行感到了巨大的競爭壓力，因為擔保信託公司倫敦分公司規模很大。

一九五九年四月二十四日，在兩家公司圓滿完成合併之後，亞歷山大召開了全體職員會議。他專門引用了老摩根公司的集體座右銘來提醒所有人：「我希望，除了少數摩根人以外的每個人也知道，晉升途中，很重要的一個因素，就是如何培養好你的下屬來接你的班。」這種強調密切協作的企業文化，始終要求把集體利益放在個人利益之上，確保摩根擔保公司沒有像其他某些銀行那樣形成派系鬥爭甚至最終分裂。

第二年四月，小吉諾斯・摩根在他位於北灘的宅邸邀請了八百人共進午餐，以祝賀合併的完成。這位傑克的大兒子的確不適合金融工作，他喜歡輪船和遊艇，這些應該來自其童年在爺爺皮爾龐特的遊艇中那些歡樂的記憶，他在銀行工作，更多只是出於對家族的忠誠與榮譽感。這次午餐實際上成了小吉諾斯和公司的告別宴會，六個月後，他在一次狩獵中突發疾病去世，享年六十八歲。

透過合併，摩根財團重回其世界最大的批發業務銀行地位，存款額猛漲到四十億美元，綜合規模則排在第一國民銀行、大通曼哈頓銀行和美洲銀行之後的第四位。另外，摩根公司所擁有的公司客戶數量是最多的，美國最大的一百家公司中有九十七家公司在摩根公司開戶。

合併帶來的另一項顯著變化就是摩根公司跨出國門。亞歷山大認知到，美國經濟的高速發展會迅速帶來更多向海外的貿易和投資，隨後，摩根公司在法蘭克福、羅馬和東京設立了分支機構，原來幾乎已經停滯的國際業務也因此被重新啟動。

與合併同時進行的是新摩根大樓建立，摩天大樓位址位於寬街十五號，建築風格和之前完全不同，以往的古老和神秘感完全消失。雖然要啟用新的摩天大樓，華爾街二十三號樓依然保存，高層職員的辦公室留在那裡，公司高層也不打算拆掉這個標誌性建築物，而是任由其躲藏在其他高樓的陰影下。

重圓夢碎，百慕達會議無疾而終

摩根擔保公司重整旗鼓之際，摩根士丹利終於發生了意在革新的「政變」，政變的發起者是羅伯特．鮑德溫。

一九六一年，佩里從摩根士丹利首席合夥人位置上退休，鮑德溫是他的得意門生，鮑德溫沒什麼幽默感，和人交往相當沉悶，員工也不喜歡他。但鮑德溫自有其敏銳的一面，他發現了摩根士丹利的致命點：機構龐大，管理效率不高；沒有預算和規劃，只依靠傳統的記帳方式；合夥人靠血緣、社會之類的人脈關係來取得成功，如利用打高爾夫球來拉客戶等。

鮑德溫看到，所羅門兄弟和高盛這樣的對手在迅速成長，不順應時代變化，摩根士丹利必將光輝不再。他試圖進行改變，但卻困難重重，於是他只好選擇去華盛頓從政做海軍部副部長，又去了其他公司任職，但最終還是回到了摩根士丹利。此時，二十世紀七〇年代即將到來，老一輩合夥人不斷退休，新人們開始接替合夥人的位置，對公司的改革可以開始了。

一九七〇年，號稱「無禮六人幫」的年輕合夥人們將鮑德溫送上首席合夥人的位置。他開始帶領公司迅速革新，以維持公司一流投資銀行的地位。一九七一年，他在規劃會議上領導通過了開發證券銷售和交易的業務，老合夥人們原本看不起那些推銷員、交易員，覺得他們都是為了業務到處推銷的烏合之眾，但鮑德溫卻大舉吸收這些人才開拓市場，不再只是將相關業務批發給其他公司去銷售。這樣，摩根士丹利終於能夠放下身段，將獲取利潤的觸角伸向更深層面的市場，這正如鮑德溫自己所說的：「投資銀行想要獲取利潤，就要不擇手段。」

有意思的是，摩根士丹利開始宣佈要雇用交易員，反而讓許多人疑心重重，人們不相信這家有高貴血脈的銀行會進行徹底轉型。很快，摩根士丹利開始在紐約證券交易所派駐場內的交易員，並推行了基於個人業績的報酬制度，刻意製造內部緊張競爭氣氛來吸引交易員。

變革還發生在合夥人挑選制度上。以前，摩根財團的合夥人大都是受過良好教育的白種人，在摩根士丹利創建之後，這一點也保持得很好。但鮑德溫主政之後，白人、年齡都不再是必需條件，一九七三年引入的合夥人伯納德只有三十一歲，一九七五年引入的合夥人路易士・曼德斯則是古巴難民，鮑德溫的「不擇手段」站在皮爾龐特「唯才是舉」的理念基礎上，這種巧妙結合反而能走得更遠，他打破了舊有約束，招徠更多新的一流人才，給他們帶來足以超越夢想的財富，也讓摩根士丹利擁有更大的競爭能力。

當鮑德溫忙於改革摩根士丹利的時候，更大層面的改革發生在老摩根財團的內部。隨著金融業競爭國際化，摩根擔保公司、摩根士丹利原本就開始明爭暗鬥，二十世紀六〇年代末，摩根建富也開始進行國際化擴張，這就讓情況變得微妙而複雜。

摩根建富之前並沒有參加國際化競爭，這種情況被一九六七年出任總裁的約翰．史蒂文斯爵士結束，這位爵士的經歷非同一般，「二戰」期間，他深入義大利、希臘和法國等戰區進行解放運動，他個人的冒險性格也促使摩根建富在其上任後開始在全世界各地開辦分支機構，新客戶都是在摩根擔保公司存過款的美國公司，這些公司很少有人知道摩根建富的名號，但誰都清楚摩根兩個字的分量。

摩根擔保公司對此猝不及防，只好禁止摩根建富進入美國市場，摩根建富對此很不情願。反之，摩根擔保公司也在歐洲進行業務發展，畢竟沒有法律禁止他們在那裡從事證券、債券業務，再加上摩根士丹利又獲得了在法國巴黎經營證券承銷業務的公司的股份，整個老摩根財團內部利益被攪得翻天覆地，大家不由地想到，既然如此，為什麼不乾脆把和摩根有關係的企業進行再次合併？反正在世界許多地方，人們都不清楚整個摩根財團的歷史。

就這樣，一九七三年六月二十日，三家公司的成員來到百慕達岩洞灣飯店舉行會議，這次會議整整保密了十幾年，當時只有級別最高的人才能知道會議詳情。後來所透露的會議內容是：摩根擔保公司和摩根士丹利各出資百分之四十五，摩根建富出資百分之十，成立一個叫作摩根國際的公司，這家公司將對三家企業在海外的證券業務進行整合。這樣，三家公司相互爭鬥的歷史會終結，大家又能擁有同一個光輝的名字。

這次會議最終失敗了，一方面的原因在於摩根擔保公司已經重新開始使用J．P．摩根公司的名義從事商業票據、大額定期存單和歐洲美元存款等不受當初《格拉斯-史蒂格爾法》束縛的業務，另一方面，政治原因也使得合併很難進行——受到英美兩國政策影響，摩根建富的業務能夠向「鐵幕」即社會主義國家進行，但作為美國企業的摩根擔保公司和摩根士丹利則不可能做到這一點。

最重要的是，摩根建富的員工們不可能接受被合併的命運，他們認為自己能夠進入大英國協＊（英聯邦國家），所以在合資中應該擔任重要角色；但摩根擔保公司又看不上摩根士丹利在改革之後的那種「不擇手段」，更何況摩根士丹利低級合夥人比摩根擔保公司董事長賺到的都多；摩根士丹利想要摩根擔保公司的資金，但掌權的鮑德溫認為不需要大力拓展國外業務。

在這樣的巨大分歧下，百慕達會議只能變成一場美夢。此後，三家公司正式結束了相互間的聯繫紐帶，並逐漸變成競爭對手。

＊大英國協：也稱英聯邦國家或共和聯邦。原名 British Commonwealth of Nations，一九四六年二世界大戰後，正式更名為 Commonwealth of Nations，即國家國協。

Chapter 11

變革年代

一九七三年——一九八九年

兼併之王摩根士丹利

時間進入二十世紀七〇年代，鮑德溫將摩根士丹利的紳士銀行法則摧毀無遺，這家公司正變成典型的資本大鱷，吃掉誰或者不吃掉誰，都只取決於自己發展的需要。雖然傑克的兒子亨利還堅守在這裡，但在一九七〇年時他已經跟隨公司改革變成了有限責任的合夥人，失去了原有的一票否決權。

摩根士丹利之所以做出這種轉變，很大程度上源於客戶首先開始的「背叛」。摩根士丹利有一大批忠誠的客戶，雖然所羅門、高盛這些競爭對手在不斷「挖牆腳」，但流失的速度並不太快，摩根士丹利也沒有感受到什麼大威脅。但到二十世紀七〇年代之後，鮑德溫發現，成熟的公司已經能夠自行出售商業票據或者向機構投資者私募資金，例如，二十世紀七〇年代，德士古石油、美孚石油和國際收割機公司等客戶開始直接向機構投資者發債；而資金充裕的公司比如福特、通用電氣公司能夠利用紅利再投資或者員工入股計畫來籌集資金，甚至自己就能夠扮演類似銀行的角色；埃克森公司甚至搞起了「拍賣」式的競爭遊戲，讓幾家銀團競爭來參與到公司的融資中……。如果都這樣做，那摩根士丹利將來還能經營什麼業務呢？

雖然有所改革，但鮑德溫也沒有預料到這一點：在資金短缺的舊時代中，企業當然都希望和神秘、威嚴和傳統的摩根財團保持良好關係，但在資金充沛的時代中，融資方式有很多種，新的金融仲介也有很多種，客戶沒有必要只和摩根士丹利這一家銀行保持聯繫。

一九七九年，ＩＢＭ（國際商業機器股份有限公司）的背叛真正敲響了警鐘。ＩＢＭ一直是摩根士丹利的老客戶，非常遵守規則，這一年他們為了研製新一代電腦需要發行十億美元債券，但卻破天荒地提出了要求，摩根士丹利應該接受由所羅門兄弟公司領導的銀行團來承銷這筆業務。放在以前，這是不可能想像的，摩根士丹利根本不會參加由其他公司領導的承銷業務，曾經有日本公司不知道「規矩」，冒冒失失地跑去先和波士頓第一銀行團談，再來找摩根士丹利，結果吃了個閉門羹。但今非昔比，摩根公司面對的是世界上最大的公司，進行著歷史上最大的工業貸款。

內部的激烈爭辯就此開始，許多人表示要維護公司的傳統，鮑德溫表現也很強硬，他覺得不能打開破例的口子。但ＩＢＭ的回覆也同樣堅硬，他們說不管摩根士丹利參不參加，融資依然由所羅門公司牽頭。這讓摩根士丹利根本沒辦法下臺。

隨後不久，事情就發展得如同競爭對手所評論的那樣：「一旦摩根公司的客戶開始對其他公司開放了，就會很快全部開放，這只是時間問題了。」摩根士丹利不得不放下架子，開始和其他公司共同承擔奇異（通用電器）公司、杜邦公司和達尼克公司的證券發行。另外，摩根士丹利公司改變了對新客戶的態度，以前他們不允許新公司掛自己的牌子，也不經營新公司原始股公開發行業務，但現在為了打擊ＩＢＭ，摩根士丹利主動把蘋果電腦公司帶入了股票市場，後來這家公司發生的一切說明了其決策的明智。

現實迫使摩根士丹利去開闢他們的第二戰場，從所羅門、高盛這些對手尚未涉足的領域來反攻，於是，收購兼併業務為主導的政策很快被確立了。

摩根士丹利對收購兼併業務並不陌生，但之前沒有將之作為主要業務。雖然參與過多起兼併收購案，但為了維護客戶利益，摩根士丹利只是充當幕後角色。例如，在美國七家姐妹石油公司中，有六家都是摩根士丹利的客戶，如果摩根士丹利公開幫助一家公司收購其他公司，就會導致其他客戶關係的惡化。當時，摩根士丹利感覺，兼併收購業務不過是順便提供給客戶的，公司只是從中拿一些小費罷了。

但此時已經顧不得那麼多了，既然客戶們自己做證券承銷的主宰者，摩根士丹利決定和客戶們搶生意，他們要挖掘最後的金礦。為了讓兼併業務更加有利可圖，摩根士丹利設計了一套收費價目，標準是根據兼併收購業務涉及的金額來進行不同比例的收費。為了做好兼併業務，由格里希爾主持的兼併收購部門成立了，這個部門很快從四個人增加到五十個人。格里希爾是個狠角色，為了拿到更多的利潤，他就像狩獵者一樣不斷在尋找並促成大額的兼併業務。

在格里希爾和他的兼併收購部門影響下，摩根士丹利作為證券承銷商的穩健消失了，而是進入二次創業期。員工們接到業務之後會一連工作幾週，每週工作滿九十個小時，週末的時候帶著呼叫器隨時待命，從事外界的社交和政治活動要先行報告，總之，這裡的工作節奏非常快。

在格里希爾的衝鋒陷陣下，摩根士丹利進行了第一次敵意收購行動，他們為英科公司用股票操縱收購了蓄電池公司——當時世界上最大的電池製造商。鮑德溫一開始並不願意從事這種敵意的收購行為，整個董事會也不願意背叛一五〇年來始終遵守的紳士銀行家法則，但格里希爾說服了他們，他提出摩根士丹利需要在革新的基礎上繼續發揚新的革新風氣，那就是勇敢競爭、積極進取，要知道，敵意收購已經是整個華爾街浪潮中無法避免的趨勢，即使摩根士丹利不那樣做，其他公司也會做，市場競爭就是殘酷的。

董事會同意了，為了給自己臺階下，公司對外界表示：「自己將要做的，是為英科公司履行義務，是繼續遵循摩根公司為忠實客戶服務的老傳統。」為了讓事情更加順手，摩根士丹利還新選擇了一家法律事務所，新的法律事務所是早就開始經營敵意兼併業務的猶太人事務所，並非之前一直合作的白人法律事務所，後來，這家新法律事務所成為摩根士丹利重要的兼併業務工具。

萬事俱備之後，英科公司向蓄電池公司發出通知，自己將要用每股二十八美元價格收購其股份，價格遠遠高於其市場價格。隨後，為了防止蓄電池公司尋求「白衣騎士」*的幫助，英科公司在格里希爾的幫助下，將股價抬高到四十一美元。最終，敵意收購大功告成。

這次敵意收購的勝利改變了摩根士丹利，也震撼了華爾街。隨後，更多併購也得以完成，一九七九年，摩根士丹利為貝里奇油公司向殼牌石油公司出售提供諮詢服務，並完成了兼併；一九八二年，梅薩石油公司的總裁布恩．皮肯斯聘請摩根士丹利控制通用美國石油GNB工程的股份，摩根士丹利順利完成任務；一九八四年，摩根士丹利又幫助加利福利亞標準石油公司收購了海灣石油公司，從中他們拿到了一六五〇萬美元的利潤。

為了現實的發展，摩根士丹利公司必須背叛原則。既然如此，其他投資銀行就更沒有什麼好懷疑和顧慮的。就這樣，兼併者四處出擊，華爾街為全世界展示出充滿了劫掠和秘密的併購叢林。

垃圾債券，利潤新大陸

格里希爾和他的繼任者們不斷努力，將摩根士丹利推上了併購業界主宰者的地位，這個地位在一九八四年至一九八七年間達到巔峰，四年中，摩根士丹利總共參與了價值高達二三八〇億美

* 白衣騎士：指公司遭到敵意收購襲擊的時，主動尋找協力廠商，即所謂的「白衣騎士」來與襲擊者爭購，造成協力廠商與襲擊者競價收購目標公司股份的局面。

元的兼併收購交易，公眾無法相信一家公司就能滿足兼併市場如此大的需求。

可是，有得必有失，兼併業務被炒得火熱，債券承銷業務卻日漸式微。

一九八二年，鮑德溫依然是摩根士丹利的首席合夥人，其手下債券承銷部門的負責人是湯瑪斯・桑德斯三世，他每天清晨都要在外面跑步鍛煉，但三月十六日這一天，運動服裡裝的輕便式收音機傳來的消息，讓他猛然停下了腳步。

消息是這樣的：「美國證券交易委員會於今日公佈四一五號條款。該條款規定，從今日開始，凡是符合條件的公司，均可為其今後兩年內所有可預期進行的證券發行，預先到證券交易所委員會辦理名為暫擱註冊的手續，同時自主決定證券發行的具體時機。」

如此簡短的消息猶如給桑德斯當頭一棒。他鬱悶地停下腳步，失神地想了一會兒，立刻轉身向家中跑去。

第二天，當桑德斯來到辦公室的時候，神色氣急敗壞，他不顧風度地向表情不安的人們說道：「等等，夥計們，這簡直是不可思議。」然後，他又抄起電話，告訴華爾街的許多人：「天啊！這簡直是瘋了。」很快，桑德斯向證券交易委員會當面提出一份抗議書，在抗議書中，摩根士丹利公司正式申訴：「這條規則可能會對籌資過程產生根本性的影響……同時造成意想不到的後果。」

後果出現了，摩根士丹利的客戶中，有二十八家屬於美國「百大公司」榜單中的成員，這些公司無一不贊成四一五號條款，其中埃克森、美國鋼鐵和杜邦公司甚至同時寫信給證券交易委員會吶喊助威，表示支持。四一五號條款為他們正式鬆綁，他們以後不需要找摩根士丹利來利用傳統的銀行團進行債券上市，而是可以進行「承購交易」，這種交易主要由一家或者一組公司直接買下所有的債券，對企業來說，這樣更加簡單直接，顯然受到歡迎。

就這樣，從一九五三年到一九八一年始終都是企業債券第一號承銷商的摩根士丹利，因為四一五號條款的出臺，驟然下降到了投資銀行（簡稱投行）中的第六名，以「承購交易」為主要業務的所羅門兄弟公司取代了其第一名的位置。當然，摩根士丹利沒有傷筋動骨，它在股票承銷業務上依然是第一名，但總體來看其排名畢竟下降了，失去了原有的那份榮耀感。

鮑德溫幸好不用面對這些問題，他已經老了，在年輕人眼中他總是在回憶當年。一九八三年下半年，他正式退休，公司一時沒有了繼承人，一系列的平衡之後，四十九歲的耶魯大學畢業生派克．吉伯特成為首席合夥人，他是二十世紀三〇年代J．P．摩根公司合夥人的兒子，也是摩根士丹利聯合創始人哈羅德．士丹利的繼子。他長袖善舞，有著出色的人格魅力，以他為中心，公司重新產生了凝聚力。最重要的是，摩根士丹利還發現了新盈利點——垃圾債券*。

垃圾債券產生於二十世紀八〇年代的併購浪潮，企業併購熱情高漲，加上投資銀行的推波助瀾，很多中小企業不願被併購，往往主動增加負債來進行對抗，他們大多選擇從銀行獲取貸款或者發行低品質債券來解決問題，雖然逃避了被併購的命運，企業的總體財務狀況反而惡化，垃圾

*垃圾債券：又稱劣等債券、高風險債券，指信用評級甚低的企業所發行的債券。

債券悄然爬到企業背上，成為他們的負擔。

摩根士丹利有著靈敏嗅覺去發現其中的機會，並藉以突破自我。他們認定，發行債券本來就是摩根士丹利的老本行——即使發行的是垃圾債券。

更現實的問題是，在那時的市場中，公司兼併浪潮席捲過頭，能被兼併的企業大都被兼併了，兼併部門的七十五個人甚至帶著地圖一家公司一家公司地跑，上門向潛在客戶推銷併購方案。而與此同時，垃圾債券名聲雖然不好聽，但發行起來卻有著高收益，猶如好吃的臭豆腐，再加上垃圾債券背後有不少小型的新公司，他們潛在的併購需求猶如廣袤的沒有競爭對手的原始森林——摩根士丹利先是為那些小型公司發行垃圾債券，籌集到充分資金，從中拿到高額的承銷利潤。接下來，等小型公司拿到了充分資金之後，摩根士丹利又能夠站出來，為他們策劃敵意收購。

整個流程都在摩根士丹利的掌控中。就這樣，摩根士丹利再次革新，小公司們在他們的支持下走上了前臺，以小吃大的敵意收購也變得正常了，華爾街再次發生了變化。

在垃圾債券之外，摩根士丹利還掌握了杠杆收購這一項利器。杠杆收購能夠透過先借錢的方式，將目標公司購買下來，然後用公司的資產進行抵押貸款，將貸款用於償還借款，公司可以透過公開發行股票或者直接出售優質資產來償還貸款。

摩根士丹利從一九八五年開始這一項業務，這項業務帶來的投資回報居然高達百分之二千五百，這讓公司胃口大開。杠杆收購專案實行有限合夥制度，摩根士丹利投入其中的初始資金只有一千萬美元，這對他們來說只是小菜一碟，但成功之後帶來的則是杠杆能夠撬動的「最大值」。

隨後的三年內，杠杆收購為公司帶來了一點四億美元的收益。不過，這種業務名聲很差，因為被杠杆收購的公司必須名聲上佳、經營良好，這樣，才能「帶紅」收購者自己發行的垃圾債券，讓投資者相信購買這樣的債券是有利可圖的。而杠杆收購為的是賺錢而不是經營好公司，拿到目標公司之後只是為了更好地賣出，於是大量原本能發展起來的好公司被就此毀滅，這種專案也被形容成海盜般的業務。

在摩根士丹利的帶動下，杠杆基金在許多銀行的業務中大行其道，隨後的二十年內始終繁榮。在二〇〇九年信貸危機的蔓延下，許多杠杆基金因為收購太多公司而負債累累，最終倒閉。但在當時，杠杆基金讓華爾街重新控制了實業。

摩根建富煙消雲散

不斷打破規則的革新，為摩根士丹利帶來超級豐厚的利潤，這讓遠在倫敦的摩根建富看在眼裡、急在心中。直到二十世紀八〇年代，摩根建富的外表依然保持著一五〇年傳下來的傳統，他們不在門口懸掛公司的牌子，只在大廳中懸掛古老的銅質徽章，並用內部的裝飾來體現對銀行歷史的敬意。

表面的平靜之下內有玄機，早在二十年之前，他們就開始了對傳統的挑戰，然而挑戰本身卻缺乏規劃性，公司過分依賴合夥人開會商議的習慣，缺少真正的計畫或者專題會議，無法對公司每一次大發展進行戰略性的規劃。再加上摩根建富沒有出現亞歷山大或者鮑德溫這樣的帥才，同樣是對傳統的反叛和對自身的革新，摩根擔保公司和摩根士丹利因為有優秀的領導者，才能夠統一步調，但在摩根建富，表現得更像是即興而為，雖然他們面對機會也取得一些成功，但這些成功之間缺乏關聯性，導致公司的進步過程難以連接起來。

數字上的成就也掩蓋了這些問題，摩根建富管理英國女王的財產，還精於國際性的投資組合，經過多年的發展，摩根建富所管理的資產高達二五〇億美元。要知道，此時摩根士丹利雖然是美國投資銀行中的佼佼者，也只經營一一〇億美元而已。此外，摩根建富還在項目融資和貿易上做出成績，它能夠在多個能源專案上進行融資，其中最出色的業務屬於兼併部門，該部門有一二〇個人，創造了公司一半的稅前利潤，在一九八六年帶來了價值一四〇億英鎊的交易。

這些都掩蓋了摩根建富面臨的隱憂，他們缺乏全球性的視野，沒有像摩根士丹利那樣及早進入國際兼併領域，也沒有像摩根擔保公司那樣和中東、拉美等國家政府進行交易，摩根建富只是在封閉的倫敦金融區內，主要從事英國和歐洲背景的業務，這成為其相當危險的瓶頸。

一九八六年十月，瓶頸終於砰然破碎。柴契爾政府為了保持倫敦金融中心的位置，決定讓倫敦本地的銀行面對全球財團的競爭。透過打開保護的大門，外國公司可以進入倫敦金融區，英國政府此舉達到了維持全域的效果，但並不能確保單一公司的存活。當時，倫敦的銀行發現，許多美國商業銀行蜂擁而入，就在他們的臥榻之側開始了投資銀行業務，美國人都希望有朝一日《格拉斯–史蒂格爾法》能被撤銷，使這些海外業務可以整體轉回美國。

和摩根士丹利曾經面臨的情況一樣，英國實業公司的財務主管們突然發現，自己面臨的融資選擇多得多了，他們為此感到歡欣鼓舞，因此果斷地甩掉了對單一銀行的依賴。此外，公司的合併情況也變多了。可惜的是，當這種外部衝擊來臨的時候，摩根建富還是在猶豫不決，年輕董事們希望能夠採取大膽冒險的行動來迎接挑戰，但傳統董事們則不願意引入他們不熟悉的新業務，就這樣，最寶貴的時機喪失了。

摩根建富彷彿開啟了潘朵拉的魔盒，錯過了應對大衝擊的時間窗口之後，銀行又陷入證券行銷的醜聞中。十二月，英國貿易和工業部對摩根建富公司總部和他們的客戶——健力士釀酒公司進行調查，在最初的調查後，摩根建富宣佈，不再為健力士釀酒公司融資，並且解雇了相關的工作人員。但媒體的輿論並沒有平息，由於醜聞中內幕交易的因素在不斷發酵，從保守黨政府到公眾都在要求徹底調查，柴契爾夫人的顧問約翰．維克漢姆說出了形象的詞語：「我們必須馬上將他們銬起來。」不久之後，鐵娘子終於出手，遵照她做出的指示，摩根建富和醜聞相關的兩名董事在當天就離開了公司。

無休止的新調查開始了，摩根建富的麻煩越來越多。一九八七年五月，又有銀行高階主管因被指控損毀和偽造健力士釀酒公司的相關檔案而被捕，然後是另外幾名高階主管的被捕……。不過，在一系列的打擊中，一九八七年摩根建富依然保住了兼併業務的第二名，其客戶和員工都沒有大量流失。

隨後幾年，摩根建富力求能夠打一個翻身仗，但多年以來這家公司只是看重兼併帶來的短期利潤，並不重視政府債券和企業證券業務，問題的積重難返讓他們無法擺脫夢魘。

一九八八年十二月六日，摩根建富宣佈關閉證券業務，辭退了四五〇人，占總員工四分之一左右。第二年三月，公司宣佈前一年虧損，這在吉諾斯・摩根創建公司一五一年以來，還是第一次。

現代世界終歸要驅逐那些不願意與時俱進的成員，被迫去掉了證券業務，摩根建富又無法成為一個國際投資銀行。這家公司自己很快就成了被兼併的對象。一九八九年十一月，法國東方匯理銀行開始進行收購活動，摩根建富求助於德意志銀行，讓其充當「白衣騎士」，並獲得了超過帳面價值一倍的十四億美元的出價。

至此，具有一五一年歷史的摩根建富公司煙消雲散，整個公司成了德意志銀行下屬的投資銀行業務分部，從此以德意志銀行摩根建富的名義經營活動。

拯救大陸銀行

二十世紀六〇年代末期，摩根擔保公司成立了自己的銀行持股公司——J・P・摩根公司，他們再次用上了這個曾經主宰時代的名字，J・P・摩根公司日漸成為其重要的支柱，在海外的營業活動中，J・P・摩根公司為整個摩根擔保公司帶來了一半的利潤。

透過這家公司，摩根擔保公司成了所謂的「MBA」銀行，這三個字母分別代表了墨西哥、巴西和阿根廷，向墨西哥提供了十二億美元的貸款，向巴西提供十八億美元的貸款，向阿根廷提供了七點五億美元的貸款。這家華爾街原本最保守的銀行，也開始依靠風險更大的貸款獲取利潤。遺憾的是，巴西的貸款最後演變成債務危機，一九八九年，摩根擔保公司總共增加了二十億美元的呆帳準備金應對損失，這次失敗也證明，即使是摩根擔保公司也並非是永遠不敗的。

由於貸款的風險性，從二十世紀八〇年代開始，摩根擔保公司就放棄了批發貸款業務，轉而進入全球投資銀行業務。隨著市場和自身的變化，J·P·摩根公司建立了新的生意原則，它每天在貨幣市場上能夠調動數十億美元，不需要依賴貸款利差和存款業務。J·P·摩根公司沒有設立零售業務分行，並完全放棄了批發貸款業務，這家公司從投資銀行業務費與交易收入中獲得了更多利潤，在歐洲債券業務上，它們的名次迅速上升到第二位，並加快發展黃金、外匯和金融期貨買賣的相關業務。

這種選擇讓它和摩根士丹利、摩根建富產生了必然的競爭關係，一九八一年，摩根擔保公司正式出售了在摩根建富中百分之三十三的股份，摩根財團相互之間最後的聯繫消失了。對此，並沒有什麼人感到難過，摩根擔保公司的董事長普雷斯頓說：「英格蘭銀行希望我們能夠分擔每筆虧損的三分之一，但這裡的管理部門在不斷演變，我們根本不認識經營這個公司的人。」

這位路易斯·普雷斯頓是摩根擔保公司的新董事長，二十世紀五〇年代他進入摩根公司，從郵件收發室開始努力工作，他崇尚摩根家族的傳統，在辦公室中懸掛著皮爾龐特和傑克走進聽證會會場的照片。在工作習慣上，他依然按照摩根家族規矩，每週和各個部門負責人開會，並建議高級管理人員能夠在餐廳一起共進午餐，這一點正如他說的「銀行保守一點不是壞事」。

普雷斯頓所領導的最重要項目，是摩根擔保公司對大陸銀行的救援。這家銀行位於芝加哥，曾經被稱為「中西部的摩根」，在二十世紀八〇年代初，他們還和摩根競爭首席公司貸款銀行的位置。為此，大陸銀行走了險棋，他們每天從貨幣市場上籌集八十億美元，拆借過夜聯儲基金並出賣大額定期存單，從中獲取利潤，但他們需要為每天的借款支付高額利息，其本身所獲得的存款也並不穩定，主要來自海外和本國機構的大量熱錢*，這些熱錢隨時都可能被抽走。

一九八二年七月四日，由於一家小銀行的倒閉，大陸銀行的大額定期存單發生大面積拋售，從日本到歐洲，大陸銀行的擠兌迅速發生了，這種擠兌被現代化包裝成了不同的景象，人們看不到存款戶的蜂擁排隊，只看到電腦螢幕上不斷跳動的數字。

大陸銀行將求援資訊發給了摩根擔保公司，這讓許多人想到了一九〇七年時皮爾龐特的形象。大陸銀行是不得已的，他們認為摩根銀行和自己的業務最接近，融資方式也最相似。普雷斯頓很快答應了對方的請求，他和高階主管們用最原始的方法進行求援，給不同銀行打電話，然後讓保全人員找到該銀行的董事長。不少銀行高階主管在為提供給大陸銀行的信貸份額討價還價，但最終他們都瞭解到，如果放任大陸銀行的危機發展，全世界投資者的恐慌就會帶來更大風險的事件。

普雷斯頓的電話說服迅速而有力，在週一清晨之前，不少銀行都同意了參與救援。但是，大陸銀行中面臨風險的存款規模共有三六〇億美元，私人銀行的救援只能是杯水車薪。最後，在聯邦存款保險公司的協調下，大陸銀行歸於國有，政府掌握了其百分之八十的股份。這次政府的出手，無疑打造出了新的局面，存款者們相信大銀行不會倒閉，他們更多地繞開小銀行，直接在大銀行中存款。

雖然摩根擔保公司沒有在拯救行動中獲得利益，但兔死狐悲的情況讓他們進一步明確了方向。現在他們看到，商業銀行如果堅持將貸款業務作為核心，會遇到一堆問題，包括各種高風險的信託業務、面臨主權違約和債務違約的拉美貸款等。這些問題是當年的《格拉斯—史蒂格爾法》始料未及的，那時，法案希望保護商業銀行不要在證券業中陷入風險，但結果證券業反而發展得如火如荼，商業銀行卻處在不斷的風險旋渦中。由此，摩根擔保公司明確了發展的戰略方向，那就是在海外繼續擴大投資銀行的業務，等待有朝一日能夠重回美國投行業界。

一九八八年，J・P・摩根公司正式成為J・P・摩根股份公司和摩根擔保公司業務經營的統一名稱。

＊熱錢：又稱游資、流資或投機性短期資本。這種資金流動極快，當投資者發現短線投資機會時，熱錢就會湧入，當投資者獲得預期營利或發現失去機會時，熱錢又會迅速流走。

Chapter

12 逃出生天

一九九〇年——二〇〇六年

「網際網路女王」，誕生在泡沫中

一九八六年，摩根士丹利對資金的需要越來越緊迫，杠杆收購業務需要大量的資金作為支撐，而高盛這樣的競爭對手也在虎視眈眈，加上摩根擔保公司海外投行業務的發展，有可能促使政府廢除《格拉斯-史蒂格爾法》，未來競爭者會更多。於是，摩根士丹利和合夥人制度正式說再見，他們在紐約證券交易所掛牌上市，向公眾開放發售了百分之二十的股份。

上市決定恰逢其時，一九八七年十月十九日，美國道瓊工業指數平均下跌五〇八點，「黑色星期一」讓美國政府對投行包銷股票的現狀很不滿，隨之而來的是廢除《格拉斯-史蒂格爾法》

的呼聲。雖然這一部法案並沒有馬上廢除，但J．P．摩根公司在一九八九年十月成為發行公司債券的第一家美國商業銀行，聯準會宣佈給予商業銀行這樣的權利，這也可以看作J．P．摩根公司吹響了重返投行業務的號角。

這樣的信號逼迫摩根士丹利找到應對之策，他們開發出了諸多新的金融衍生品，同時還出人意料地加入到能源領域中去開發現貨，從中攫取更多利潤。這樣的背景下，「網際網路女王」的神話誕生了。

「網際網路女王」叫瑪麗．米克，一九九一年，她正式進入摩根士丹利公司擔任網路行業分析師。三年內，她業績平平，甚至因為對八家網路公司股票進行了錯誤的推薦，還差點被公司炒了魷魚。

到了一九九四年，一切都變得不同。這一年，雅虎搜尋引擎誕生，隨後，網景通訊公司發佈了流覽器，這兩件大事都是網際網路劃時代的代表性事件。一直在關注該行業的米克，迅速抓到了行業的機會，她向投資者一口氣推薦了亞馬遜、美國線上、戴爾、eBay等十餘種網際網路背景股票。隨後幾年中，這些股票瘋狂上漲，最高的漲到了上百倍，米克因此變得炙手可熱。

真正奠定了其「女王」之位的是網景通訊公司上市項目。這支科技股的上市開闢了投資史上的先河——公司可以沒有收入和利潤，但只要能夠拿出具有說服力和吸引力的商業盈利模式，也一樣能夠獲得投資者的喜愛和追捧。在網景通訊公司上市之後，米克於一九九五年乘勝追擊，和同事推出了《網際網路趨勢報告》這本研究報告，其中充滿了果斷的推薦和預言。她指出，網際網路使用者將會在未來迅速增加，構建出龐大的新行業。這本報告一舉奠定了網際網路公司在投資界的形象。當英特爾公司總裁安德魯．葛洛夫在飛機上讀完報告以後，也深有所感，他下飛機之後就決定，必須儘快將英特爾公司帶入網路時代。

一代「網際網路女王」就此誕生，高科技公司的董事長蜂擁而至，要求米克幫他們把公司包裝上市，摩根士丹利也將這個差點被開除的員工看作寶貝，用她的名氣來拼命吸引客戶的目光。

最熱門的時候，摩根士丹利公司的總機每天要轉接米克的上千通電話，每通電話的背後都有一個想要讓企業上市和創造個人財富的人。在公司內部，也有許多部門的同事在找米克，希望她能夠撥一點時間為部門的客戶做推薦上市或投資建議，還有些人純粹只是她的「粉絲」，來瞻仰其神威而已。

一九九九年，「網際網路女王」神話達到巔峰，《華爾街日報》吹捧她是和葛林斯潘、巴菲特並列的市場三大推動力。米克也因此超負荷工作，一週工作上百個小時，這種勞動也是值得的，摩根士丹利為她開出一千五百萬美元的年薪。

但泡沫終究會破滅，在每一次市場衝動帶來的瘋狂終結後，總會有接手者被退散的大浪席捲而走，神話背後隱藏著高得離奇的股票市盈率，這成了埋藏在網際網路企業火熱上市圖景中的定時炸彈。

二〇〇〇年三月十日之後，那斯達克指數一路狂跌，網際網路泡沫迅速破碎，亞馬遜、雅虎等公司股票的市值下跌了將近百分之九十，米克開始受到指責和訴訟，並且遭遇了信任危機。但摩根士丹利一直在支持她，首席執行官裴熙亮（Philip J. Purcell）宣稱：「我們對米克的貢獻有非常不同的看法，她是網際網路產業分析的先驅，我們很重視她的研究。」米克因此也知恥後勇，在二〇〇四年八月，她重整旗鼓，又憑藉自己和谷歌創始人的良好關係，給摩根士丹利帶來了十七億美元的谷歌首次公開招股承銷業務。

此後，米克一度擔任摩根士丹利的總經理，並在二〇一一年徹底改變自己的職業生涯，從分析師變身為投資者，成為KPCB（凱鵬華盈）風險基金的合夥人。她和她的網際網路泡沫故事，為摩根士丹利二十世紀九〇年代的發展添加了別具個性的一筆。

改名摩根添惠，真的「添惠」？

經歷併購狂潮、杠杆收購、金融衍生品和網際網路業務，摩根士丹利如同航行於貌似平靜的海面上的海盜，一旦發現目標就會兇猛地撲上去，這種勇於冒險的好鬥性格，加上對人才與團隊的重視，讓摩根士丹利在上市之後業績不斷增長。即使在股災之年的一九八七年，摩根士丹利還是有大幅度的盈利。

一九八九年，摩根士丹利的六千四百名員工有了「新家」。新公司位於第六大道埃克森大樓中，整整佔據了十七層樓面。在三十層的接待處，還有一幅傑克·摩根的畫像保留著，提醒人們這裡依然保持摩根家族傳統。除此之外，摩根士丹利在家族的基礎上走得相當遠，到一九九二年，公司利潤高達五點一〇五億美元，刷新了他們的歷史紀錄。

一九九七年二月五日，是摩根士丹利發展歷史上的重要時間節點，他們和華爾街一家並不太出名的零售經紀商添惠進行合併，新公司被稱為「摩根士丹利添惠有限公司」。

「為什麼要和這麼的小公司合併？」人們發出了好奇的詢問。長期以來，摩根士丹利只和大客戶交往，這是在皮爾龐特之前的傳統就定下來的，添惠是不折不扣的零售商，他們面對的是使用一千美元帳戶的小人物，放在以前，兩家公司宛若天上地下——一個重視大客戶、戰略，猶如鯨吞；另一個重視小生意、戰術，猶如蠶食。

背後的理由很現實，摩根士丹利是個上市公司，高階主管們手握大量股票，希望股票價格能夠不斷上漲。一九九三年三月二日，摩根士丹利宣佈，麥晉桁（John Mack）成為新的總裁，這位後來綽號叫「刀鋒」的領導者發現，摩根士丹利的業績增長雖然平穩，但卻缺少能夠讓高階主管和股東滿意的「亮點」。恰逢在J．P．摩根公司的不斷號召和建議下，美國監管部門再次放鬆了對商業銀行和投資銀行在業務上的隔離，摩根士丹利的擴張計畫順利浮出水面。

一開始，摩根士丹利看中的是華寶銀行（S.G.Warburg），要是能和這家古老的英國投資銀行合併，世界最大的超級投資銀行就會誕生，可惜，華寶銀行要價太高，交易告吹。既然吃不了「大魚」，摩根士丹利自然將目光轉向「小魚」，他們發現，想要進入共同基金行業，需要與一家具有直接銷售管道的零售經紀公司合作，這樣的經紀公司能直接提供購買各種金融產品的客戶群。

添惠被選中了。添惠原本是全美國第五大經紀公司，在中西部和西部各州的市中心都設有規模不小的分公司，一直以來，添惠主要的產品是名為「發現卡」的特殊信用卡，他們有著四千萬的持卡使用者，這個數字是最讓人心動的，而他們和摩根士丹利也不是第一次合作了。一九九三年，添惠的董事會主席裴熙亮（Philip J. Purcell）選擇摩根士丹利作為企業公開上市的證券包銷商，正是這次交易讓摩根士丹利的高階主管們全面瞭解了對方，裴熙亮給他們留下的印象也很不錯，摩根士丹利的董事們認為他這個人聰明而低調，看起來像是能夠與摩根家族文化很好融合的人。於是，摩根士丹利發出了合併的邀請。

理論上來說，這次合併相當完美，摩根士丹利能夠開發出不同的金融產品，但他們缺乏產品銷售的環節；添惠有著強大的分銷體系，但他們需要上游金融產品生產和研究的支援。但外界也有質疑者，著名的管理顧問公司麥肯錫給出的評估結果說：「公司合併只能帶來百分之十二業務總收入的增長，速度超越其他公司……。換句話說，還是不合併的好。」但麥晉桁熱衷於合併，他反覆強調：「裴熙亮是我的朋友，我信任他，我相信他的話。」此外他還搬出前總裁迪克・費雪，強調說兩人都希望達成合併。

一九九七年二月，麥晉桁、裴熙亮兩人來到費雪的家中，這天下午，價值一〇二億美元的合併達成。二月五日，兩家公司正式合併。為了表明公平性，新公司被稱為「摩根士丹利・添惠・發現」，後來幾年中，公司名字不斷縮短，到二〇〇一年又改回「摩根士丹利」。

在華爾街，裴熙亮的綽號叫「好人」，「好人」戰勝了「刀鋒」，他堅持出任新公司的主席和ＣＥＯ，麥晉桁選擇了退讓，擔任總裁並兼任首席運營官。麥晉桁對此自信地說，他和裴熙亮的地位平等，合併後薪水也一樣，而且裴熙亮也不可能長期戀戰——合併之後，摩根士丹利員工擁有百分之十八的股份，而添惠員工只有百分之三點六。

隨後的事情證明他預測錯誤。在新公司誕生之後的一年，麥晉桁發現，摩根士丹利管理委員會中支持自己的人一個接一個被清理出去，自己手中原來的權力也被瓜分。而且這種鬥爭並不是個人的成見，更多來自兩家公司文化的差別，麥晉桁成長於合夥人機制下，他更適應摩根家族所堅持的文化，強調大家進行討論和協商，但裴熙亮卻喜歡獨斷專行。

麥晉桁失去了資產管理部門的監管權，隨後又沒有了零售部門的管轄權，只剩下投資銀行部門。失望的麥晉桁選擇在二〇〇一年一月離開，前往瑞士信貸第一波士頓銀行擔任ＣＥＯ，成為裴熙亮的對手。他辭職的這一天，公司股票應聲跌落了將近三美元。

麥晉桁離開之後，裴熙亮大展拳腳，進行了一系列讓人跌破眼鏡的人事變動，表現出要將摩根派完全清洗的態度。這一切開始影響公司的氣氛，許多優秀人才開始流失，並加盟摩根士丹利對手的陣營，競爭對手也制定相應戰略從中漁利，甚至有消息傳出，摩根士丹利即將被收購。不過，客觀地說，裴熙亮上任之後，公司對股東的回報率達到百分之二五八，在每個領域的市場份額都有充分增長，直到二〇〇四年，公司的股票承銷額還雄踞全球首位。

終於，事情走到了結的時候了。二〇〇五年三月，紐約的春天即將來到，內部始終存在分裂隱憂的摩根士丹利，終於發生了「逼宮」事件，以前總裁羅伯特·史考特為首，包括前董事會主席派克・吉伯特、前總裁羅伯特・格里希爾等八位前高階主管聯名發出呼籲，要求董事會、機構投資者和公眾能夠支持他們「驅逐」裴熙亮。

這八位高階主管的分量都不小，加在一起更加驚人，他們代表了摩根士丹利從鮑德溫掌權之後的經營靈魂，也代表了摩根家族的傳統，那就是「用一流的方式開創一流的業務」。在他們眼中，裴熙亮領導的方式毫無紳士銀行家應有的風度，而且裴熙亮起家是靠管理顧問，他最擅長運用管理手段以及背後的權謀，對金融專業他並不擅長，只是管理過信用卡和個人投資這些在摩根士丹利眼中屬於「小兒科」的業務。

驅逐迅速結束，到七月，裴熙亮被迫退休，「八老」勝利收兵。他們並沒有得到什麼好處，反而自費七五〇萬美元用於宣傳，而他們總共持有的摩根士丹利股票也只有一千一百萬股，談不上為了金錢戰鬥。隨著驅逐行動的結束，摩根士丹利獲得了靈魂的回歸，七月，麥晉桁回到這裡重新出任董事長兼首席執行官，當他再一次出現在銀行總部時，員工們爆發出猶如迎接流行歌星一般的歡呼聲。

即使是在個性和修養上，員工也更喜歡麥晉桁，因為他總是說出真實的想法，雖然他性子急，但他誠實、忠誠和堅強，他看重員工的忠誠，會花時間去見不同級別的員工，幫他們發展自己的職業生涯。而被「驅逐」的裴熙亮總是高高在上，看起來就只是企業年報上的那個名字而已。

今天再回頭看這次驅逐的前因後果，聯想皮爾龐特・摩根當年所展示出的無私、公正和對員工的關照，或許我們能找到摩根家族的精神在上百年後依然影響著摩根士丹利的明證。

摩根與大通，互補出優勢

在摩根士丹利風光無限地撈金之時，J．P．摩根公司肯定會有些許後悔，回頭看傑克在一九三五年選擇保留商業銀行的業務，似乎是一步錯棋。因此，J．P．摩根公司打算迎頭趕上，開始在海外發展混合型投資銀行。除此之外，他們不斷地向國會遊說，要求取消《格拉斯－史蒂格爾法》。

對這個法案感到憤怒的不光是J．P．摩根公司，所有商業銀行都希望早日廢除它，因為從汽車貸款到房屋抵押貸款，現在都被認為是證券業務，這些銀行只能坐看投資銀行賺錢。總裁普雷斯頓甚至在《財星》（Fortune）雜誌一九八六年四號期刊上宣佈，摩根銀行考慮要放棄商業銀行，整體變成投資銀行，即使這會犧牲少部分的業務。雖然這更多只是一種姿態，卻反映了J．P．摩根公司的焦急。

不久，曾經擔任J．P．摩根公司董事的葛林斯潘成為聯準會主席，他開始支持商業銀行的請求。一九八九年一月，摩根旗下的J．P．摩根證券公司獲得了發行公司債券的權利，這是一九二九年大蕭條以後美國首家商業銀行取得這樣的許可。之後，J．P．摩根公司完全變身為全球機構，在二十世紀八〇年代末，其最高層的管理人員中有一半不是美國人。不過華爾街二十三號依然保存，雖然銀行整體遷移到了華爾街六十號的四十七層摩天大樓中，普雷斯頓依然說：「這是紀念碑，除了我們以外，對其他人都沒有價值。」

時間走到一九九九年年底，《格拉斯–史蒂格爾法》終於被廢除，J．P．摩根公司位列全球銀行第五，在美國股票承銷業務排名第七，他們需要做出新的改變來繼續推進公司的成長。這一次，他們想到了和競爭對手合併。這個競爭對手就是大通曼哈頓銀行。

大通曼哈頓和摩根的優勢是互補的，前者有眾多分支機構和客戶源，還有成熟的批發業務，摩根則能夠提供國際業務、投資銀行技能和較高的市場價值。更何況大通集團熱衷於併購，一九九九年上任的CEO哈里森更是想要尋求一個強大的夥伴，於是，大通決定用三一〇億美元的價格來完成收購。二〇〇〇年十二月十日，聯準會全票通過合併計畫，二〇〇一年新年，J．P．摩根大通公司正式誕生。

這一次合併與摩根士丹利和添惠的合併不同，兩家公司找到了彼此的共贏點，實現了商業銀行和投資銀行業務的交融，有利於增強整體實力。新公司成立之後，J．P．摩根大通總資產達到六千五百億美元，很快成為僅次於花旗集團的全美第二大銀行集團，哈里森出任新公司的CEO。

哈里森自己非常看好這次併購，但好事多磨，二〇〇一年第三季度，華爾街的情況並不好，摩根大通的利潤額下降了三分之二。儘管如此，哈里森依然表示樂觀：「我們已經有了一個更為強大的平臺，來幫助我們安度難關。」

這一年必定被記載入摩根人的史冊。九個月後，摩根士丹利證券公司見證了一場美國歷史上從未有過的大災難。二〇〇一年九月十一日，天氣晴朗，摩根士丹利證券公司位於世貿大廈九十七層的辦公室中正一片繁忙，整個公司總共有三千五百名員工。突然，尖叫聲和爆炸聲將所有在場人員驚呆了——巨大的波音飛機整體撞上了世貿大廈，撞擊點距離公司樓層只有十幾公尺。

證券公司總裁馬上站出來，指揮所有人按照應急方案有條不紊地逃生。在半小時之內，除了六名不幸遇難者，其餘所有員工全部安然撤退。隨後，世貿大廈轟然倒塌，公司所有資料就此不復存在。

然而，摩根士丹利證券業務在兩天之後重新恢復，整個公司到紐澤西州的新辦公地點重新開始營業。公司裝備了遠端資料放在系統裡，而在紐澤西州有全部資料的備份和電腦伺服器。摩根士丹利公司早就制定了科學而細致的風險預備方案，並始終在執行這個方案。否則，他們面臨的很可能是滅頂之災。

難關之後還有難關，摩根大通又捲入了安隆事件。安隆公司原本是很被看好的能源交易公司，但其醜聞卻把公司的名字變成了不正當操作的代名詞——這家公司居然敢將自己從摩根大通和花旗借來的現金宣稱為公司的經營收入。二〇〇三年，摩根大通和花旗集團同意支付罰款給證券交易委員會，其中摩根要支付一點三五億美元，花旗支付一點零一億美元，另外還向紐約州和紐約市支付了五千萬美元。

這些遺憾終究過去了，摩根大通的國內業務終於在二〇〇三年走上正軌，二〇〇四年，擅長合併的哈里森再出重拳，兼併了美國第一銀行，整個交易額達到五八〇億美元。這次合併形成了更為強大的業務平臺，也符合美國各大銀行形成的共識，那就是：規模決定競爭實力。那些看起來猶如巨無霸的銀行能夠迅速將業務發展到最熱門的領域，同時，他們也能為大客戶提供一條龍的金融服務。

這次合併中的談判也解決了摩根大通未來領導人的問題，當時已經六十歲的哈里森決定在二〇〇六年退休，隨後，他將把首席執行官位置交給傑米·戴蒙，在此之前，傑米·戴蒙擔任銀行的總裁兼首席運營官。

戴蒙是典型的銀行家，他語速極快，性格直率，管理公司事宜不留情面，他對公司的每個細節都瞭若指掌，就像當年的皮爾龐特一樣，只要他願意就能隨時抓住每個盈利或者虧損的小細節。他第一次參加摩根大通風險委員會會議時，就立刻向參會人員追問相關的真實資料，比如公司在某個特定交易中選擇空頭還是多頭，然後再追問資料之間的關係，結果，參會人員只好說：「我們查好了再向您彙報。」戴蒙馬上冷冰冰地說：「那我明天就要。」這種領導方式打破了官僚作風，讓每個人的神經都像上了發條一般緊繃起來。

戴蒙進入摩根大通之後就開始削減開支，他認為公司的開支太龐大了，從管理層到員工都是如此。他首先宣佈，高階主管的補貼標準會下降百分之二十到百分之五十，然後又進行一萬二千人的裁員，裁員人數達到員工總數的百分之七。在他看來，所有不必要的財務開支都要廢止，比如，當他知道有一項合約邀請五百名培訓人員來公司培訓員工時，他馬上停止了這個計畫，他說：「培訓的工作應該由誰來做？應該由老闆來做！」

戴蒙雖嚴苛，但很多高階主管仍選擇留在摩根大通任職，因為他們瞭解，戴蒙會根據員工表現來決定其薪水的高低。何況，戴蒙雖做事有魄力，卻並不獨裁，他的名言是：「如果你身邊十個人裡面只有一個人說真話，那麼其他九個人都應該被開除。」所以，在摩根大通營運委員會的會議中，戴蒙總是鼓勵下屬說出自己的真實看法，甚至會故意調侃自己。他會在會議上說：「這是誰的蠢主意？」下屬們則會笑著說：「這是您的蠢主意！」

眾望所歸，權力交接的時候到了。二〇〇五年年底，四十九歲的戴蒙正式接任CEO，哈里森則宣佈退休。其實，這樣的交接只是個儀式，因為戴蒙已經掌管了整個公司。

成為CEO之後，戴蒙的性格並沒有什麼改變，他依然不懼權威、魅力四射。二〇〇六年一月三十一日，在花旗主辦的金融服務公司會議上，他當著花旗CEO恰克·普林斯的面大發狂言：「我想，我們應該除掉花旗。」考慮到戴蒙曾經在花旗銀行工作了十六年，但最終卻被趕走，他有這樣的想法也是可以理解的。更關鍵的是，從某個層面來看，摩根趕超花旗成了事實，這樣的事實發生在幾乎要拖垮華爾街的次級貸款危機中。

Chapter 13

新世紀

二〇〇六年——二〇一五年

躲過次貸危機

想要知道次貸危機有多嚴重？數字能夠說明一切：二〇〇六年，眾星捧月般回到摩根士丹利的麥晉桁在年底拿到四千萬美元的獎勵薪酬，但到二〇〇七年底，麥晉桁拿到的獎勵薪酬卻只有尷尬的零美元。

到底發生了什麼？一切都是從二〇〇七年四月二日開始的。那一年，美國第二大次級貸款機構新世紀金融公司破產，次貸危機正式爆發，在這場危機中，摩根士丹利未能倖免，第四季度淨虧損為三十五點九億美元，受此影響，二〇〇七年他們的股價縮水了四成。正因如此，麥晉桁決定下「罪己詔」，決定這一年度自己一分錢獎金也不拿。

在這次危機之前，摩根士丹利忘記了摩根財團的傳世名言，那是一八五七年吉諾斯對皮爾龐特所給出的忠告：「金融市場猶如海上行船，擺脫風暴駛入平靜海面並不容易，透過投機手段取得的財富很可能要付出可怕的代價。」

一直以來，摩根士丹利對各種風險投機行為都相當熱衷，他們從中也賺到了高額利潤，裴熙亮的下臺與他對風險的厭惡不無關係。包括「八老」們都相信，只有回到摩根士丹利一開始的冒險計畫上去，公司才能用杠杆不斷撬動收益。

問題是，摩根士丹利太晚進入次級貸款市場了，從二〇〇三年到二〇〇六年，美國住房抵押貸款市場非常景氣，幾家投資銀行在資產證券化專案上都賺到了錢，等內鬥一結束，摩根士丹利馬上投資七億加入這一項資本狂歡中。但他錯過了最好時機，次貸危機問題隨即爆發，結果摩根士丹利在這一財年總共減值了七十八億美元。

坐在紐約公園大道八號樓的摩根大通總部辦公室裡，戴蒙看著摩根士丹利所發生的這些變化，感覺自己在兩年前做對了決定。當時，次級抵押債券市場看起來欣欣向榮，花旗銀行正狂熱地開展次級貸款業務，戴蒙卻看到了其中隱藏的危險。當年十月，他拿起電話打給手下的證券產品主管威廉・金，當時威廉還在非洲度假，但戴蒙的語氣不容置疑：「把次級貸款業務的產品都賣掉，這種事情我見多了，它會帶來大麻煩！」

這通電話改變了摩根大通未來的命運。當時，摩根大通的抵押貸款部門總共經營著八千億美元的房屋抵押貸款，但公司的風險控制團隊發現，次級貸款方面的拖欠還款現象越來越「正常化」，這引起了戴蒙的警惕。在他的領導下，公司進行明顯的戰略轉移，開始大幅度削減手中的次級抵押債券，到二〇〇六年底，摩根大通把自己發放的超過一二〇億美元的次級貸款全部轉讓，並且在之後再也沒有涉足次級貸款業務。

其實，戴蒙當時所依據的資訊都是整個行業中能夠共用的，他並沒有什麼提前預知的能力，他依靠的是敏銳的判斷和謹慎的理念。他做出了警告，但其他人還沒有意識到問題有多嚴重。隨後發生在華爾街的金融風暴之可怕地令人咋舌，貸款違約率飆升的同時，房價狂跌不止，和抵押貸款相關的投資組合價值在市場上大幅縮水，這一切讓不少金融巨頭也無法招架。

一些金融大戶比摩根士丹利損失更慘重，雷曼兄弟申請破產，美林銀行被美國銀行收購，花旗銀行也元氣大傷，他們選擇將數百億美元資產貶值來獲取流動資本，那個接替戴蒙擔任花旗銀行CEO的普林斯黯然「下課」。

在這些落寞的身影前面，則屹立著摩根大通的堅毅形象。二〇〇八年三月十六日，摩根大通宣佈以每股二美元的價格，收購在次貸危機面前無力招架的美國第五大投資銀行——貝爾斯登公司，總價格大約在二點三六億美元。貝爾斯登的股價曾經高達一七〇美元，摩根大通此時的出價只是這個價格的八十五分之一，而且聯準會還同意提供三百億美元對貝爾斯登有問題的債券加以擔保，這簡直是戴蒙一手導演的吞併好戲。

這次收購被外界評價為「將寶石嵌入了王冠」。貝爾斯登曾經是全世界盈利最高的投資銀行，他們的機構經濟業務非常強大，事實上如果不是因為客戶的質疑而導致一口氣被提走一七〇億美元的現金，貝爾斯登或許能在次級貸款危機中挺過去。但事情終究發生了，撿到便宜的正是之前看起來過分謹慎的摩根大通。戴蒙原本就是備受矚目的人物，這一次他帶領著摩根大通從危機中全身而退，更是被譽為「華爾街的傳奇人物」。

誰解救摩根士丹利？

英雄再偉大，也會用盡力氣，何況身處重視理性分析和利益博弈的金融界。摩根大通的戴蒙再富有傳奇色彩，也不可能做沒有把握的事——比如，去拯救危機中的摩根士丹利。

二〇〇八年九月十八日上午，財政部長亨利．鮑爾森再一次撥通了摩根大通董事會主席戴蒙的電話，他誠懇問道：「您是否能有興趣收購已經陷入困境的投資銀行摩根士丹利？而且，收購將會不花分文。」

這是歷史給摩根人再次合併的機會，此時，美國正在經歷次貸危機，股市下跌了將近百分之二十，為了幫助保險業重量級公司美國國際集團度過難關，聯邦政府緊急批准了高達八五〇億美元的貸款，而下一個需要拯救的則是摩根士丹利。為了避免華爾街有可能發生的新一輪混亂，鮑爾森特意建議戴蒙考慮，用接近免費的價格收購摩根士丹利。

之所以選擇戴蒙，除了看重摩根大通的實力之外，還包括戴蒙在三年前就應政府要求而收購了貝爾斯登公司，這讓鮑爾森覺得，戴蒙會是最後一位「政府金融家」，他很可能同意按照華盛頓的意思，為華爾街的整體利益來收購摩根士丹利。

在當時來看，接管摩根士丹利的確有著很大的誘惑性，有些人聽說了風聲，已經開始把戴蒙和當年的約翰·皮爾龐特·摩根相比，他們認為戴蒙將有可能重建摩根當年創建的帝國，一旦形成這樣的局面，那麼摩根帝國的重組也勢在必行，戴蒙完全能夠將自己的名字書寫進這個聲名顯赫的企業集團歷史中。

面對不花分文重建帝國的機會，戴蒙並未衝動，反而十分冷靜。在鮑爾森兩次電話之後，戴蒙才允諾，自己將會和董事會商討相關事宜。

令人意想不到的是，戴蒙在董事會上分析了形勢，建議董事會拒絕。他說，摩根大通根本不應該考慮收購摩根士丹利，如果盲目進行交易完成合併，那麼兩家原本屬於不同公司的員工，很快就會因為彼此之間的鴻溝和利益而形成分裂局面，這將會陷入拉幫結派的混亂中，讓新的公司面臨更大風險。何況，摩根士丹利目前有很大的資產負債，亟待進行的還有裁員、減薪，等等，雖然收購看似免費，但最終會帶來巨大花費。

戴蒙向董事會表示，公司目前準備在接管華盛頓互惠銀行的儲蓄和貸款業務。這家公司設在西雅圖，也瀕臨破產，相比接管摩根士丹利，接管這家銀行更有利於公司。

戴蒙的意見是決定性的，董事會拒絕了鮑爾森提出的要求。

戴蒙的拒絕，讓摩根士丹利的情形再次危急起來。此前，雖然麥晉桁主動降薪，加上其聲望深厚，沒有像花旗和美林銀行的CEO那樣黯然辭職，但無可否認的是，摩根士丹利的形勢相當不妙。業內最知名的信用評級機構，紛紛將摩根士丹利的評級下調，惠譽國際信用評等公司和標準普爾兩大機構毫不客氣地將摩根士丹利的前景評級定為「負面」。

必須有人站出來，將摩根士丹利從次貸危機中拉出來，這艘巨艦此時駛入的既不是藍海也不是紅海，而是一片死水，巨艦背負著的也不是能推動前行的燃料，而是足以壓垮它的九十四億美元巨額虧損。

誰會在最危險的時候伸出援手？摩根士丹利將目光投向東方。

二〇〇七年十二月十九日，在次貸危機初露端倪時，摩根士丹利宣佈，公司和中國主權財富基金——中國投資有限責任公司（下稱中投公司）達成了交易協議，公司將向中投公司出售五十六億美元面值的到期強制轉股債券（一種到期後須轉為普通股的可轉換股權單位），從而獲得後者的注資，以解決還款資金問題。而中投公司也將獲得摩根士丹利百分之九點八六的股份，成為其重要的單一大股東。

成立不久的中投公司，此時有著強烈的海外投資需求，而摩根士丹利正是看到這一點並加以利用，麥晉桁直白地表示，歡迎中投公司成為其長期投資者。

話說得很客氣，但摩根士丹利畢竟是老牌金融家族的企業，皮爾龐特·摩根對談判運籌的看法開創了企業傳統，那就是從來都會想方設法地讓利益的天平傾向自己。最終，注資合作協定是：中投公司只是長期的被動投資者，不參與摩根士丹利公司的日常治理，五十六億美元購買的是到期後（二〇一〇年八月七日）必須轉化為普通股的可轉換股權單位。

當時，無論是中投公司還是摩根士丹利，都沒有想到次貸危機會進一步蔓延到後來的狀況。到二〇〇八年九月，貝爾斯登和雷曼先後倒閉，摩根士丹利也陷入了流動性危機，事實上，當時整個公司的流動資金甚至只夠兩、三天周轉，連財政部長鮑爾森都被驚動，出面找摩根大通免費收購他們。

中投公司看準摩根士丹利此時急需流動現金，提出要求：提供五百億美元信用額度，加上不超過五十億美元的名義股權投資，換取摩根士丹利百分之四十九的股權。顯然，中投公司希望利用摩根士丹利面臨的緊迫形勢，來降低之前自己的入股成本。

這種開價是摩根士丹利無法接受的，他們表面上繼續談判，但背後卻和日本三菱日聯金融集團（下稱三菱日聯）達成協議，最終，三菱日聯用九十億美元購買摩根士丹利百分之二十一的股權，中投公司的股權比例反而被稀釋到百分之七點六八。後來，中投公司只好再於二〇〇九年六月二日，又一次購入摩根士丹利發行的十二億美元普通股。

這套來自摩根家族的談判技巧加外交手段，讓摩根士丹利即使身處危機也能絕處逢生，公司硬是從破產的邊緣爬了上來，得以倚靠在懸崖邊喘息。

相比之下，中投公司則是「先苦後甜」。在金融危機最嚴重的時候，摩根士丹利的普通股價格只有六點七一美元，而中投公司的總成本是三十二美元每股，其浮虧高達數十億美元。好在到了二〇一四年，隨著美國經濟復甦，摩根士丹利的股價重新走上三十美元大關，二〇一五年七月更是超過四十美元，中投公司總算是獲得了相對收益，而摩根士丹利也算沒有辜負中投公司當年的援手。

當然，這已是後話，在二〇〇八年，摩根士丹利的喘息也只有一小會兒。二〇〇八年十一月七日，摩根士丹利宣佈，公司已經在次貸金融危機中損失了高達三十七億美元，分析師據此預測，公司在第四季度還會減少將近二十五億美元的收益。

這些數字讓人們確認了嚴峻的事實，那就是雖然來自中國的資本讓摩根士丹利暫時躲過一劫，但新的注資勢在必行，只有這樣，摩根士丹利才能活下去。

在此之前，摩根士丹利必須先做出自我改變。

私人投資銀行落幕

私人投資銀行，作為金融史上不可或缺的角色正式步入商業舞臺，正是《格拉斯─史蒂格爾法》通過之後的一九三三年。那一年，J．P．摩根公司被迫拆分，摩根士丹利則由此出走，成為華爾街最早的私人投行。

經歷了七十多年的風風雨雨，投資銀行的好日子走到了盡頭。

其實，投資銀行的業務並不複雜，他原本只應該向顧客提供證券買賣和諮詢的服務，說明企業完成兼併，推銷相關的股票、債券和種種金融衍生品……但這些業務的核心是短期資金，而拿到短期資金的投行，又怎麼捨得不去將這些資金的作用發揮到極致？正因如此，投行不斷加大杠杆比率，摩根士丹利的資金運用杠杆比率從二〇〇三年的十五倍左右，上升到二〇〇七年的三十三倍，風險嚴重積壓，導致次級貸款風暴圍繞投行這個「暴風眼」，悄然成形，轟然而至。

當市場的報復如期而至，一直在用杠杆撬動利潤的摩根士丹利，只能面對必須轉型這個結果。二〇〇八年九月二十二日這一天，美國聯邦儲備委員會全體委員一致投票表決，批准摩根士丹利轉型，成為商業銀行控股企業，正式接受政府監管，同時獲得批准的，還有摩根士丹利的宿敵高盛集團。

這次批准，正式終結了私人投行在華爾街的鼎盛時代，從此之後，幾乎所有的美國金融機構，都進入了聯準會的監管範圍內。

摩根財團和聯準會的關係是微妙的，最初成立的聯準會幾乎就是摩根家族的「一言堂」，而獨立之後的摩根士丹利始終無須理會聯準會，但到了此時，雙方的地位得以改變——摩根士丹利必須放低身段，和其他普通金融機構一樣，接受聯準會的監督管理。

變化是痛苦的，摩根士丹利要為轉型「買單」。比如，他們的金融衍生品研發和交易行為會受到嚴格管理，企業文化中激進的冒險精神也會受到壓制。以前，他們只受到美國證券交易委員會的監管，而此後將會處於整個國家銀行監管機構系統的監督之下，這意味著，今後的盈利方向要發生改變。

不過，轉型同樣也帶來好處。比如，摩根士丹利從此就可以設立商業銀行分支機構，來向公眾吸收存款，獲得更加穩定的資金來源；能夠在收購、合併有保險存款的公司時，具有優勢地位；還享有從聯準會獲得緊急貸款的權利，並利用抵押擔保從聯準會那裡獲得資金支持。

無論如何，轉型完成了，摩根士丹利公司中或許不少人對投行時代有所留戀，但一切都要向前看，摩根士丹利必須要重新審視身處的整個美國銀行業格局。

從資產規模上來看，排名第一的是花旗集團，其後分別是美國銀行和摩根大通，身處第四和第五位的則是高盛和摩根士丹利；從股票市值來看，由於受當時金融危機的影響，摩根士丹利的市值只能在美國銀行業排名第八位，儲蓄存款上摩根士丹利更是與其他銀行相差一大截——二〇〇八年九月，他們的存款金額為三六〇億美元，而花旗銀行的存款數額高達八〇三六億美元。

在投行時代做慣了行業的大佬，摩根士丹利當然對現況很不滿意，他們也從沒想過要在轉型之後安心成為競爭佇列的二流角色，為此，他們將要從目前最弱項的存款規模入手。

開始提高存款規模之前，摩根士丹利需要先解決自身資金流不足的問題。九月二十二日，正是在拒絕了中投公司收購其百分之四十九股權之後不久，摩根士丹利宣佈，和日本三菱日聯結為戰略聯盟，三菱日聯將用八十四億美元收購其百分之二十的股份，在簡短的併購提示公告中，摩根士丹利宣佈：「三菱日聯金融，是世界第二大銀行控股公司，擁有一點一萬億美元銀行存款。」

好事多磨，這項收購正是在金融危機最猖獗的時候進行的，市場上風聲鶴唳，動輒傳出三菱日聯將要退出收購的消息，導致摩根士丹利的股價甚至在一週內重挫了百分之六十！CEO麥晉桁只好頻頻安撫人心，向客戶和員工發出郵件備忘錄，譴責市場散佈和傳播謠言，造成公司股價的下跌。

好在，暴風雨終會過去，似乎是家族冥冥中的庇佑，摩根士丹利總算駛向了寧靜的航線，看到了穹頂那美麗的彩虹。到十月十三日，收購正式完成，三菱日聯用九十億美元收購了其百分之二十一的股份，股價也應聲而漲，漲幅高達百分之八十七，信用評級機構立刻調轉風向，將評級從「中性」上調為「買入」。

有了信用評級機構的認可，摩根士丹利終於有機會踏入開展存款業務的大門。然而，他們究竟要用什麼樣的方式來拓展存款業務呢？

摩根士丹利將戰略眼光投向自己的零售經紀人隊伍。這些經紀人的客戶大多是從添惠公司帶來的，現在，摩根士丹利打算將之擴展成為核心存款業務的基礎。

十月二十九日，新業務計畫開始實施，一個月內，摩根士丹利下屬的銀行分支機構增加了三十億美元的定期存單。面對良好的開局，公司開始盤算在聯邦儲蓄保險公司的幫助下，進行一些收購，收購目標集中在那些償付能力不足的中小銀行身上。

用收購的方式來形成存款業務體系，顯然比起由摩根士丹利自己培育要好得多，他們從不依賴分支機構賺錢，而現在也同樣不會放棄用「收購」工具來實現迅速擴張的目標。

目標在哪裡？摩根士丹利一時難以決定。

此時，已經是二〇〇八年第四季度，全美銀行業的日子都不好過，銀行業總共虧損二六二億美元，創下有史以來最高紀錄。而進入二〇〇九年，花旗銀行、美國銀行等大企業都開始被變相國有化，有人鼓吹美國政府應該將銀行全盤國有化，這時的摩根士丹利，雖然因為轉型成功而股價有所上升，但依然顯得壓力重重，到二〇〇九年三月二日，股價從反彈的高點又下跌了將近百分之三十。

為了解決缺乏分支機構的問題，摩根士丹利焦急地尋找著併購目標。當美國銀行打算出售旗下一家私人銀行時，他們就扮演了潛在買家的角色，希望能夠藉此擴大業務部門。此後，當花旗銀行急需資金時，摩根士丹利把握住了機會，收購了其旗下業務部門。

雙方正式的合資協議在二〇〇九年一月十四日達成，摩根士丹利將自己的經紀業務部門和花旗集團旗下的所羅門美邦進行合併，合併後，這個龐大的經紀公司總共擁有二萬四千名經紀人，成為全球最大的經紀公司。新的公司中，將會擁有超過二萬名投資顧問，客戶資產高達一點七萬億美元，全球六八〇萬個家庭接受他們的服務，摩根士丹利為此向花旗支付了二十七億美元，持股百分之五十一，花旗則擁有百分之四十九的股權。

這次合資成立摩根士丹利美邦公司，對雙方都是一次勝利。花旗總共拿到了五十八億美元的稅後收入，而摩根士丹利也將能利用新公司來整合技術、運營、銷售支援、產品開發和市場行銷，最關鍵的是，他們能夠節省經紀人手續成本，並帶來更多手續費收入，在個人金融服務業務市場中獲得更大的份額。

面對這次收購，新任CEO高曼先生多少有種如釋重負的感覺。二〇〇五年，麥晉桁從美林證券將詹姆斯・高曼（James Gorman）挖了過來，在四年的工作之後，高曼接過了CEO職務。在他的領導下，摩根士丹利將要開始從風險巨大的投資銀行向尋求穩定安全發展的零售經紀商、兼併顧問發展。

在高曼的領導下，一切發展有序，金融危機正在慢慢緩解，雖然股價仍然波動較大，但公司總體情況正在改善。二〇一一年九月十五日，公司宣佈麥晉桁將在年底退休，而高曼將會接任董事長職務。

和麥晉桁相比，高曼更加溫和、禮貌和內斂，他在工作上謹慎穩健，很少像麥晉桁那樣動輒決定投下幾十億美元的「賭注」，但卻能在必要情況下果斷行動——在接到臨時通知需參加中國農業銀行IPO（首次公開發行／募股）演示說明會議之後，他從度假的海島直接坐飛機去北京，在二十分鐘會議結束後，他又馬上飛回美國，趕往度假的家人身邊。

這種領導風格更符合新時代的摩根士丹利。二〇一三年，公司終於轉虧為盈，獲取了九點零六億美元的盈利，銀行股價也大為上漲，每股接近三十美元。相比之下，高盛則因為債券、通貨和貨幣交易部門的經營不善，導致收益大大下滑。對這樣的領導業績，董事會感到滿意，給高曼開出了一千二百萬美元的年薪，這個數字是其二〇一二年薪酬的一倍。

即使個人領導能力受到肯定，但高曼依然相當冷靜，二〇一四年五月，在紐約召開的一次會議中，向來謹言慎行的他說：「雖然華爾街巨頭們的名字還留存，但投行的時代已經『徹底結束』了，而這意味著『那個在金融危機爆發前，曾經在交易能力方面拼命追趕高盛的摩根士丹利，現在必須將關注重點轉移到財富和資本管理上來，這些業務不需要那麼密集的資本，產生的收益也比較穩定』。」

的確，金融冒險和賭博的時代已經隨著危機的結束而結束，未來，摩根士丹利的市場或許沒有之前那樣「精彩」，但卻將有著迥然不同的挑戰和誘惑。

投資中國，就是投資希望

在摩根財團的全球擴張戰略鏈條中，中國是不可或缺的一環，這一點從麥晉桁的選擇就能看出，在二〇〇五年回歸摩根士丹利之後的十二個月內，他先後三次到訪中國，中國在摩根財團價值體系中的地位由此也可見一斑。

早在將近一百年前，摩根財團就已經涉足中國市場，而和現代中國打交道，要以一九九五年摩根士丹利和中國建設銀行倡議建立中國國際金融有限公司（下稱中金公司）為開端。

那一年，上海證券交易所剛剛成立五年。也正是那一年，在一段緊鑼密鼓的接觸之後，中金公司浮出水面，這家合資證券公司註冊資本金為一點二五億美元，最初控股人包括中國建設銀行（持股百分之四十三點三五）、摩根士丹利（持股百分之三十四點三），此外還有中國投資擔保有限公司、新加坡政府投資公司和名力集團控股有限公司。按照合約約定，摩根士丹利要向中金公司提供多種技術轉讓和協助，並直接接管理部分業務領域，摩根士丹利希望透過這種形式，迅速進入這片繁榮的新興市場分一杯羹。

但事情並未如此順利，中金公司實力增長迅速，反而成了中國國內券商的旗艦，到二〇〇七年為止，中金公司總共為一大批國有企業進行了上千億美元的上市融資操作。雖然摩根士丹利最初的原始投資已經數十倍地升值，但他們夢想中的市場份額卻沒有到來，反而因為中金公司的崛起而縮小了，加上高盛也作為合資券商進入了中國國內，更是讓摩根士丹利感到憂心忡忡。

由於相關政策規定，一家外資機構不能同時參股中國國內的兩家證券公司，摩根士丹利開始計畫出售中金公司股權，此時正是二〇〇八年一月，金融危機結束沒有多久，一時間找不到合適的買家，事情就此擱置了下來。直到二〇一〇年十二月九日，中金公司宣佈，摩根士丹利所持的股份，已經分別轉讓給其他股東，包括KKR（Kohlberg Kravis Roberts）、德州太平洋集團（TPG）、新加坡政府投資有限公司和新加坡大東方人壽保險公司，這時，雙方的「情緣」才算終於結束。

據說，摩根士丹利轉讓股份獲利十億美元，而股權總收益率在百分之二十四，僅僅從投資角度來看，這樣的成績還是相當不錯的。

從中金公司退出，並不意味著摩根士丹利放棄中國市場，很快，他們又找到了新的合作者。二〇一〇年十一月二十九日，華鑫證券宣佈，出資六點八億元與摩根士丹利成立合資投行公司，華鑫證券占其中三分之二股權，而摩根士丹利擁有其中三分之一股權。

摩根士丹利和華鑫的合作早已埋下伏筆，當摩根士丹利發現中金公司不可能為其真正管理時，精明的摩根人就將目光投向了華鑫證券。

華鑫證券原本實力較弱，是二〇〇一年在原西安證券和無錫證券的基礎上，由七家股東組建而成，經過股權結構的變更，基本為上海系企業所控制，這讓合作談判變得很方便。

二〇〇七年十二月，摩根士丹利和華鑫證券簽訂了戰略合作協定，決定在未來實現合資投行公司的合作。之所以選擇成立合資公司而並非直接入股，是基於以下兩點考慮。

首先，摩根士丹利畢竟還是中金公司的第二大股東，法律不允許同時入股。

其次，採取投行控股公司形式，讓摩根人進可攻退可守。如果政策允許全牌照方案（即金融機構同時獲取信託、銀行、保險、券商、基金、期貨、租賃等七張運營資格牌照），摩根士丹利就能全面入股華鑫證券；反之，就透過投行開展業務。

為此，摩根士丹利的高階主管們精心設計了控制華鑫證券的道路，他們決定，不去試圖擁有控股權，而是直接在人員安排上下功夫，透過對董事會成員和高階主管人員的安排實現控制權。其具體方式就是，在合法的基礎上，雙方先選擇巨田基金進行試驗性的合作，控股權上，華鑫證券依然占主導地位，但巨田基金董事會卻要由摩根士丹利來控制。

二〇〇八年四月，摩根士丹利持有巨田基金百分之四十股權，而華鑫證券持有百分之三十股權，之後，按照證監會要求，摩根士丹利將手中的百分之六的股權轉讓給華鑫證券，但這並不影響其對董事會的控制。二〇〇八年六月十二日，巨田基金更名為摩根士丹利華鑫基金，正式進入中國的證券市場分享中國發展和成長的「蛋糕」。

除了投資銀行以外，摩根士丹利還於二〇〇六年十月二日，正式收購了珠海南通銀行，雖然這家銀行當時僅僅只有四十名員工，但這意味著摩根士丹利獲得了中國內地商業銀行經營牌照和外資投行業務，成為綜合類外資金融公司。當時，在中國，能夠做到這一點的只有花旗和滙豐兩家外資金融集團。

珠海南通銀行在被收購之後，更名為摩根士丹利國際銀行（中國）有限公司，在此之前，美國投行界還沒有在中國完成過類似的任何一筆收購。無論從何種角度來看，收購珠海南通銀行這一仗，摩根士丹利打得相當漂亮。因為該銀行是中國珠海經濟特區最早的外資金融機構，全資控股方為中國銀行澳門分公司，摩根士丹利以外資身份併購外資，自然輕鬆繞開了政策上的壁壘，獲得了未來商業銀行的種種便利與權益。

除了上述成績之外，摩根士丹利在中國還頻繁開展直接投資業務，包括進行私募投資和房產投資基金，以及利用「對賭協議」對中國企業進行直接投資。其中最著名的是二〇〇三年，他們同牛根生領軍的蒙牛乳業簽訂了類似於可轉債的「可換股文據」：如果未來蒙牛乳業業績良好，「可換股文據」就能實現高期權價值，反之，就有可能分文不值，損失慘重。雙方約定，到二〇〇六年為止，蒙牛乳業的複合年增長率不能低於百分之五十，否則，公司管理層應該輸給摩根士丹利七千萬股的公司股份，反之，摩根士丹利就要拿出相應股份獎勵給蒙牛乳業管理層。

到二〇〇四年六月，蒙牛乳業業績達到預期目標，摩根士丹利拿到了「可換股文據」的期權價值，也向蒙牛管理層發放了股份獎勵。

實際上，這樣的對賭讓摩根士丹利成為穩定的贏家。如果蒙牛乳業業績達到預期目標，他們輸了一些股份，但「可換股文據」讓他們分享到了更多蒙牛乳業的增長業績；如果蒙牛乳業業績沒有達到預期目標，他們則能夠拿到數千萬股的公司股份。

此後，摩根士丹利還與數家大型中國企業進行了類似的對賭。雖然他們抱著投資中國就是投資希望的態度來到這裡，但別忘了，摩根人從不會願意虧本，想要和他們對賭，那就要承擔巨大風險，而摩根人卻總是能在任何情況下有所收益。

和摩根士丹利一樣，摩根大通也不會忘記中國市場，他們在香港的發展已經有了三十多年的歷史，曾經為多起H股＊（國企股）重組上市進行操作，包括華能國際電力、安徽海螺和四川成渝高速等。

不過，在二〇〇〇年合併之前，無論是J．P．摩根公司還是大通曼哈頓銀行，都是作為商業銀行而存在，雖然經過美國證監會同意得以從事證券業務，但相比摩根士丹利，他們在中國的證券市場更需要從零起步。

二〇一一年六月，摩根大通與第一創業證券股份有限公司組建第一創業摩根大通證券有限責任公司（下稱一創摩根），摩根大通持股百分之三十三點三，合資公司獲得了證監會頒發的經營證券業務許可證，順利進入中國的證券市場。但合併之後，業績表現並沒有帶來很大驚喜，尤其是二〇一二年前三季度，一創摩根的承銷項目居然顆粒無收，儲備項目也只有寥寥數個，反而投行保薦代表人的離職率高達百分之四十三。這說明，摩根大通在華的投行業務，還需要繼續堅持努力。

摩根的新國王

曾屬於同一個家族，摩根士丹利和摩根大通，難免經常被人們拿來比較。在中國市場中，摩根士丹利略勝一籌，以至於被華人金融圈俗稱為「大摩」，而摩根大通則被對應地稱為「小摩」。其實，小摩不小，而其CEO傑米・戴蒙更具有國王氣質。

時間回到二〇〇八年金融危機，在情況嚴峻的時刻，聯準會總共推出了五十一項措施來救市，其中不少政策實際上就是大量印刷鈔票，在如此不計成本的政策刺激下，華爾街總算開始走出困境，而此時，戴蒙已經和他的團隊開始搶奪新市場份額了。

當年，摩根大通在外匯、商品、信用卡和新興市場領域都獲得了歷史最好的業績，在債券、股票、貸款和股票衍生產品的業績上，摩根大通也都位列榜首，市場佔有率達到百分之八點八。

到了年底，幾乎每個金融機構的員工都開始心儀在摩根大通工作的機會，戴蒙長期的穩妥經營，終於為公司收穫了巨大回報。二〇〇九年七月中旬，投資機構給出的摩根大通的評估價值為一二六〇億美元，與此同時，美國銀行只獲得八一〇億美元的評估價值，而花旗則更少，只有一五〇億美元。

由於戴蒙帶著整個摩根大通躲過了美國歷史上最嚴重的經濟危機，這也使得他聲名鵲起，能

＊H股：原文H Shares，在中國也稱國企股。指公司在中國大陸註冊，股票在香港上市的外資股。

夠有資格對國家經濟政策表示自己的看法。比如，他在接受採訪時表示：「美國應該反思自己的國際金融政策，不應過度向其他國家借貸，尤其在資金面緊張時，還堅持認為這些國家會購買美國國債而繼續向美國提供資金。」戴蒙說：「這樣的政策是一種『偽善』。」

戴蒙堅持認為，自己雖然只是摩根大通的CEO，但所肩負的責任並非局限於公司股東。他在一些場合會直接質疑政府對金融機構監管的局限性，批評監管者只是看到個別現象，但卻看不到整體。戴蒙舉例說：「例如，有些監管者看到，速食店銷售汽水獲利高達百分之九十，結果他們就大驚小怪，要求這個利潤必須減少到百分之十或者百分之二十，在我眼中這只會帶來一個結果，就是速食店會給漢堡漲價。」

正因為戴蒙有這樣的脾氣，在他的最親密的朋友和同事看來，他可能無法像外界媒體所預測的那樣走上仕途，他需要學會怎麼樣玩弄政治手段，與看起來並不聰明的人打交道，做到所謂的左右逢源，而不是像當年的J．P．摩根那樣一針見血、不留情面。

其實，在二〇〇九年四月左右，這位摩根的新國王已經努力改變自己，他成功地協調了自己和政府的關係，並且把關係都處理得很好。但顯然，他對此很不耐煩，對政府的某些言論讓他和監管機構的關係始終平平淡淡，沒有什麼進展。雖然他曾經是歐巴馬競選班底的非正式顧問，但當歐巴馬競選成功之後，戴蒙在回應某些傳聞時依然乾脆地說道：「不可能任命一個華爾街的CEO來做財政部長。」而當記者問到為什麼不澄清謠言，他則不解地聳聳肩說：「如果你去宣稱自己對沒有授予的東西不感興趣，是不是顯得太矯情了？」

不過，歐巴馬對戴蒙很欣賞，他曾經公開點名誇讚戴蒙：「很多銀行在管理上做得很好，例如摩根大通就是其中典型，傑米能夠將如此之大的投資體系管理得如此出色，我覺得值得加以讚賞。」

戴蒙之所以能管理出色，和他大刀闊斧而扎實入微的管理風格有著密不可分的聯繫。二〇〇九年二月二十三日，他做出削減公司股息的決定，再一次向所有人展示其勇氣和決心。但戴蒙認為，這對摩根大通減少成本是非常重要的，於是他不顧可能存在的反對聲音堅持宣佈這項政策。他當年在哈佛商學院的同學布萊恩·羅傑斯是公司的大投資商，戴蒙宣佈消息的上午，布萊恩還在對客戶略帶誇耀意味地說：「現在這樣的市場，唯一值得信賴的就是摩根大通的股息。」然而，當他回到辦公室時，就聽到了戴蒙宣佈的消息，可以想像，布萊恩有多麼生氣和尷尬。但當戴蒙隨即向下屬們做出解釋之後，布萊恩很快理解了戴蒙的做法，事實證明，戴蒙的確做對了，摩根大通公司的股價隨後一路上漲。

在資本的海洋中航行，誰都難以永不觸礁，即使是現任美國總統最欣賞的銀行家也一樣。二〇一二年，金融危機已經過去，摩根大通業績蒸蒸日上，戴蒙看起來風光無限。但五月十二日，一場事先毫無徵兆的災難來襲，差點毀掉了戴蒙的「國王」地位。當天，摩根大通宣佈，一個被稱為「倫敦鯨」的交易員由於判斷失誤，導致公司損失接近二十億美元，此後，摩根大通的股價由於該事件持續下跌，到月底，累積跌幅已經達到百分之十八，加上未來來自監管部門的罰款，總體損失最終達到接近六十億美元，這還不包括於二〇一三年九月上交給英美多家政府部門的九點一億美元罰款。

對風險估計不足、內部缺乏有效的控制，是導致「倫敦鯨」損失出現的背後原因，戴蒙一度被質疑要求離開。好在股東們表示出了寬容，戴蒙得以留任，但作為「交換」，戴蒙不得不放棄了銀行業務部門的董事長職位，並宣佈自己的年薪減少一半，質疑聲終於得以平息。到了二〇一三年，戴蒙帶領著公司創造了一七九億美元的收益，將股價提高了百分之三十三，股東會議很快給他重新加了薪。

二〇一四年，戴蒙被診斷罹患咽喉癌，但他決定，自己還要在摩根大通留任五年。為此，戴蒙決定不效仿賈伯斯隱瞞病情，而是詳細公佈了病情和治療計畫。這種坦誠的態度，讓巴菲特贊許不已，他說：「他是一個一等一的好人，我祝福他一切順利。」

巴菲特的祝福沒有白給，十二月五日，經過醫學檢測發現，戴蒙的體內已經沒有了患癌跡象。摩根大通股票一度上漲了百分之二點一作為回應，這艘古老的大船將因此得以更加穩定地在一位優秀船長的指揮下前行。

時間走到了二〇一五年，無論是在剛柔並濟的戴蒙，還是在沉穩理性的高曼領導下，摩根大通和摩根士丹利，其未來依然充滿不確定，他們面對的競爭和風險依舊延續。但撥開這些未知因素，人們需要記住的是，這兩家公司在實力上代表了業界最高水準，其員工隊伍則凝聚了來自全世界的菁英，他們將會孜孜不倦地奮鬥下去，因為在永不入眠的金錢遊戲中，贏家和輸家有著必然的區別。

更重要的是，在這兩家公司中，摩根家族代代繼承的精神，早已突破了血緣限制，不斷吸引著越來越多的認同者加入，屬於家族和企業的智慧理念，也同樣永遠值得所有人分享。

擁抱移動網際網路時代

傑米・戴蒙說：「我一生都在追隨科技。」

二〇一四年，隨著咽喉癌被治癒，戴蒙開始將摩根大通打造為投行業界的技術領跑者，全力擁抱移動網際網路時代。

早在二十世紀八〇年代，戴蒙就向比爾・蓋茲諮詢了將視窗系統引入金融工作領域的方案。二〇〇六年，成為摩根大通董事長兼首席執行官不久，戴蒙就毅然宣佈，摩根大通將不會再像其他同行那樣將科技工作外包，而是要建立自己的技術平臺。在他看來，擁有領先的技術，銀行才能更快地將金融產品推向市場、改善風險管理並對資本配置加以優化。

即便在金融危機中，戴蒙強力領導下的摩根大通，依然持續在數位化方向投入鉅資。短短幾年之內，「移動第一，一切數位化」，開始成為投資者會議和季度財報中反覆出現的熱門詞語。相比之下，美林銀行、富國銀行和花旗集團這些競爭對手，卻在專注於透過削減支出、出售資產來度過危機。此後，摩根大通始終將年收入的百分之十用於科技支出，對銀行而言，這是一個相當巨大的位數，尤其考慮任何外部客戶，都不可能從這一領域的支出中獲得直接投資回報，公司為擁抱移動網際網路所花費的資金就更為驚人——從二〇一六年開始，傑米·戴蒙總共批准了二百多億美元，用於數字銀行、投資顧問、交易和網路安全方面的新產品。

與以往的同行們將金融科技公司看作攪局者不同，戴蒙致力於推動摩根大通和矽谷建立密切合作關係。摩根大通投資了矽谷內將近上百家的科技公司，主要包括點對點（P2P）支付、小企業貸款、線上抵押貸款和汽車融資等方面。

如此投資帶來的變化是顯著的。今天，在摩根大通，當新客戶使用財富管理業務時，不必像之前那樣簽署煩瑣的檔案，花費大量的時間，而是可以透過短短的三分鐘就以手機開設一個帳戶；在摩根旗下的企業和投資銀行業務中，機構投資者能夠利用AI軟體直接掃描搜索無數的財務報告，找到可能發行更多債務或者股權的投資對象；即便是摩根的零售銀行，也開始不斷測試新的手機應用程式，研究人員隱藏在雙向鏡子後面，去觀察普通客戶的面部和肢體語言，從而判斷他們的體驗。

這一切變化，來自於戴蒙對競爭態勢的判斷結論。他不止一次在內部講話中表示：「摩根大通真正的競爭對手已經發生變化：不再是同行中某家銀行或中小金融科技公司，而是亞馬遜這樣的網際網路巨鱷。」

戴蒙非常清楚，亞馬遜或者其他網際網路企業之所以沒有成為全資銀行，並非其能力所限，只是因為聯邦法規不允許而已。但在大洋彼岸的中國，情況早已發生變化，阿里巴巴、騰訊和百度這樣的網際網路巨頭，其金融服務的規模發生了爆炸性的增長。因此，一旦行業監管壁壘被取消，亞馬遜的未來不可估量。事實上，亞馬遜早就開始在那些傳統大型銀行認為不賺錢的領域進行深耕佈局，試圖以迂迴方式完成顛覆，對此，貝恩諮詢公司在二〇一七年三月向摩根大通提出：「起初，這將是無人願意投入的部分，顯得無利可圖。然後，亞馬遜就會侵吞餡餅的其他部分……亞馬遜的銀行服務，在未來五年左右將增長到服務超過七千萬美國消費者的良機——這將與美國第三大銀行富國銀行的規模大致相當。」

雖然彼此競爭關係已經明朗化，但戴蒙與亞馬遜創始人傑夫．貝佐斯卻始終是關係密切的好友，在他加入摩根大通之前，貝佐斯就曾經邀請他進入亞馬遜，但他最終還是選擇了鍾愛的金融領域。這樣的關係同樣體現在兩家公司的合作關係上：與其他銀行一樣，摩根大通將亞馬遜的雲端計算服務作為重要工具，用以存儲和計算資料的業務。此外，摩根大通的交易員，正在越來越多地使用亞馬遜提供的雲語音工具 Alexa，說明完成研究報告和股價預測。同時，摩根大通和亞馬遜還為亞馬遜會員提供聯名信用卡，在零售支票、商業信用卡項目上，摩根大通是亞馬遜潛在的首選合作夥伴。

戴蒙透露，在自己預定的二〇二三年退休時間點之前，摩根大通還要在科技項目上再投入數十億美元。而一直以來持續不斷的投入，正是為了將摩根大通這樣傳統的金融企業，變成亞馬遜、谷歌或者 Facebook 這樣的高科技巨頭。他說：「這些網際網路公司非常擅長為技術體驗流程增添樂趣和便利，我們也會努力透過提供越來越多的產品和服務，去為客戶提供服務，其中一些免費，另一些收費。」

除了關注成熟的移動網際網路技術之外，摩根大通還在區塊鏈和加密貨幣領域進行深度佈局。雖然戴蒙在二〇一七年宣佈比特幣這種分散貨幣是一種「欺詐」，並在接受採訪時提出比特幣市場會崩盤，但與此同時，摩根大通卻開發出了名為「Quorum」的區塊鏈技術。

當時，摩根大通選擇和加密貨幣公司 Zcash 合作，借助「零資訊認真加密協議」，開發出一款能夠首先對使用者交易行為加以隱藏或選擇性公開的軟體。該軟體可以實現使用者在不透露更多資訊的情況之下，證明其經濟或行為能力。二〇一八年，摩根大通進一步開發出用於金融交易結算和對帳的分散式帳款應用，這說明，他們正打算將區塊鏈應用到全球每年的外匯市場和資金融通業務中去。至此，人們基本可以判斷，戴蒙對比特幣和區塊鏈曾經給出的猛烈批評，很可能只是一種煙幕彈。

其實，摩根大通對區塊鏈技術的真正看法，隱藏在他們提交的專利申請中。他們如此描述傳統技術：「從支付組織到付款受益方，所有的跨境支付必須在涉及處理交易的銀行和結算所之間發生一些資訊，這種操作往往導致交易緩慢，因為其中可能涉及代理銀行業務、消息網路、以及支付流程中清算仲介機構等多個中間環節，導致服務效率延遲。」不言而喻，解決這些問題，無法依靠現行網路系統，只能來自於性價比更高、速度更快的區塊鏈技術，做到真正的即時結算。而這正是摩根大通下一步的努力方向。

二〇一八年五月，摩根大通企業和投資銀行向中國證監會遞交申請，提出建立一家持股比例為百分之五十一的全新證券公司，並計畫在未來數年內達到監管允許的條件，將持股比例增加到百分之百。此外，摩根資產和財富管理部門也提出計畫，打算將其在上投摩根基金管理有限公司的持股比例增加到控股的程度。摩根大通本身就是美國科技股ＩＰＯ的領頭承銷商，在二〇一七年中國的ＩＰＯ浪潮中，他們也獲得了四宗十億美元以上額度的項目。現在，他們打算進一步深入到中國的移動網際網路科技領域，尋求更多的業務突破。

戴蒙始終深信摩根家族的傳統理念：「如果你無法戰勝你的對手，那麼就應該加入他們。」在Ｊ．Ｐ．摩根從未預料到的新時代裡，移動網際網路力量不可動搖，依靠個人成就英雄傳說的夢想已經遠去，被高科技顛覆的傳統行業將會越來越多。因此，傳統金融企業必須從堅固的磚石建築中走出來，進化為冉冉升起的高科技新星，必須從以美國為核心的理念中走出來，擁抱新時代、新世界。捨此之外，並無其他成功之途。

值得全體摩根人慶幸的是，在這條道路上，戴蒙領導下的百年企業，已然昂首闊步，走到了行業的最前端。

參考文獻

1. （美）羅恩．徹諾．摩根財團：美國一代銀行王朝和現代金融業的崛起M．北京：中國財政經濟出版社，二〇〇三。
2. （美）瓊．施特勞斯．華爾街之子：摩根M．北京：華夏出版社，二〇〇四。
3. （美）克瑞沙弗莉．傑米．戴蒙的金融帝國M．北京：中國人民大學出版社，二〇〇九。
4. （加）達夫．麥克唐納．最後的勝者：傑米．戴蒙與摩根大通的興起M．北京：東方出版社，二〇一一。
5. （美）約翰．皮爾龐特．摩根．摩根家書M．合肥：安徽人民出版社，二〇一二。
6. 袁朝暉．摩根帝國M．北京：經濟日報出版社，二〇一〇。
7. 鄭先炳．解讀摩根大通銀行M．北京：中國金融出版社，二〇〇八。
8. （美）艾倫．金融的王道：J．P．摩根傳M．南京：鳳凰出版社，二〇一一。
9. 陳勝權，劉亞飛M．解讀摩根士丹利M．北京：中國金融出版社，二〇〇九。
10. 徐紹峰．亂世梟雄：摩根士丹利M．北京：中國金融出版社，二〇〇九。
11. 李詠．華爾街的拿破崙：摩根傳奇M．北京：中國經濟出版社，二〇一一。
12. （日）大森實．金融寡頭：摩根傳M．長春：時代文藝出版社，二〇〇二。

摩根人用超凡的膽識與氣魄，
為自己在商業史上留下了璀璨的光輝，
未來，傳奇仍將繼續，
締造下一個輝煌時代⋯⋯。

摩根家族：一個金融帝國的百年傳奇

作　　者　陳　潤

發 行 人　林敬彬
主　　編　楊安瑜
編　　輯　李睿薇
內頁編排　李偉涵
封面設計　吳郁嫻
編輯協力　陳于雯

出　　版　大都會文化事業有限公司
發　　行　大都會文化事業有限公司
11051 台北市信義區基隆路一段 432 號 4 樓之 9
讀者服務專線：(02)27235216
讀者服務傳真：(02)27235220
電子郵件信箱：metro@ms21.hinet.net
網　　　　址：www.metrobook.com.tw

郵政劃撥　14050529 大都會文化事業有限公司
出版日期　2021 年 01 月初版一刷
定　　價　350 元
I S B N　978-986-99519-4-4
書　　號　98030

Metropolitan Culture Enterprise Co., Ltd
4F-9, Double Hero Bldg., 432, Keelung Rd., Sec. 1, Taipei 11051, Taiwan
Tel:+886-2-2723-5216　Fax:+886-2-2723-5220
Web-site:www.metrobook.com.tw　E-mail:metro@ms21.hinet.net

國家圖書館出版品預行編目（CIP）資料

摩根家族：一個金融帝國的百年傳奇 / 陳潤著 . -- 初版 . -- 臺北市 : 大都會文化 , 2021.01

288 面 ;14.8x21 公分

ISBN 978-986-99519-4-4(平裝)

1. 摩根家族 2. 傳記 3. 銀行業 4. 美國

785.27　109017265

大都會文化
METROPOLITAN CULTURE

大都會文化
METROPOLITAN CULTURE